Christine Hailes Perillo / Vivien Culver

Leben unter dem Vulkan

cmf

Christine Hailes Perillo / Vivien Culver

Leben unter dem Vulkan

cmf

Verlag C. M. Fliß
Lütt Kollau 17, 22453 Hamburg

1. Auflage 1999
Originaltitel: Living under the Vulcano
Übersetzung D. Ewert
Umschlag: Image design
Satz: Convertex, Aachen
Druck: Printed in Germany

ISBN 3-931188-30-2

Die Bibelzitate sind, soweit nicht anders vermerkt,
der revidierten Elberfelder Bibel entnommen.

Inhalt

Vorwort

von Reverend Noel Proctor, MBE, ehemaliger Anstaltspfarrer des Strangeways-Gefängnisses in Manchester

Nachdem ich 1979 das Amt des Gefängnisgeistlichen in Strangeways, Manchester, übernommen hatte, lernte ich eine Gesangsgruppe mit jungen Leuten aus der Gegend von Altrincham kennen. Sie waren alle sehr musikalisch, aber ein junges Mädchen aus der Gruppe fiel mir besonders auf, weil sie mich unwillkürlich an die Geschichte von den zwei Fröschen erinnerte, die in die Sahneschüssel gefallen waren. Der eine war ein Pessimist; er verabschiedete sich mit düsterer Miene von seinem Kameraden und ertrank ohne viel Federlesens in der Sahne. Der andere Frosch war ein Optimist und nicht gewillt, einfach aufzugeben. Er paddelte aus Leibeskräften, immer im Kreis herum, und durch seine unablässigen Bewegungen fing die Sahne an, steif zu werden, bis er schließlich oben auf einem Klumpen reiner Butter saß und mit einem Satz aus der Schüssel sprang. Und die Moral von der Geschicht'? Ganz einfach: Wenn du in einer Lage bist, aus der du im Moment nicht heraus kannst – nicht aufgeben, weiterpaddeln!

Chrissy zeigte bei allem, was sie im Gefängnis tat, eine beachtliche Entschlossenheit. Sie sang und begleitete sich selbst auf der Gitarre, kurz, sie setzte ihre ganze Begabung ein, um die Gefangenen für Jesus zu interessieren. Musik und Gesang waren für sie aber nur das Mittel zum Zweck, um die Aufmerksamkeit der Männer zu erregen. Darauf folgte stets eine gezielte evangelistische Botschaft, wie man sie einem solch zarten, kleinen Persönchen kaum zugetraut hätte.

Sie wußte sich von Gott berufen, Gefangene für Jesus zu gewinnen, und ich lud sie ein, in regelmäßigen Abständen wiederzukommen, um gemeinsam mit anderen Leuten Gottesdienste abzuhalten. Gleich zu Anfang teilte sie mir ihre Überzeugung mit, daß ihr Dienst auch Gefängnisarbeit einschließen werde. Ich gab ihr zu verstehen, daß ich befürchte, sie werde als junges, hübsches Mädchen mit ihrer Naivität und ihrem zutraulichen Wesen eine leichte Beute für unsere »Knastis« sein. Außerdem wußte ich, daß es für sie nach den damaligen Gesetzen keine Möglichkeit gab, als vollamtliche Gefängnisgeistliche eingestellt zu werden.

Wir sprachen längere Zeit darüber, aber sie schien keineswegs entmutigt zu sein. Als wir dann miteinander beteten, begann Gott mir klarzumachen, daß Chrissy mehr besaß als Enthusiasmus, eine schöne Stimme und ein anziehendes Wesen. Sie besaß die Gabe des hartnäckigen »Dranbleibens«, und ich kam zu dem Schluß, daß sie, wo immer Gott sie schließlich hinführte, ihm mit Entschiedenheit vertrauen würde, bis alle Türen sich öffneten.

Was an Chrissys Charakter und Persönlichkeit besonders auffällt, ist ihre tiefe Liebe zum Herrn Jesus Christus und ein unstillbares Verlangen, Menschen mit ihm bekannt zu machen. Diese Hingabe hat ihr immer wieder Mut und Kraft gegeben, selbst angesichts scheinbar unüberwindlicher Schwierigkeiten weiterzumachen und nicht aufzugeben, und sie durfte in jeder Situation die Treue ihres Herrn erleben.

Die folgende Geschichte ist so spannend und ungewöhnlich, daß sie sich liest wie ein guter Roman und bestimmt jedem Leser zum Segen sein wird. Außerdem ist sie eine echte Herausforderung für junge Christen, Gottes Willen für ihr Leben zu erfragen und sich dann mutig ins tiefe Wasser hinauszuwagen, um den »Fang« zu tun, den nur Gott geben kann.

Kapitel 1
»Ihr werdet Kraft empfangen.«

»Jeder von euch wird heute abend im Heiligen Geist getauft werden.«

Dieser Satz unseres Gastpredigers an jenem Abend im Gottesdienst kam mit einer Überzeugung, die mich aufs äußerste überraschte. »Jeder von uns?« dachte ich. »Das kann doch nicht wahr sein!«

Der Sprecher war Lewis Cardno, ein pensionierter Fischer aus Peterhead, der predigend und singend durch ganz England reiste. Ich war von diesem Mann sehr beeindruckt, denn er war der fröhlichste Mensch, den ich je gesehen hatte. Die Freude, die er besaß, war nicht oberflächlich, sondern tief und echt. Er hatte über die Kraft des Heiligen Geistes gepredigt und betont, wie wichtig es für jeden Christen ist, diese Kraft zu empfangen, damit er ein Leben führen kann, das Gott wirklich wohlgefällig ist. Am Schluß seiner Predigt hatte er gesagt, daß alle, die noch nicht die Taufe im Heiligen Geist erlebt hätten, ihre Hand heben sollten. Zu uns, die wir dieser Aufforderung nachgekommen waren, hatte er die Worte gesagt, die mich so sehr erstaunt hatten: »*Jeder* von euch ...«

Mein Erstaunen hatte nichts damit zu tun, daß ich irgendwelche Zweifel in bezug auf die Geistestaufe gehegt hätte. Mein Vater (der Pastor unserer Gemeinde), meine Mutter und viele andere Gemeindeglieder hatten diese Erfahrung bereits gemacht. Die Aussage überraschte mich deshalb, weil ich erst dreizehn war und irrtümlicherweise annahm, daß manche Erfahrungen im Christenleben nur für Erwachsene gelten. Meine Eltern hatten es mir nämlich noch nicht erlaubt, mich taufen zu lassen, obwohl ich mich schon mit sieben Jahren bekehrt hatte. Mama und Papa versuchten nie, meine Entwicklung als Christ mit Gewalt zu fördern. Sie sahen es vielmehr als ihre Aufgabe an, mich in den Wegen Gottes zu unterweisen, und überließen alles andere getrost dem Herrn. Als sie mir sagten, ich sei noch zu jung, um mich taufen zu lassen, meinten sie damit, ich sei noch nicht in der Lage, die Bedeutung der Wassertaufe in ihrer Tiefe zu erfassen; ich jedoch hatte daraus geschlossen, daß es auf mein tatsächliches Alter ankäme. Und wenn ich zu jung war, um im Wasser getauft zu werden, wie konnte ich im Heiligen Geist getauft werden?

Doch plötzlich fühlte ich mich innerlich von Lewis' Worten angesprochen. In mir wuchs die Gewißheit, daß sie auch mir galten, und ein Gefühl gespannter Erwartung erfüllte mich. Ich zweifelte nicht mehr, daß ich an diesem Abend die Gabe des Heiligen Geistes bekommen würde. Und so war es auch. Wir alle, die wir unsere Hand gehoben hatten, wurden im Heiligen Geist getauft und fingen an, in neuen Zungen den Herrn zu preisen.

War dies nur ein vorübergehendes Gefühl, aus einer emotionalen Begeisterung heraus geboren, oder eine lebensverändernde Erfahrung, die meine Beziehung zu Gott radikal verändern und mich in die Lage versetzen würde, meinen Glauben aus einer ganz neuen Kraft heraus zu leben und in die Tat umzusetzen? Die Zeit würde es lehren.

Seit frühester Kindheit hatte ich im Leben meiner Mutter gesehen, was es heißt, den christlichen Glauben in die Praxis umzusetzen. Mama hatte sich 1961 bei einer Evangelisation mit Billy Graham in Manchester bekehrt, ein Jahr bevor ich geboren wurde. Ihre Mutter (»Oma Jean«) war zur gleichen Zeit zum Glauben gekommen.

Oma Jean arbeitete als Köchin in einem Übergangsheim für auf Bewährung entlassene junge Männer. Oft sprach sie mit Mama über die erschütternden Geschichten, die manche dieser Jungen zu erzählen wußten. Sie empfand tiefes Mitleid und tat alles, was sie konnte, um ihnen die Liebe Jesu zu zeigen. Sie backte besondere Leckereien für sie und nahm sich stundenlang Zeit, um ihre Probleme anzuhören und ihnen zu sagen, daß Jesus sie liebhabe trotz der schlimmen Dinge, die sie getan hätten. Mama war genauso besorgt wie Oma, und weil sie die Liebe Gottes unmöglich für sich behalten konnte, überlegte sie krampfhaft, was sie praktisch tun könnte, um diesen Jugendlichen, die scheinbar von der Gesellschaft abgeschrieben waren, zu helfen.

Einer von ihnen, Derek, wollte nicht nach Hause zurückgehen, als seine Bewährungszeit im Heim zu Ende ging. Er hatte Angst, erneut in die Kriminalität abzurutschen, wenn er seine alten Kameraden wiedersähe. So kam es, daß meine Eltern, als ich gerade drei Jahre alt war, Derek einluden, zu uns in unser kleines Vier-Zimmer-

Häuschen zu ziehen. Mamas Absicht war, Derek mit der Liebe Christi zu konfrontieren, damit er ihn als seinen persönlichen Retter annähme. Bei Papa lag der Sachverhalt indes anders. Er war noch kein Christ und zunächst gar nicht von dem Gedanken begeistert, daß ein rebellischer Junge wie Derek in die Privatsphäre seines Hauses einbrach. Aber er wollte Mama die Freude nicht verderben und wußte, daß sie sich von Gott zu dieser Aufgabe berufen fühlte.

Um Platz für das neue Familienmitglied zu schaffen, mußte ich mich mit meinen beiden Brüdern, dem neunjährigen Stephen und dem fünfjährigen Paul, in das kleinste Zimmer quetschen. Eine Zeitlang war das ganz lustig, aber es dauerte nicht lange, bis offener Streit ausbrach. Doch damit waren die Veränderungen noch nicht zu Ende.

Eines Nachmittags unterhielten sich Oma Jean und Mama wieder über die Probleme der Jugendlichen im Heim. »Weißt du, Mary«, sagte Oma Jean, »wenn sie da rauskommen, haben sie keinen Platz, wo sie hingehen können. Niemand will solche Jungs haben. Was sie wirklich brauchen, ist eine Wohngemeinschaft oder ein spezielles Heim. Aber wer will so etwas machen?«

Papa blickte über den Rand seiner Zeitung und sagte: »Wenn euch das ein solches Anliegen ist, warum macht ihr es nicht selber?«

Obwohl Papa noch kein Christ war, benutzte Gott ihn, um das Samenkorn einer Vision in Mamas Herz zu pflanzen. Sie fühlte, daß Gott sie herausforderte, nicht nur für Derek, sondern auch für andere Jungen in Not ein Heim zu schaffen. Da unser Haus dafür offensichtlich zu klein war, fing Mama unverzüglich an, sich nach etwas Geeigneterem umzusehen. Zunächst hatte sie allerdings keinen Erfolg; schließlich war es Papa, der sie wieder in die richtige Richtung wies. Eines Abends, als er die Zeitung durchblätterte, rief er plötzlich: »Hier ist das Haus, das du suchst – Barrington Road Nr. 52!«

Es handelte sich um ein sehr großes Haus, eine ehemalige Arztpraxis. Es hatte sechzehn Zimmer, darunter neun Schlafzimmer. Papa hatte eigentlich nur Spaß gemacht. Er zeigte Mama das Bild und vergaß prompt die ganze Geschichte. Doch als er am nächsten Tag im Büro saß, bekam er einen Anruf.

»Ich bin's, Les. Ich bin schon drin.«

»Wo bist du drin, Mary?«

»Im Haus.«

»In was für einem Haus?«

»Barrington Road Nr. 52.«

Ein Haus von dieser Größe war nicht gerade das, was Papa sich für seine Familie vorstellte, aber er war nicht allzu besorgt, weil es ziemlich unwahrscheinlich schien, daß sie je dort einziehen würden. Nicht nur, daß es ihre Preisvorstellungen bei weitem überstieg; es gab zudem bereits einen Kaufinteressenten, einen Arzt. Mama ließ sich dadurch jedoch nicht entmutigen, sondern erklärte dem Makler kühn, es sei Gottes Wille, daß sie das Haus bekäme. Diese Aussage erwies sich im Lauf von nur einer Woche als richtig. Der Arzt überlegte es sich anders, und meine Eltern konnten das Haus für nur 3500 Pfund (damals ca. 35 000 DM) statt des ursprünglich angesetzten Preises von 6250 Pfund (ca. 62 500 DM) erwerben. Papa blieb nichts anderes übrig, als klein beizugeben und anzuerkennen, daß Gott wirklich auf Mamas Seite zu sein schien.

So kam es, daß wir 1966 von unserem kleinen Haus in Sale in das 6 km entfernte Altrincham zogen, in die Barrington Road Nr. 52. Hatten wir bisher ein eher unspektakuläres Durchschnittsleben geführt, so verkehrte sich dies nun in das absolute Gegenteil. In den darauffolgenden Jahren vergrößerte sich unsere Familie durch viele junge Burschen, die heimatlos, arbeitslos und polizeilich vorbestraft zu uns kamen. Manchmal baten ganze Familien, die durch eine besonders schwierige Zeit gingen, um Aufnahme und blieben so lange bei uns, bis sie wieder festen Boden unter den Füßen hatten. Ein Besucher ist mir besonders unvergeßlich geblieben: Paddy war ein Landstreicher und buchstäblich weiß vor Läusen, als Mama ihn ins Haus nahm und als erstes einer gründlichen Reinigung unterzog. Sie ermahnte mich, ihm nicht zu nahe zu kommen, weil ich sonst auch Läuse bekäme. Aber Paddy hatte mich besonders ins Herz geschlossen und bat mich wiederholt, mich auf seinen Schoß zu setzen. Trotz Mamas Warnung brachte ich es nicht übers Herz, ihm seine Bitte abzuschlagen, obwohl ich jedesmal Todesängste ausstand.

Etwa ein Jahr nach unserem Umzug lud Mama Brian Smithyman ein, eine Versammlung in unserem Haus abzuhalten. Brian war Evangelist und gehörte zu einer Pfingstgemeinde in Wolverhampton. Er fühlte sich von Gott berufen, in der Gegend von Altrincham das Evangelium zu predigen. Die besagte Versammlung war die erste von vielen, und Mama erlebte durch Brians Dienst Anfang 1969 die Taufe im Heiligen Geist.

Nun fing Gott auch in Papas Herzen an zu arbeiten. Kurz darauf hatte er ganz allein in seinem Schlafzimmer ein Erlebnis, das sein Leben total veränderte. Er wurde wiedergeboren, im Heiligen Geist getauft und von einer schmerzhaften Verletzung seiner Wirbelsäule geheilt, die von einem Fall vor einem Jahr herrührte – alles an einem Abend. Er wurde ein völlig neuer Mensch. Anstatt permanent vor dem Fernseher zu hocken, vertiefte er sich nun stundenlang in seine Bibel. Während er früher seine Befriedigung aus einer erfolgreichen Berufstätigkeit gewonnen hatte, war er nun direkt hungrig nach Gottes Wort. Jede freie Minute verbrachte er mit Bibellesen und Studieren. Dabei wußte er zunächst nicht, daß Gott ihn auf diese Weise auf einen eigenen Dienst vorbereitete.

Doch innerhalb von wenigen Wochen sprach Gott individuell zu Mama und Papa und forderte sie auf, ein christliches Ehepaar zu besuchen, das sie nur flüchtig kannten. Durch dieses Ehepaar machte Gott meinen Eltern klar, daß sie eine Gemeinde in der Barrington Road Nr. 52 gründen sollten, mit Papa als Pastor. Also räumten sie ein großes Zimmer aus, und es dauerte nicht lange, bis die »Upper Room Christian Fellowship« (Christengemeinschaft »Obersaal«) gegründet wurde. Alle möglichen verschiedenen Leute nahmen an den Gottesdiensten teil: Familien und biedere ältere Menschen, aber auch ehemalige Drogenabhängige und Gefängnisinsassen, die sich alle untereinander prächtig verstanden.

Dann war da noch die Sonntagsschule, Mamas Spezialgebiet. Jeden Sonntagnachmittag war es mit der Ruhe und Besinnlichkeit bei uns vorbei, wenn hundert Kinder oder mehr durch die Türen hereinstürmten – und in einem Haus mit sechzehn Zimmern gibt es eine Menge Türen! Papa zog sich gewöhnlich in sein Studierzimmer zurück, während Mama in ihrem Element war und den Kindern den ganzen Nachmittag über Geschichten von Jesus erzählte, der jedes einzelne von ihnen liebhatte.

Dies war keine normale, gutbürgerliche Sonntagsschule. Neben den Kindern aus gläubigem Elternhaus gab es solche, die Mama buchstäblich von der Straße holte. Sie fuhr mit einem Minibus durch die Straßen der schlimmsten Stadtteile und lud die Kinder ein mitzukommen. Und sie kamen in hellen Scharen – manche aus zerbrochenen Familien, andere, deren Väter im Gefängnis saßen, wieder andere, deren Eltern Alkoholiker waren. Für Mama spielte es keine Rolle, wo die Kinder herkamen; für sie war nur wichtig, jedem einzelnen zu erzählen, daß die Liebe Jesu Christi gerade ihm galt.

Natürlich ging ich auch zur Sonntagsschule, und mit sieben Jahren nahm ich Jesus bewußt in mein Herz auf. Ich hatte das Vorrecht, in einer gläubigen Familie zu leben, war mit Gottes Wort aufgewachsen und hatte von klein auf erlebt, wie der Glaube im täglichen Leben umgesetzt wurde. Und obwohl ich noch sehr jung war, verstand ich genau, daß ich ein Sünder war und einen Retter brauchte, und ich glaubte, daß Jesus für mich persönlich gestorben war, um mich von meiner Sünde und all ihren Folgen zu erretten. Ich hatte den Herrn Jesus wirklich lieb und wußte auch, daß das durch mein Leben und Verhalten sichtbar werden mußte. Doch je länger, je mehr mußte ich mir eingestehen, daß ich es einfach nicht schaffte, ein Gott wohlgefälliges Leben zu führen. Das Schlimme war, daß ich mich selbst in eine Situation hineinmanövriert hatte, in der meine Liebe zu Gott ständig mit dem Wunsch, die Anerkennung und Bewunderung meiner Schulkameraden zu haben, kollidierte.

Als wir zu Anfang die Jungen aus dem Bewährungsheim in unser Haus aufgenommen hatten, war ich ein niedliches kleines Mädchen von drei Jahren und für etliche Jahre jedermanns Liebling. Als ich dann größer und dicker wurde, schenkte man mir immer weniger Beachtung, und ich fühlte mich oft einsam und abgeschoben. Ich wünschte mir sehnlichst, eine Schwester zu haben, aber da das nicht der Fall war, stand für mich fest, daß ich eben ein Junge werden mußte, um nicht mehr einsam zu sein. Wenn ich ihre Interessen und Gewohnheiten teilen würde, so sagte ich mir, würden sie sicher wieder Notiz von mir nehmen. Diese Überlegungen brachten mich ungewollt auf einen Weg, der zu viel Herzeleid und Not führen sollte.

Es war eine Sache, mich auf gleicher Ebene mit den Jungen zu messen, beispielsweise beim Fußballspielen, aber leider hörte es dabei nicht auf. Ich nahm meine Suche nach einer neuen Identität auch mit in die Schule, wurde sehr aufsässig und ließ mich oft in Streitereien mit anderen Kindern verwickeln. Ich stellte fest, daß ich es mit jedem meiner Kameraden aufnehmen konnte – ja, ich hielt es sogar für unter meiner Würde, mit Mädchen zu kämpfen, und prügelte mich nur noch mit Jungen. Ich war stolz auf die Tatsache, daß meine Gegner oft in Tränen ausbrachen, während ich niemals weinte, egal, wie verletzt ich war.

Im tiefsten Herzen schämte ich mich wegen meines Verhaltens und achtete sorgfältig darauf, daß meine Eltern und die Gemeinde nichts davon erfuhren. Ich ging nach wie vor gern zum Gottesdienst und sang manchmal sogar ein Solo, aber ich war mir schmerzlich bewußt, daß mein Leben überhaupt nicht mit meinem Glauben übereinstimmte. Mit zwölf Jahren führte ich praktisch ein Doppelleben, und obwohl ich kein Heuchler sein wollte, hatte ich keine Kraft, mein Verhalten wirklich zu ändern.

Als ich auf die höhere Schule kam, dauerte es nicht lange, bis ich viele meiner Lehrer durch mein schlechtes Betragen zur Verzweiflung gebracht hatte. Alle Strafen nützten nichts, und ehe das Schuljahr zu Ende war, hatten sie alle mehr oder weniger die Hoffnung für mich aufgegeben. Weil mein Leben so chaotisch war, sprach ich auch nie mit meinen Klassenkameraden über Jesus. Nicht, daß ich mich seiner geschämt hätte – ich schämte mich über mich selber. Ich wußte, daß man etwas ganz anderes von mir erwarten würde, wenn ich mich zu Christus bekannte, fühlte mich aber nicht imstande, die hochgesteckten Erwartungen zu erfüllen. Alle meine Schulkameraden wohnten weit von uns weg und wußten nicht, daß ich in die Gemeinde ging, geschweige denn, daß mein Vater Pastor war.

Ich fühlte mich zutiefst unglücklich, weil ich es einfach nicht schaffte, ein Zeugnis für den Herrn zu sein. Trotz meines schlechten Betragens hatte ich Jesus wirklich lieb und sehnte mich danach, ihm zu folgen. Aus eigener Kraft war ich nicht dazu in der Lage, aber ich bin Gott so dankbar, daß seine Treue uns gegenüber viel größer ist als unsere Treue zu ihm. Er erfüllte mir meinen sehnlichsten Herzenswunsch, indem er mich an dem besagten Abend im Heiligen Geist taufte.

Mit dieser Erfahrung erfüllte sich die Verheißung Jesu in meinem persönlichen Leben: »Aber ihr werdet Kraft empfangen, wenn der Heilige Geist auf euch gekommen ist; und ihr werdet meine Zeugen sein ...« (Apostelgeschichte 1,8). Ich merkte, daß ich eine ganz neue Kühnheit besaß, anderen Menschen etwas von Jesus zu erzählen, der so viel für mich getan hatte. Auch machte ich mir keine Sorgen mehr darüber, vielleicht nicht so leben zu können, wie es gut und richtig war, denn ich hatte jetzt die Kraft des Heiligen Geistes, die mir half.

Es dauerte nicht lange, bis meine Schulkameraden die Veränderung an mir bemerkten. Eines Tages, kurz nach Lewis' Besuch, rempelte mich ein Junge in der Schule so heftig an, daß ich hinfiel. Da er meine normale Reaktion genau kannte, duckte er sich instinktiv, um mir auszuweichen, und war total verblüfft, als ich mich einfach hochrappelte und überhaupt nicht auf seine Provokation reagierte. Ich brauchte mich nicht einmal anzustrengen, um den Impuls, mich zu rächen, zu überwinden – er war ganz einfach nicht mehr in meiner Natur.

Mein Betragen in der Schule war nicht mehr wiederzuerkennen. Meine Hauswirtschaftslehrerin beispielsweise, bei der ich mich im Unterricht oft besonders schlimm und unaufmerksam benommen hatte, konnte es kaum fassen, als ich freiwillig meine Notizen für das gesamte Schuljahr nochmals abschrieb, damit sie sauber und ordentlich im Heft standen. Noch mehr versetzte ich meine Sportlehrerin in Erstaunen. Nachdem sie sich lange vergeblich bemüht hatte, mich zum Mitmachen zu bewegen, erlebte sie nun, daß ich eine der Aktivsten in der Klasse wurde, mit Begeisterung am Geländelauf teilnahm und mir schließlich einen Platz in verschiedenen Schulmannschaften eroberte. Die Freude meiner neuen Beziehung zu Jesus zeigte sich in allem, was ich tat; es kam so weit, daß mein Englischlehrer mich auf die Seite nahm und warnend sagte, wenn ich meine mittlere Reife bestehen wolle, solle ich aufhören, in jedem Aufsatz etwas über meinen Glauben zu schreiben. Aber worüber sollte ich sonst schreiben, wenn Erlebnisberichte verlangt wurden? Jesus *war* mein Leben! Ich fuhr also fort, über ihn zu schreiben, sogar im Abschlußexamen (das ich übrigens trotzdem bestand).

Auch in den übrigen Fächern strengte ich mich nach Kräften an. Ich betrachtete meine Lehrer nun nicht mehr als Feinde, sondern als Freunde und als mein Missionsfeld. Nie versäumte ich eine Gelegenheit, mit ihnen über Jesus zu sprechen. Ich lud sie zu unseren Gottesdiensten ein, und einige kamen sogar vorbei.

Die Taufe im Heiligen Geist war für mich der Anfang einer ganz neuen, wunderbaren Beziehung zu Jesus. Ich hatte nur den einen Wunsch, daß er der Herr meines Lebens sein sollte, und war hungrig, mehr über die Dinge des Geistes zu erfahren. Mein Vater unterhielt sich oft mit durchreisenden Predigern. Stundenlang konnte er mit ihnen über theologische Lehrfragen diskutieren, und ich saß, wenn immer es ging, dabei, hörte still zu und saugte begierig jedes Wort auf. Mein Vater ist ein Mann von großem geistlichen Verständnis, und ich liebte es, ihm zuzuhören, wenn er über die tiefen göttlichen Dinge sprach. Damals ahnte ich nicht, wie vieles Gott mich durch diese Gespräche lehrte.

Es gab jedoch auch Dinge, die er mir persönlich klarmachen mußte. Ich wollte, daß er in meinem Leben regierte, und war mit Freuden bereit, alles zu tun, was er von mir verlangte. Im Sommer 1976, als ich vierzehn Jahre alt war, lernte ich eine kleine, aber entscheidende Lektion über die Wichtigkeit des Gehorsams. Mama und Papa hatten mich zu einer Freizeit mitgenommen, die von der Hollybush Christian Fellowship im Norden von Yorkshire abgehalten wurde. Während einer Abendveranstaltung wurde mir klar, daß Gott mir etwas ganz Bestimmtes sagen wollte. Gespannt wartete ich darauf, daß er mir seinen Willen kundtun würde. Ich verspürte seine Gegenwart sehr stark, und dieses Gefühl hielt noch lange nach dem Ende des Gottesdienstes an. Während einer nach dem anderen das Versammlungszelt verließ, blieben meine Eltern mit mir noch zurück; sie wollten aber nicht in mich dringen, denn sie merkten, daß der Herr mit mir zu reden hatte. Schließlich – es war fast Mitternacht und das Zelt praktisch leer – sprach Gott zu mir: »Christine, ich möchte, daß du deine Schallplatten verbrennst.«

Meine Eltern hatten mir zu Weihnachten einen Plattenspieler geschenkt, und ich hatte begonnen, eine Plattensammlung mit Popmusik anzulegen, die es, wie ich hoffte, eines Tages mit der Sammlung meines Bruders würde aufnehmen können. Für mich war daran bis jetzt nichts Verkehrtes gewesen, aber nun faßte ich spontan den Entschluß, alle meine Platten zu verbrennen und mich durch nichts und niemand davon abhalten zu lassen. In meinen Augen war dies kein allzugroßes Opfer, und ich wollte es keinesfalls überbewerten. Aber Gehorsam auch in kleinen Dingen ist wichtig, und für mich schien es das Wenigste zu sein, was ich meinem Herrn, der alles für mich getan hatte, als Opfer bringen konnte. Manche fragen sich, woher ich wußte, daß es Gott war, der zu mir sprach, doch für mich war das ganz einfach: »... die Schafe folgen ihm, weil sie seine Stimme kennen ... die Stimme der Fremden kennen sie nicht«

(Johannes 10,4-5). Ich kannte Gottes Stimme genauso gut wie die meiner Eltern.

Nach einer gesegneten Freizeit oder Konferenz wieder ins normale Alltagsleben zurückzukehren, bedeutet gewöhnlich eine Antiklimax. Ich wußte, daß mein Entschluß fern von der starken Atmosphäre des Glaubens und der Erwartung, die man in der Gemeinschaft mit anderen Christen findet, leicht ins Wanken geraten konnte; nur zu oft hatte ich dies bei anderen beobachtet. Zu Hause angekommen, vermißte ich bereits das Zusammensein mit unseren Freunden von der Freizeit, und von den Gefühlen, die mich an dem Abend, als der Herr so deutlich zu mir sprach, beseelt hatten, war nicht mehr allzuviel übrig. Doch mein Vater hatte mir beigebracht, daß das Christenleben nicht von Gefühlen abhängt, sondern vom Glauben. Deshalb ging ich sofort in mein Zimmer, suchte meine wenigen Schallplatten zusammen und machte mich auf den Weg in den Garten. Unterwegs traf ich ein paar junge Leute aus unserer Gemeinde, die wissen wollten, was ich da machte. Als ich es ihnen erklärte, versuchten sie mich zu überreden, ich solle ihnen die Platten schenken. »So wirst du sie doch auch los«, sagten sie. »Das ist genau dasselbe, als wenn du sie verbrennst.«

Ich fühlte mich schrecklich. Ich konnte ihnen ihre Bitte nicht erfüllen, wollte andererseits aber auch nicht, daß sie dachten, ich gönne meine Platten keinem anderen, nur weil ich sie selbst nicht behalten dürfe. Trotzdem war es nicht dasselbe. Gott hatte mir nicht gesagt, ich solle mich von den Platten trennen, sondern sie verbrennen. Das war ein ganz klarer Befehl gewesen. Also ließ ich mich nicht beirren, sondern ging auf den Hof und tat es. Meine Eltern mischten sich in keiner Weise ein, auch nicht, indem sie mich wegen meines Gehorsams lobten. Ich bin immer dankbar gewesen für die Tatsache, daß sie nie etwas taten oder sagten, was mich geistlich hochmütig hätte machen können, sondern mich statt dessen lehrten, dem Herrn gehorsam zu sein – mich ihm als ein lebendiges Opfer hinzugeben, sei nichts anderes als mein vernünftiger Gottesdienst.

Es war kein allzugroßes Opfer, meine Schallplatten dem Herrn zu geben. Doch erst nachdem ich das getan hatte, wurde mir so richtig klar, daß Gott mich dadurch vor vielem bewahrt hatte, was mir hätte Schaden zufügen können. Nicht lange danach wurde ich von einer Schulfreundin zu einer Party eingeladen, die bei ihr zu Hause stattfinden sollte. In der Vergangenheit hatte ich solche Einladungen, ohne lange zu überlegen, angenommen, aber diesmal konnte ich es nicht. »Gott hat zu mir gesprochen und gesagt, ich solle meine Schallplatten verbrennen«, erklärte ich ihr, »und er möchte bestimmt nicht, daß ich jetzt nach denen anderer Leute tanze.« Ich war sehr erstaunt darüber, daß sie meinen Standpunkt respektierte und mich sogar weiter zu ihren Partys einlud, obwohl sie wußte, daß ich nicht kommen würde. Ich war dankbar für ihre Freundlichkeit, denn keinem Teenager gefällt es, als einziger nicht eingeladen zu werden; doch genauso ging es mir gewöhnlich, nachdem meine Ansichten bei den anderen bekannt geworden waren.

Obwohl ich selbst also zu keiner Party ging, konnte ich es nicht immer vermeiden mit anzuhören, wie in der Schule darüber geredet wurde. Nach und nach erfuhr ich so, was ich in meiner Naivität früher gar nicht bemerkt hatte – daß, während ich fröhlich in einem Zimmer tanzte, woanders ganz andere Dinge passierten. Mädchen, die nicht älter als dreizehn oder vierzehn Jahre waren, betranken sich und verloren in der Folge ihre Jungfräulichkeit. Ich war dem Herrn so dankbar, daß er mich davor bewahrt hatte, und mir wurde klar, daß seine Errettung sich nicht nur darauf beschränkte, mir die Sünden, die ich getan hatte, zu vergeben, sondern daß er mich auch vor Situationen bewahren wollte, die mich zur Sünde verleiten konnten.

Einmal sprach ich mit meinem ältesten Bruder über dieses Thema. Bevor er mit 21 Jahren sein Leben Jesus gab, hatte er gewisse Erfahrungen mit der Welt und den Freuden, die sie bietet, gemacht. Er meinte, daß das Zeugnis eines Menschen, der aus der Gewalt derartiger Freuden befreit worden ist, viel überzeugender sei als von jemandem, der sich nie damit eingelassen hat. Sein Standpunkt leuchtete mir ein, denn es stimmt wirklich, daß entsprechende Erfahrungsberichte gewöhnlich großen Eindruck machen. Doch für mich war klar, daß der einzige Unterschied zwischen einem Drogensüchtigen, der durch Gottes Gnade gerettet worden ist, und einem Menschen wie mir darin bestand, daß dieselbe göttliche Gnade, die den Süchtigen von seiner Sucht befreit hatte, mich davor bewahrt hatte, überhaupt süchtig zu werden. Beides verdanken wir nur der Gnade Gottes.

Aus dieser Gnade heraus lebte ich, und durch die Kraft des Heiligen Geistes hatte ich eine ganz neue Freiheit bekommen zu tun, was recht war. Ich hatte so viel Grund zur Dankbarkeit. Und dabei noch so schrecklich viel zu lernen.

Kapitel 2

»Der Tag geringer Dinge«

Nick war der Leiter unserer Jugendgruppe und auch unserer Gesangsgruppe, die sich den Namen »Psalm 150« gegeben hatte. Außerdem war er ein begabter und hingegebener Evangelist, der es als seinen besonderen Auftrag ansah, den Menschen in Altrincham das Evangelium zu bringen. Jeden Donnerstag, ob gutes oder schlechtes Wetter, ging er mit seiner Bibel, einer Tasche voll Traktaten und seiner Gitarre hinaus auf die Straße. Hin und wieder wurde er von anderen Gemeindegliedern unterstützt, aber längst nicht jeder besaß den gleichen Enthusiasmus wie Nick, wenn es darum ging, im strömenden Regen draußen zu stehen. Manche mußten auch ihren persönlichen Verpflichtungen nachkommen, so daß Nick oft ganz allein ging. Doch er ließ sich dadurch nicht entmutigen. Woche für Woche, mit oder ohne Begleitung, tat er mit Freuden seine Arbeit. Ich bewunderte ihn echt wegen seiner Treue.

Doch dann wurde aus der Bewunderung ein inneres Überführtsein. Wieso bedauerte ich ihn eigentlich, anstatt mit ihm zu gehen? Hatte man mich nicht gelehrt, daß ein Leben als Christ mit Gehorsam und Opfer verbunden ist? Also, hier war ein weiteres Gebiet, auf dem ich Gott gehorsam sein konnte. Diese Aussicht erfüllte mich mit Furcht, denn die einzige Erfahrung, die ich bisher mit Straßenevangelisation gemacht hatte, war als Teilnehmerin innerhalb einer größeren Gruppe. Zu zweit würde es natürlich ganz anders sein, aber ich wußte auch, daß meine Angst nicht meinen Gehorsam beeinflussen durfte; deshalb sagte ich zu Nick, ich würde in Zukunft mit ihm auf die Straße gehen.

Jeden Donnerstag, ehe wir loszogen, betete Oma Jean mit uns, und Nick bat Gott, uns zu zeigen, wohin wir an diesem Tag gehen sollten. Das konnte die Busstation sein oder der Bahnhof, ein Lokal oder ein belebtes Einkaufszentrum. Nick hatte vor nichts und niemand Angst. Durch evangelistische Predigten und das Vortragen von Liedern, die der Heilige Geist ihm geschenkt hatte, verkündigte er mutig die gute Nachricht vom Heil durch Jesus Christus.

Anfangs hielt ich mich immer in Nicks Schatten, aber Gott gebrauchte ihn, um mich mehr und mehr für Evangelisation auszubilden. Es dauerte nicht lange, bis ich mit Nick zusammen sang und auch die ersten zaghaften Schritte unternahm, mit den Vorübergehenden ins Gespräch zu kommen. Obwohl ich innerlich zitterte, lernte ich es immer besser, auf den Heiligen Geist zu vertrauen. Er war treu und gab mir immer genau die Worte ein, die ich gerade brauchte, oder er erinnerte mich an einen Bibelvers, der zu der aktuellen Situation paßte.

Wie erwartet, gab es natürlich auch Schwierigkeiten und unangenehme Dinge zu verkraften. Manchmal war es der Regen oder die bittere Kälte; manchmal aber auch verletzter Stolz, wenn die Leute uns auslachten. Doch diese Dinge bereiteten uns nur körperliches und vorübergehendes Unbehagen. Dabei konnten wir uns immer auf die Zusage in Gottes Wort stützen, daß diejenigen, die auf den Geist säen (Galater 6,8), eine Ernte einbringen werden, die nicht zeitlich, sondern ewig ist. Indem ich Nick unterstützte, entdeckte ich etwas Wunderbares: Wenn wir trotz unserer Ängste und Vorbehalte hinausgehen und uns dabei total auf Gott verlassen, wird er uns gebrauchen, auch wenn wir uns noch so unzulänglich fühlen. Diese Wahrheit kam mir durch ein Erlebnis im Zusammenhang mit meinen frustrierenden Versuchen, Gitarre spielen zu lernen, noch deutlicher zu Bewußtsein.

Mein Interesse am Gitarrenspiel begann damit, daß Mama und Papa meinem Bruder Paul eine Gitarre zu Weihnachten schenkten. Ich borgte sie mir ständig aus, obwohl ich wußte, daß ihm das nicht gefiel – ich wollte unbedingt Gitarre spielen können! Ich bat Nick um Hilfe, aber irgendwie machte ich keine großen Fortschritte. Alle Versuche, meine ungeschickten Finger zu disziplinieren, scheiterten kläglich. So gab ich dem Herrn ein Versprechen: Wenn er mir helfen würde, Gitarre spielen zu lernen, würde ich nur für ihn und zu seiner Ehre spielen. Ich erhielt zwar keine hörbare Antwort von Gott, aber er war mir gnädig und erhörte mein Gebet; es dauerte nicht mehr lange, bis ich gut genug spielen konnte, um meinen Gesang auf der Gitarre zu begleiten. Ich für mein Teil war fest entschlossen, nur für Gott zu spielen.

Mittlerweile hatte Papa mit daran gearbeitet, die Geschäftsleute des Vollen Evangeliums (FGBMFI) in Großbritannien zu etablieren, und war zum Leiter der Ortsgruppe Altrincham gewählt worden. Unsere Musikgruppe »Psalm 150« wurde oft gebeten, die Anbetungszeit bei den Treffen zu leiten, bei denen es sich entweder um evangelistische Veranstaltungen oder um Gemeinschaftstreffen christlicher Männer handelte.

Einmal – ich war 15 Jahre alt – gab es eine große Konferenz der Geschäftsleute in Blackpool. Unter anderem stand ein Lunchtreffen für Frauen auf dem Programm, bei dem Jean Darnall sprechen sollte. Da auch viele Männer sie gerne hören wollten, hatte Milicent Spilman, die für das Treffen verantwortlich war, die Männer ebenfalls eingeladen. Es würde somit eine sehr große Versammlung sein – über tausend Zuhörer wurden erwartet. Zu Beginn der Konferenz trat Milicent mit einer Bitte an mich heran, die mir förmlich den Atem verschlug: »Würdest du bei dem Lunchtreffen für uns singen?«

Mein Herz klopfte heftig, und der Mund blieb mir offenstehen. Ich wußte, daß ich dem Herrn versprochen hatte, für ihn zu singen, wenn immer sich eine Gelegenheit böte, aber Milicent konnte doch unmöglich mich meinen? Ganz allein sollte ich singen, und noch dazu vor so vielen Leuten? Milicent merkte natürlich, wie ängstlich ich war, aber sie machte keinen Rückzieher, sondern ermutigte mich statt dessen mit den Worten: »Du schaffst das bestimmt. Der Herr wird dich salben.« Nur zögernd und mit zitterndem Herzen stimmte ich zu.

Im Verlauf der Konferenz wurde ich immer nervöser und ängstlicher. Andere, die in den verschiedenen Versammlungen spielen und singen sollten, trafen mit ihrem ganzen teuren Gerät und ihrer Hintergrundmusik ein. Es sah alles furchtbar professionell aus. Ich zitterte bei dem Gedanken, vor so vielen Leuten stehen und singen zu sollen – ganz allein mit meiner akustischen Gitarre. Aber ich konnte mich nicht drücken; trotz meiner Unzulänglichkeit wußte ich, daß Gott dies von mir erwartete.

Ich ging ernsthaft ins Gebet. Ich bat Gott nicht, mir eine gute Stimme zu geben oder mir zu helfen, daß ich keinen Fehler machte. Wie Milicent gesagt hatte: Es war nicht technisches Können, was ich brauchte, sondern die Salbung des Heiligen Geistes.

Als der Augenblick kam, daß ich singen sollte, und ich meinen Namen vom Podium her nennen hörte, fing ich am ganzen Körper an zu zittern. Während ich schwankend nach vorne ging, sprach ich mir selber mit den Worten aus Philipper 4,13 Mut zu: »Ich vermag alles durch den, der mich stark macht, Christus.« Aber der eigentliche Kampf hatte noch gar nicht begonnen. Als ich anfing zu singen, flüsterte mir eine Stimme ins Ohr: »Siehst du, deine ganze Angst war umsonst. Schau nur, wie sie dich mögen.« Ich warf einen Blick in die Menge, und tatsächlich, mein Gesang schien den Leuten zu gefallen. »Siehst du«, fuhr die Stimme fort, »du kannst wirklich gut singen.« Jetzt wußte ich, daß dies nicht Gottes Stimme sein konnte – es ist nicht seine Art, schmeichlerische Worte zu benutzen oder den Stolz zu fördern –, sondern die Stimme Satans. Ich wies ihn innerlich mit den Worten zurecht: »Du bist und bleibst ein Lügner. Ohne Jesus kann ich gar nichts tun, und wenn ich irgendeine Gabe habe, dann nur, weil er sie mir geschenkt hat. Fort mit dir, in Jesu Namen!«

Als der Kampf endlich vorbei war, war auch das Lied zu Ende. Ich wußte nicht, wie ich es überhaupt überstanden hatte. Mir war nur klar, daß der Herr diese Erfahrung zugelassen hatte, um meine Motive beim Singen in der Öffentlichkeit zu testen. Von wem erwartete ich Anerkennung? Sollte es dazu dienen, die Aufmerksamkeit auf meine Person zu lenken, oder tat ich es, wie versprochen, zur Ehre Gottes? Ich war so dankbar für den Sieg, den er mir in dieser Versuchung geschenkt und daß er mir geholfen hatte, die Lügen Satans zurückzuweisen und zu erkennen, daß es überhaupt nicht wichtig war, von Menschen akzeptiert zu werden. Gott hatte mich »angenommen in seinem lieben Sohn« (siehe Epheser 1,6), und nur darauf kam es an.

An diesem Nachmittag ging ich mit einer Gruppe hinaus auf die Straßen von Blackpool, um zu evangelisieren. Anschließend machten meine Freundin und ich noch einen Spaziergang auf der Promenade, wo mehrere Pferdekutschen standen, mit denen die Touristen fahren konnten. Als wir an einer dieser Kutschen vorbeikamen und der Kutscher meine Gitarre sah, rief er mir zu, ich solle ihm doch ein Lied vorsingen. Natürlich wußte ich, daß er nur Spaß machte, aber eingedenk meines Versprechens, bei jeder sich bietenden Gelegenheit für Jesus zu singen, blieb ich stehen, um mit dem Mann zu sprechen. Er hatte in jedem Arm ein Mädchen, und als ich sagte, ich sänge nur Lieder über Jesus, fingen alle drei an, sich über mich lustig zu machen. Dank Nicks Training wußte ich, wie man mit Beleidigungen umgeht, stellte mich mutig hin und begann zu singen. Sofort nahm der Kutscher seine Arme von den Schultern der

Mädchen und hörte aufmerksam zu. Er war offensichtlich bewegt, und als das Lied zu Ende war, sprachen meine Freundin und ich mit ihm über Jesus. Zwar bekehrte er sich nicht an Ort und Stelle, aber daß er echtes Interesse hatte, war unverkennbar und konnte nur daher rühren, daß der Herr meinen Gesang gesalbt hatte. Meine natürliche Begabung war absolut nichts Besonderes; und selbst wenn sie es gewesen wäre – Begabung allein reicht nicht aus, um die Wahrheit des Evangeliums einem Menschenherzen klarzumachen.

Ich erinnere mich gut an die Worte eines Predigers, der sagte: »Gott tut wenig mit viel, viel mit wenig und alles mit nichts.« Die Herausforderungen, vor denen ich in Blackpool stand, mögen klein gewesen sein, aber sie waren von Gott geplant, um mir obigen Grundsatz tief ins Herz einzuprägen. Wenn wir uns auf unsere eigenen Fähigkeiten verlassen, führt das oft zu Stolz und Selbsttäuschung. Wir sollten uns weniger Gedanken über das Ausmaß unserer Begabungen machen als darüber, wie wir sie, auch wenn sie noch so unbedeutend sind, Gott weihen können, der mit unserem Nichts alles tun kann. Härtere Prüfungen hatte ich noch vor mir, aber wie ein Soldat, der den ersten Vorgeschmack von echtem Kampf in einem kleinen Scharmützel erhält, so hatte ich die Gelegenheit bekommen, meine geistlichen Waffen angesichts des Feindes zu erproben.

Häufig geschah es anläßlich einer Konferenz oder Tagung, daß Gott zu mir sprach. Kurz nach der Konferenz in Blackpool fuhr ich mit meinen Eltern und einer Gruppe aus unserer Gemeinde zu einer Konferenz, die von »International Gospel Outreach (IGO)«, einer Organisation, mit der meine Eltern regelmäßigen Kontakt hatten, veranstaltet wurde. Während dieser Zeit sprach Gott erneut direkt zu mir: »Christine, ich möchte, daß du das Fernsehen sein läßt.«

Ich konnte überhaupt nicht verstehen, warum der Herr dies von mir verlangte. Schließlich sah sogar mein Papa fern, weshalb sollte ich es dann nicht tun? Es war jedoch nicht notwendig, daß ich die göttliche Anweisung verstand, sondern es ging darum, daß ich sie befolgte. Von dem Augenblick an, als wir wieder zu Hause waren, vermied ich es, den Fernseher einzuschalten, und als der Dienstagabend kam, stellten Mama und Papa erstaunt, aber auch erfreut fest, daß ich mich für die Gebetsstunde in unserer Gemeinde fertigmachte. Tatsache war, daß ich sogar nach meiner Geistestaufe noch keine einzige Gebetsstunde besucht hatte. Ich hatte dies immer damit entschuldigt, daß ich zu viele Hausaufgaben zu erledigen hätte. Das stimmte durchaus, aber ein viel entscheidenderer Faktor war der, daß dienstags im Fernsehen *Dallas* gesendet wurde.

Doch nun, da mein Leben ohne Fernsehen verlief, gab es nichts mehr, was mich zurückhalten konnte. Jetzt wußte ich auch, warum Gott mich auffordern mußte, das Fernsehen aufzugeben; es war an sich nicht verkehrt, aber ich hatte meine Prioritäten falsch gesetzt. Ohne es zu merken, hatte ich das Gebot, Gott über alles zu lieben, mißachtet. Von diesem Augenblick an besuchte ich die Gebetsstunden, sooft ich konnte, selbst als der Herr mir einige Monate später wieder die Erlaubnis gab fernzusehen. Ich hatte meine Lektion gelernt, und seit dieser Zeit habe ich strikt darauf geachtet, daß ich meine Fernsehgewohnheiten kontrolliere und nicht sie mich.

Kein Bereich unseres Lebens ist zu belanglos, um von Gott als Übungsfeld benutzt zu werden. Eine kleine Herausforderung, erfolgreich bestanden, bereitet uns auf die nächstgrößere vor. Selbst ein kleiner Gehorsamsschritt kann uns das größte und erste Gebot besser verständlich machen. Wir sollten den »Tag geringer Dinge« nie verachten.

Kapitel 3

»Deine Rechte hält mich fest«

Auf vielen Gebieten hatte ich als Christ bereits Fortschritte gemacht und war in mancher Hinsicht ziemlich reif für mein Alter. Doch es gab einen Bereich in meinem Leben, in dem eher das Gegenteil der Fall war, nämlich was mein Verhältnis zum anderen Geschlecht betraf. Es war für mich ein Problem zu wissen, was Gottes Wille für mich war, und mir als Teenager half es wenig, die gutgemeinten Ratschläge von anderen Leuten in der Gemeinde zu hören. Ich hatte den Eindruck, daß jedesmal, wenn ich eine Beziehung aufbauen wollte, irgend jemand zu mir kam und behauptete, dies sei nicht Gottes Wille für mein Leben. Weil ich es nicht riskieren wollte, den Willen Gottes außer acht zu lassen, brach ich die Beziehung sofort wieder ab und ließ dabei den jungen Mann genauso verwirrt zurück, wie ich es selber war.

Als ich 17 war, fing ich an, mit Stuart auszugehen, und wieder dauerte es nicht lange, bis jemand mir sagte, er sei nicht der Mann, den Gott für mich ausgesucht habe. Der gute Rat war mir mehr als unwillkommen, weil ich bereits tiefe Gefühle für Stuart hegte. Außerdem konnte ich kein offensichtliches Hindernis für unsere Beziehung erkennen. Stuart war 18 – auf den Tag genau ein Jahr älter als ich –, er war Mitglied in unserer Gemeinde, und wir paßten meiner Meinung nach sehr gut zusammen. Ich betete und fragte den Herrn, ob der Rat, den ich erhalten hatte, richtig sei, aber meine Gefühle machten es schwierig, zwischen dem Willen Gottes und meinem eigenen zu unterscheiden, und ich bekam keine Klarheit. Doch wovor ich mich am meisten fürchtete, war, Gottes Plan für mein Leben zu verpassen, so erklärte ich Stuart am nächsten Tag schweren Herzens und unter vielen Tränen, daß wir unsere Beziehung beenden müßten. Ich war zutiefst unglücklich.

Trotz meiner Entscheidung konnte ich mich nicht mit dem Gedanken abfinden, Stuart endgültig zu verlieren. Ich fuhr fort, Gott zu bitten, er möge mir ein klares Zeichen seines Willens geben, versank aber immer tiefer im Morast der Unsicherheit. Schließlich fand Papa, es sei an der Zeit, sich einzumischen, und forderte mich freundlich, aber bestimmt auf, ich solle nicht ständig versuchen, mich nach dem zu richten, was andere als Gottes Willen für mich ansähen. Das war ein weiser Rat, der mir in der Folge sehr gut zustatten kam – obwohl Papa in diesem speziellen Fall später allen Grund haben sollte, seine Worte zu bereuen.

So kam es, daß Stuart und ich unsere Beziehung wieder aufnahmen und uns nach einem Jahr verlobten. Ende gut, alles gut, hätte man meinen können – wenn nur eines nicht gewesen wäre: Obwohl Papa sich mit unserer Verlobung einverstanden erklärt hatte, merkte ich, daß er anfing, ernsthafte Zweifel in bezug auf unsere Verbindung zu hegen, und ziemlich unglücklich war über die Veränderungen, die er an mir beobachtete. Für mich war es nur natürlich, daß meine Welt sich in erster Linie um Stuart drehte. Aber was Papa sah, war, daß seine Tochter praktisch nie mehr zu Hause war, daß sie ihre Hausaufgaben vernachlässigte und ihre Pläne, Lehrerin zu werden, aufgab und lieber Geld verdienen wollte, um so bald wie möglich zu heiraten.

Ich hatte meinen Vater sehr lieb und wollte nichts zwischen uns kommen lassen, auch wenn ich verheiratet wäre. Deshalb versuchte ich, ihn zu beruhigen, indem ich ihm versicherte, Gott und sein Wille seien für mich wichtiger als irgend etwas oder irgend jemand sonst, Stuart eingeschlossen. Ohne zu ahnen, daß ich meine Worte ebenfalls einmal bereuen würde, sagte ich: »Gott weiß, daß ich ihm gefallen möchte, und er hat die Macht einzugreifen und unsere Beziehung zu beenden, wenn Stuart nicht der richtige Mann für mich ist.«

Nachdem ich mein Bestes getan hatte, um Papa zu beruhigen, konnte ich nunmehr völlig sorgenfrei in die Zukunft blicken. Neben der bevorstehenden Hochzeit eröffneten sich mir ganz neue Perspektiven, um dem Herrn zu dienen. Kurz nach unserer Verlobung beendete ich meine Schulausbildung und begann mit einer Ausbildung als Technikerin bei einer großen Firma; wir mußten Zeichnungen für ein Kraftwerksprojekt anfertigen. Einen Tag pro Woche ging ich zur Universität, um mein Diplom als Technikerin (HTC = Higher Technician's Certificate) zu erwerben.

Ich hütete mich, den Fehler zu wiederholen, den ich in der Schule begangen hatte, und ließ alle Kollegen vom ersten Arbeitstag an wissen, daß ich Christ war. In der Firma gab es eine christliche Vereinigung, der ich mich auf der Stelle anschloß. Wir waren nur zu viert, bei einer Belegschaft von mehreren hundert, und wechselten uns damit ab, jeweils eine kurze Andacht für unsere Treffen vorzubereiten; ich machte dabei die ersten Erfahrungen mit dem Auslegen von Gottes Wort. Bei der Arbeit ergriff ich jede sich bietende Gelegenheit beim Schopf, über Jesus zu reden, und durfte einen kleinen Teil dazu beitragen, daß zwei meiner Kollegen Christen wurden.

Kurz darauf stand ein weiteres aufregendes Ereignis vor der Tür: der Besuch einer Konferenz der Geschäftsleute des Vollen Evangeliums in Wembley, bei der Demos Shakarian, der Gründer dieser Vereinigung, sprechen sollte. Ich hatte ihn bereits einmal in Glasgow gehört, anläßlich der ersten Konferenz in Großbritannien, und die Erinnerung an diese Versammlung bedeutete mir unendlich viel. Nachdem Demos gesprochen hatte, hatte der Herr mir eine Vision geschenkt, daß er mich eines Tages gebrauchen werde, um einer großen Schar von Menschen zu dienen. Ich hatte vor Gott geweint, denn ich wußte, daß ich dazu überhaupt nicht würdig war, obwohl ich mich von Herzen sehnte, von ihm gebraucht zu werden. So fuhr ich mit der festen Erwartung nach Wembley, daß Gott auf dieser Konferenz wieder zu mir reden würde.

Einer der Sprecher in Wembley berichtete von den Erfahrungen, die er bei der Arbeit in verschiedenen Gefängnissen und Todeszellen gemacht hatte. Es war nicht das erste Mal, daß ich einen derartigen Bericht hörte, aber früher hatte ich so etwas lediglich als interessant empfunden. Diesmal war es anders; ich hatte die feste Gewißheit, daß Gott zu mir sprach und sagte, ich würde irgendwann ebenfalls in Gefängnisarbeit involviert sein. Erst am folgenden Tag fand ich den Mut, jemandem davon zu erzählen. Ich fürchtete, die Leute könnten denken, ich wolle einfach auch nur so etwas Sensationelles tun wie der Redner vom vergangenen Abend.

Der erste, mit dem ich über die Sache sprach, war mein Vater. »Papa«, sagte ich, »Gott hat zu mir gesprochen und mir gesagt, was mein Dienst ist.«

»Wirklich? Und was ist das?«

»Gefängnisarbeit.«

Ich hatte eigentlich damit gerechnet, daß er mich auslachen würde. Ich war 18 Jahre alt und 1 Meter 55 groß – besaß auf den ersten Blick also kaum das Zeug für einen solchen Dienst. Papas einzige Reaktion bestand indessen darin, einen Prospekt aus seiner

Jackentasche zu ziehen und mir in die Hand zu drücken. Darin ging es ausschließlich um Gefängnisarbeit. Papa hatte das Blättchen nach der Versammlung am Vorabend eingesteckt.

Getreu seinen Prinzipien war Papa nicht gewillt, sich in das einzumischen, was Gott in meinem Leben tat oder zu mir sagte, und wir sprachen nicht weiter über die Sache. Manchmal empfand ich diese Zurückhaltung als frustrierend; ich hielt große Stücke auf seine Weisheit, und sein Rat hätte eine echte Beruhigung für mich bedeutet. Aber Papa wußte, was ich wirklich brauchte, und ermutigte mich stets, Wegweisung nicht von Menschen, sondern von Gott zu erwarten, so wie er und Mama es auch taten. Und Gott hat seine eigenen Methoden, um uns zu führen und auf bestimmte Aufgaben vorzubereiten – oftmals Methoden, die wir nicht erwarten.

Einige Zeit nach der Konferenz in Wembley wurde unsere Musikgruppe »Psalm 150« eingeladen, in der größten christlichen Buchhandlung von Manchester, der »Christian World«, zu singen. Es gab dort eine Kaffeestube im Untergeschoß, wo einmal im Monat eine Versammlung mit Gesang und Predigt abgehalten wurde. Zu meiner allergrößten Überraschung war Noel Proctor, der Anstaltspfarrer des Strangeways-Gefängnisses in Manchester, der Gastsprecher des Abends. Vielleicht könnte ich durch ihn die Gelegenheit erhalten, mit Gefängnisarbeit zu beginnen, dachte ich; so sprach ich ihn nach der Versammlung an, erzählte ihm von meiner Berufung und bat ihn um seinen Rat.

Die Antwort, die er mir gab, entsprach allerdings überhaupt nicht meinen Erwartungen. Er schlug vor, ich solle doch darüber nachdenken, eine Ausbildung zur Gefängnisbeamtin zu absolvieren.

»Ich meine nicht, daß ich eine Berufung fühle, in Frauengefängnissen zu arbeiten, sondern in Männergefängnissen«, erklärte ich ihm.

»Nun«, erwiderte er, »ich glaube nicht, daß es weise wäre, wenn ein junges Mädchen wie du in Männergefängnissen arbeitete.«

Ich war enttäuscht, konnte Noel jedoch seine Antwort nicht verdenken. Von seiner Sicht aus war das, was er mir geraten hatte, durchaus vernünftig. Wir hatten uns gerade erst kennengelernt, und ich konnte nicht erwarten, daß er auf der Stelle meine Gewißheit teilte, daß Gott zu mir gesprochen habe. Es blieb mir nichts anderes übrig, als auf Gottes Zeit zu warten; wenn er mich berufen hatte, würde er auch die richtigen Türen öffnen.

Tatsächlich brauchte ich nicht allzulange zu warten. Eines Abends rief Nick voller Begeisterung unsere Gesangsgruppe zusammen und erzählte uns, Noel habe uns eingeladen, zwei Gottesdienste in seinem Gefängnis durchzuführen. Nick bat mich, ein Solo zu singen, und ich sagte zu. Wie gewöhnlich hatte ich Angst, fühlte mich aber an mein Versprechen gebunden, für den Herrn zu singen.

Der Tag kam, und wir warteten in der Gefängniskapelle darauf, mit dem ersten Gottesdienst für Untersuchungsgefangene zu beginnen. Als die Männer einer nach dem anderen hereinkamen, waren wir alle gespannt und nervös, vor allem die Mädchen. Die Männer musterten uns von Kopf bis Fuß und fingen an zu pfeifen und uns obszöne Dinge zuzurufen. Ihre Worte kann ich hier unmöglich wiedergeben; ich spürte nur, wie ich vor Verlegenheit rot wurde. Ich verstand jetzt, warum Noel mich damals so und nicht anders beraten hatte.

Irgendwie schafften wir es, den ersten Gottesdienst durchzuziehen, und hatten am Ende wirklich das Gefühl, daß der Heilige Geist am Wirken war. Doch es stand uns noch der zweite Gottesdienst für die bereits verurteilten Häftlinge bevor. Wieder kamen die Männer nacheinander herein, wieder gab es herausfordernde Blicke und unanständige Bemerkungen, gefolgt von Pfiffen, Händeklatschen und Trampeln, als Noel uns vorstellte. Als ich mit meinem Solo an der Reihe war und vor der zynischen, spottenden Menge stand, betete ich innerlich, der Herr möge durch mich zu diesen Männern reden. Der Titel meines Liedes hieß: »Jesus, willst du gehen?« Es erzählte davon, wie Jesus einwilligte, die Herrlichkeit des Himmels zu verlassen, um für Menschen zu sterben, die ihn verspotten und anspeien würden. Als das Lied zu Ende war, herrschte vollkommene Stille. Wir wurden später noch oft in dieses Gefängnis eingeladen, aber mein Gesang wurde nie wieder auf die gleiche Art und Weise aufgenommen. Es schien so, als ob Gott gerade bei dieser Gelegenheit mir und auch Noel gegenüber bestätigen wollte, daß er mich tatsächlich in diesem Dienst gebrauchen werde.

Ich war sehr glücklich über die Art und Weise, wie mein Leben verlief, als plötzlich eine Welt für mich zusammenbrach. Ohne jede Vorwarnung löste Stuart unsere Verlobung auf, und ich war am Boden zerstört. Das, was ich vor fast einem Jahr zu Papa gesagt hatte, erhielt jetzt eine schmerzliche Bedeutung. Damals hatte ich kühn behauptet, daß Gott souverän sei und unsere Beziehung beenden werde, wenn sie verkehrt für mich sei; mit meinem Verstand hielt ich immer noch daran fest, aber dadurch war der Schmerz, den ich verspürte, kein bißchen leichter. Warum mußte der Wille Gottes bloß so weh tun?

Dieses Problem wälzte ich unablässig in meinen Gedanken, während ich mich anstrengte, einen Sinn in meinen zerstörten Hoffnungen zu finden. Wäre ich nicht zu unglücklich gewesen, um vernünftig zu denken, hätte ich bestimmt erkannt, daß es nicht ohne Schmerzen abgeht, wenn es gilt, den Wünschen der gefallenen menschlichen Natur abzusagen, um uns dem Willen Gottes zu unterwerfen. Der Geist und das Fleisch stehen unablässig miteinander im Kampf, und dabei geht es für den Verlierer nie ohne Verletzungen und Schmerzen ab.

In meinem Herzen wußte ich zwar, daß, wenn Stuart nicht der richtige Mann für mich war, Gott einen Plan haben mußte, der noch viel besser war. Dieses Wissen stellte indessen mein Fleisch nicht zufrieden. Ich wollte ja gar nichts »Besseres«. Ich wollte das, was ich gehabt hatte, was Stuart und ich gemeinsam geplant hatten.

Nach außen hin fand ich mich mit der Situation ab. Es blieb mir auch gar nichts anderes übrig. Aber in meinem Herzen war eine Saat der Rebellion gesät worden. Ich wandte meinen Blick von dem Plan, den Gott für mein Leben hatte, ab und fing an, eigene Pläne zu schmieden. In meiner Not hielt ich Ausschau nach etwas, was meine Selbstachtung wiederherstellen und mir helfen würde, mich in meiner Haut wieder wohler zu fühlen. Ich war recht unscheinbar und hatte immer ein paar Pfunde zuviel gehabt, deshalb beschloß ich, mein Äußeres zu verändern, um attraktiver zu erscheinen und, wenn möglich, Stuart zurückzugewinnen. Mir war gar nicht bewußt, daß diese Pläne ein Ausdruck meiner inneren Rebellion waren – Satan ist bekanntlich sehr raffiniert –, und setzte mich weiter wie gewohnt in der Gemeinde und in meiner Musikgruppe ein.

Als erstes nahm ich mir vor, mein Gewicht zu reduzieren. Ich brauchte nicht sehr viel abzunehmen, sah also keine große Schwierigkeit in dieser Sache. Zudem wußte ich durch das Lesen verschiedener Zeitschriften genau über die neuesten Schlankheitsdiäten Bescheid. Ich pflegte ohnehin nicht besonders viel zu essen. In unserer Familie wurde gewöhnlich nicht gefrühstückt, und das Mittagessen ließ ich oft auch ausfallen – eine Angewohnheit, die noch von meiner Schulzeit herrührte, als wir während der Mittagspause Sport trieben. Die Hauptmahlzeit war für mich das Abendessen, und dieses wurde zur Zielscheibe meiner Diät.

Ich wußte, daß Gemüse und Salat erlaubt waren, aber was sonst noch? Ballaststoffreiche Nahrungsmittel waren damals gerade in Mode, und ich wußte, daß ich auch Protein brauchte, deshalb meinte ich die perfekte Lösung gefunden zu haben, als mir die Idee mit den Weißen Bohnen kam. Jeden Tag aß ich nun eine große Dose Bohnen. Während der Arbeitspausen vertiefte ich mich in Zeitschriftenartikel, die Tips zur Durchführung von Abmagerungskuren gaben, und lehnte Plätzchen und Süßigkeiten kategorisch ab, was mir, trotz oder gerade wegen der Tatsache, daß ich wirklich nicht dick war, den Spitznamen »Dickerchen« einbrachte. Natürlich mußte ich meine merkwürdigen Eßgewohnheiten vor meiner Familie verbergen; das bedeutete, daß ich immer wieder neue Vorwände erfinden mußte, warum ich nicht mit den anderen zu Abend essen konnte. Nach einer Weile merkte ich jedoch, daß ich nicht ganz ohne süße Sachen auskam, und da es schien, daß Speiseeis am wenigsten Kalorien hatte, nahm ich dieses mit in meinen Speiseplan hinein. Da Eis gewöhnlich nicht zu einer Abmagerungskur gehört, half mir das sogar, mein Handeln vor Mama zu verbergen.

Doch vielleicht führte der Umstand, daß meine Ernährung insgesamt so unausgewogen war, dazu, daß das im Eis enthaltene Fett in meinem Magen Übelkeit verursachte, die bis zum Erbrechen führte. Zuerst freute ich mich darüber, bedeutete es doch, daß ich mehr essen konnte, ohne zuzunehmen. Es war dem Teufel tatsächlich gelungen, mich so zu betrügen, obwohl ich ihm durch meine Rebellion selbst die Veranlassung dazu gegeben hatte.

Nach einiger Zeit mußte ich mir eingestehen, daß das Ganze mir aus der Hand zu gleiten drohte. Mein Organismus war durch das ständige Erbrechen derart durcheinandergeraten, daß ich alles, was ich aß, sofort wieder von mir geben mußte; selbst einen halben Keks erbrach ich. Irgendwie gelang es mir immer noch, meine Familie in Unwissenheit zu halten, aber mir selber konnte ich nichts mehr vormachen. Ich wußte jetzt, daß das, was ich tat, verkehrt war, aber ich hatte keine Kraft, es zu ändern. Ich hörte auf, Eis zu essen, aber das

Erbrechen hielt an. Wie bei jeder Sünde, so hatte ich auch hier anfänglich gemeint, alles unter Kontrolle zu haben, mußte aber nun einsehen, daß das längst nicht mehr der Fall war.

Gesundheitlich ging es mir immer schlechter, und ich wurde anfällig gegen alle möglichen Viren und Infektionen. Eines Tages fühlte ich mich wegen einer vermeintlichen Grippe so elend, daß ich nicht zur Arbeit gehen konnte. Ich stand in der Küche und blickte von dort aus ins Eßzimmer, wo Mama eine Talkshow im Fernsehen verfolgte. Die Sendung erschütterte mich zutiefst; starr vor Schrecken hörte ich zu, wie mehrere junge Mädchen nacheinander über ihre Krankheit sprachen und die Symptome schilderten. Mir kam das alles furchtbar bekannt vor: »Ich habe Abführmittel benutzt...«, »Ich habe mich jeden Tag selbst zum Erbrechen gereizt ...«, »Ich wollte nie mit meinen Angehörigen essen ...«

Ganz plötzlich wurde mir klar, daß es sich bei mir gar nicht um eine Grippe handelte. Ich litt unter der gleichen Krankheit wie diese jungen Mädchen: Anorexia nervosa (Magersucht). Manche von ihnen waren praktisch zum Skelett abgemagert. Es kamen auch Mütter zu Wort, die davon berichteten, wie sie ihre Töchter aufgrund dieser modernen Schlankheitskrankheit verloren hatten. Ich war total entsetzt.

Die folgenden Tage waren der reinste Alptraum für mich. Wie konnte ich meinen Eltern bloß so etwas antun? Stärker denn je spürte ich, wie der Heilige Geist mich ermahnte: »Christine, du weißt, daß dies vor mir Sünde ist.« Ich wußte es – aber ich kam mir so total hilflos vor. Seit ich die besagte Fernsehsendung gesehen hatte, war mir klar, daß der erste Schritt zur Besserung darin bestand, der Wahrheit in bezug auf meine Krankheit ins Auge zu sehen, doch dann flüsterte Satan mir ins Ohr: »Du weißt, was dann passiert – du wirst wieder dick.« Erschrocken trat ich den Rückzug an, denn ich sagte mir: Besser krank und schlank als gesund und dick! Doch immer wieder sah ich mich mit der absoluten Forderung Gottes konfrontiert, Buße zu tun und umzukehren. Schließlich kapitulierte ich vor dem Herrn und ließ mir einen Termin beim Hausarzt geben.

Diesem waren die von mir geschilderten Symptome ein Rätsel, denn man wußte damals noch recht wenig über Anorexia nervosa und noch weniger über Bulimie. Als ich ihm aber von der Fernsehsendung mit den jungen Mädchen erzählte, leitete er sofort alles in die Wege, um mich an einen Spezialisten zu überweisen.

Als ich zum vereinbarten Termin in der Praxis erschien, stellte ich zu meiner Überraschung fest, daß es sich bei dem Spezialisten um einen Psychiater handelte. Nachdem er mir eine Menge Fragen gestellt hatte, wollte er mir klarmachen, daß mein Problem von einem unglücklichen Familienleben herrühre. Das entsprach ganz und gar nicht der Wahrheit, und mir wurde klar, daß dieser Mann mir nicht helfen konnte. Ich verabschiedete mich so schnell wie möglich, fest entschlossen, mich nie wieder bei ihm blicken zu lassen.

In den nächsten Wochen wurde es mit dem Erbrechen immer schlimmer, doch dann bekam ich einen Termin bei einem anderen Arzt, und der war wirklich vollkommen anders. Er gab sich große Mühe, mir die Befangenheit zu nehmen, und hörte dann geduldig zu, während ich meine Krankheitssymptome schilderte. Er sagte zunächst nichts dazu, doch als ich fertig war, bestätigte er mir, daß ich Anorexia nervosa hätte. Das nächste Mal, wenn ich zu ihm käme, so schärfte er mir ein, müsse ich meine Mutter mitbringen, und er würde ihr die Wahrheit sagen.

Zwischen diesem und dem nächsten Termin aß ich noch weniger als sonst, denn ich hatte Angst vor Mamas Reaktion. Ich verabscheute mich selbst, weil ich ihr so etwas antat. Bis jetzt wußte sie lediglich, daß ich Schwierigkeiten mit der Verdauung hatte; mehr hatte ich ihr nicht sagen können.

Viel zu schnell rückte der nächste Arzttermin heran. Die Fahrt ins Krankenhaus war für mich ein regelrechter Alptraum; dann fanden wir uns im Sprechzimmer des Arztes wieder, und er sprach das aus, wovor ich mich so gefürchtet hatte: »Frau Hailes, Ihre Tochter leidet an Anorexia nervosa.«

Ich sah meine Mutter an. Ihr Gesicht spiegelte absolutes Entsetzen und totalen Unglauben wider. Sie bekam kein Wort von dem mit, was der Arzt über seine Pläne zu meiner Behandlung sagte.

Hinterher versuchte ich sie zu trösten, indem ich ihr versicherte, ich würde jede Woche zur ambulanten Behandlung ins Krankenhaus fahren. Zudem sei mein Entschluß, Hilfe zu suchen, ja der beste Beweis dafür, daß ich wieder gesund werden wolle. Während ich dies sagte, verspürte ich ein leichtes inneres Unbehagen. Aber ich hielt wirklich alle Termine ein. (Das bedeutete natürlich, daß ich meine Vorgesetzten über meine Krankheit informieren mußte, um ihnen eine Erklärung für mein wiederholtes Fernbleiben zu geben, aber sonst erzählte ich kaum jemandem etwas davon.) Zwischen den einzelnen Arztterminen mußte ich genau aufschreiben, was ich aß, mit dem Ergebnis, daß ich noch weniger zu mir nahm, denn es war mir einfach zu lästig, »ein halbes Plätzchen« oder »ein Biß von Mamas Apfel« hinzuschreiben. Lieber verzichtete ich darauf.

Die Güte Gottes ist wirklich unbegreiflich. Obwohl sich an meinen Eßgewohnheiten nichts zum Besseren verändert hatte, stellte ich fest, daß mein Gewicht nie unter 45 kg sank. Das war ein echtes Wunder, denn ich aß viel weniger als andere junge Mädchen, die nur 32 kg wogen, und das Wenige, das ich aß, erbrach ich meistens wieder. Es war offensichtlich, daß der Herr während dieser ganzen schlimmen Zeit seine Hand über mich hielt. Ich wunderte mich über seine Treue, die er mir erwies, obwohl ich mich gegen seinen Willen aufgelehnt hatte. Es ging mir wie dem Psalmisten, der staunend feststellte, daß man der liebenden Hand Gottes nicht entrinnen kann:

> Wohin sollte ich gehen vor deinem Geist, wohin fliehen vor deinem Angesicht?
> Stiege ich zum Himmel hinauf, so bist du da. Bettete ich mich in dem Scheol, siehe, du bist da.
> Nähme ich die Flügel der Morgenröte, ließe ich mich nieder am äußersten Ende des Meeres, auch dort würde deine Hand mich leiten und deine Rechte mich fassen (Psalm 139,7-10).

Selbst in meiner Rebellion war Gott immer da. Er gab mich nicht auf, sondern war trotz allem bereit, mich zu gebrauchen.

Kapitel 4

»Bist du bereit?«

Einen Missionar als Gastredner in unserer »Obersaal«-Gemeinde zu haben, war nichts Ungewöhnliches. So etwas kam häufig vor, und einer unserer beliebtesten Besucher war Reverend David Nellist. Er war ein Reiseprediger und Evangelist, der keiner bestimmten Denomination angehörte, aber in den Kreisen von »International Gospel Outreach« und unter den vielen Besuchern der Hollybush-Freizeiten in Nord-Yorkshire bestens bekannt war und großes Ansehen genoß. Seit den späten 70er Jahren führte er mehrmals im Jahr kurze Missionseinsätze auf den Philippinen durch und arbeitete besonders unter Stammesgruppen wie den Negritos und Aetas. Seine Vision war, bekehrte Filipinos zu Evangelisten in ihrem eigenen Land auszubilden. Zu diesem Zweck hatte er eine Arbeit im Dorf Cabalan in der Gegend von Subic Bay auf der Insel Luzon, der größten Insel der Philippinen, begonnen.

Weil Davids Dienst ihn um die ganze Welt führte, wurde die Arbeit in Cabalan permanent von zwei englischen Missionarinnen betreut. Eine davon, Dorothy, kam an einem Wochenende im Frühjahr 1983 mit David zu Besuch in unsere Gemeinde. Sie erzählte von ihrer Arbeit und zeigte Lichtbilder. Ich war interessiert und sehr beeindruckt, aber das war auch alles. Dann stand David auf, um zu predigen. Wie gewöhnlich ging es um die dringende Notwendigkeit der Außenmission – doch damit waren bestimmt die anderen gemeint, so dachte ich. Ich für mein Teil war mit meiner Gefängnisarbeit zufrieden und besuchte mittlerweile mit unserer Gesangsgruppe »Psalm 150« regelmäßig verschiedene Haftanstalten. Wir hatten kürzlich eine Schallplatte herausgebracht und erhielten ständig neue Einladungen.

Zum Schluß seiner Predigt machte David einen Aufruf: »Wenn du bereit bist, dem Herrn in der Außenmission zu dienen, bitte ich dich, nach vorne zu kommen. Ich sage nicht, daß du unbedingt dorthin gehen wirst, aber ich frage dich: Bist du bereit?«

In diesem Moment sprach Gott zu mir. Ich wußte, daß er mich rief, nicht nur bereit zu sein, sondern tatsächlich auf die Philippinen zu gehen. Sein Reden war klar und unmißverständlich. Wie war es doch in der Vergangenheit oft so leicht gewesen, einfach »ja, Herr« zu sagen. Aber diesmal nicht. Ich liebte und fürchtete ihn zu sehr, um nein zu sagen, brachte es aber nicht fertig, mich seiner Aufforderung zu stellen.

Einige der Anwesenden standen auf und gingen nach vorne. Ich saß zusammengekauert auf meinem Platz und wünschte mir, der Erdboden möge sich auftun und mich verschlingen. Hoffentlich beobachtete mich keiner! Ich war sicher, daß sich meine innere Verlegenheit und mein schlechtes Gewissen deutlich auf meinem Gesicht widerspiegelten. Wenn doch der Gottesdienst erst zu Ende wäre! Unbeweglich saß ich auf meinem Stuhl, und als alles vorüber war, wandte ich mich schnell meinen Freunden zu und sprach mit ihnen über alles mögliche, um meine Gedanken von dem, was Gott zu mir gesagt hatte, abzulenken. Ich konnte zwar nicht nein sagen, aber ja sagen konnte ich auch nicht, deshalb gab ich mir Mühe, überhaupt nicht zu antworten. Ich sehnte mich danach, zurück an meine Arbeitsstelle zu kommen, wo ich nicht mehr an die Sache denken mußte. So meinte ich jedenfalls.

Am nächsten Tag im Büro merkte ich bald, daß ich mich geirrt hatte. Gott ließ sich nicht einfach abwimmeln; er wollte eine Antwort haben, und ich mußte mich entscheiden. Ich versuchte verbissen, mich auf meine Arbeit zu konzentrieren, denn ich wollte mich nicht festlegen. Den Montag überstand ich mit Ach und Krach, aber der Dienstag war noch viel schlimmer. Anstatt meiner Zeichnungen sah ich nur noch Filipinos, die von einer Klippe hinunter in eine Ewigkeit ohne Christus stürzten. Die Stimme Gottes war unmißverständlich: »Christine, du mußt es ihnen sagen.«

Ich dachte an meine Arbeit im Gefängnis, die mir so viel Freude machte. Ich wollte sie nicht aufgeben, nicht einmal für kurze Zeit. Dann versuchte ich mir vorzustellen, wie es wäre, unter primitiven Eingeborenenstämmen zu arbeiten. Wie konnte Gott so etwas von mir verlangen? Und was war mit der Gefängnisarbeit, die er mir anvertraut hatte? Ich versuchte es auf eine andere Tour. »Herr«, sagte ich, »ich habe nie eine Bibelschule besucht; was verstehe ich schon vom Predigen?«

»Christine, ich bitte dich nur um das eine, daß du die Menschen liebhast. Meinst du, du könntest sie liebhaben?« Mit dieser Frage schnitt er mir alle weiteren Ausflüchte und Entschuldigungen ab. Es war genau die Art von Fragen, auf die Papa sich so gut verstand. Mir dämmerte jetzt, wo er das herhatte. Man wurde einfach in die Ecke gedrängt und konnte sich nicht mehr wehren. Ich überlegte: Wenn ich »nein« sagte, verleugnete ich damit die Kraft des Heiligen Geistes, der in mir wohnte. Ich hatte schon oft ein Lied gesungen, das auf Römer 5,5 basierte, und wußte ganz genau, daß »die Liebe Gottes ausgegossen ist in unsere Herzen durch den Heiligen Geist, der uns gegeben worden ist«. Aber wenn ich »ja« sagte ...

»Ja, Herr. Ich kann die Menschen liebhaben. Ich kapituliere.« Ich legte die Reißfeder aus der Hand und wandte mich mit der Ankündigung an meine Arbeitskollegen: »Ratet mal, wohin ich gehe!«

»Wohin geht's denn diesmal, Dickerchen?« fragte Norman, offensichtlich in der Erwartung, daß ich über meinen nächsten Gefängniseinsatz sprechen wollte.

»Auf die Philippinen. Gott hat mir gesagt, ich soll auf die Philippinen gehen.«

»Na, hör mal, Dickerchen! Mach keinen Blödsinn!« Du kannst ja nicht mal hier in England vernünftig essen, geschweige denn auf den Philippinen. Am Ende kommst du noch in einer Kiste zurück, aber dann kauf' *ich* keine Blumen!«

Richtig, an meine Krankheit hatte ich noch gar nicht gedacht. Trotz der vielen Besuche im Krankenhaus war es damit noch kein bißchen besser geworden. Doch das schien irgendwie nicht so wichtig zu sein. »Wenn Gott mich gerufen hat, dann wird er mich auch heilen«, sagte ich.

»Und was ist mit dem Geld?« wollte Norman wissen. Er wußte, daß ich immer noch nicht das Geld für den Sommerurlaub in Spanien zusammenhatte, den ich mit ein paar Freundinnen aus unserer Gemeinde geplant hatte.

»Wenn Gott will, daß ich gehe, wird er auch für das nötige Geld sorgen«, erwiderte ich.

»Aber wo wirst du wohnen, wenn du dort ankommst?«

Mittlerweile konnte er sich schon denken, wie meine Antwort lauten würde. »Gott wird mir einen Platz geben, wo ich wohnen kann.«

Die anderen im Büro hörten schweigend, aber sehr gespannt zu. Sie merkten, daß ich das, was ich sagte, auch wirklich meinte. Ich hatte nicht einfach so dahergeredet und hegte nicht den leisesten

Zweifel, daß Gott für alle meine Bedürfnisse sorgen würde – obgleich ich es lieber anders gehabt hätte.

Als ich an diesem Abend heimkam, erzählte ich es meinen Eltern. Sie sagten nicht viel dazu, aber das überraschte mich nicht. Ich kannte sie mittlerweile gut genug, um zu wissen, daß sie mir weder beipflichten noch versuchen würden, mir von meinem Plan abzuraten. Anschließend rief ich sofort David Nellist an, um ihn um Hilfe zu bitten, da er für mich die einzige Kontaktperson zu den Philippinen war. Ich hatte zu diesem Zeitpunkt noch ein weiteres Jahr bis zum Abschluß als Diplom-Technikerin vor mir. Deshalb sagte ich zu David, ich würde gern den Sommer über, wenn die Hochschule geschlossen war, auf den Philippinen arbeiten. Er erklärte mir, der Sommer sei keine gute Zeit für einen Einsatz, weil dann Regenzeit sei und der starke Regen sowie die heftigen Stürme, manchmal sogar Taifune, die Arbeit häufig behinderten. Er riet mir, lieber im September zu fahren.

An diesem Punkt kam mir erstmals zu Bewußtsein, daß ich Gott noch gar nicht gefragt hatte, wie lange ich auf den Philippinen bleiben solle. Ich war ganz einfach von ein oder zwei Monaten ausgegangen. Doch wenn ich Davids Rat befolgen und erst im September fliegen würde, müßte ich den Unterricht versäumen und könnte dann genausogut die zehn Monate bis zur nächsten Regenzeit bleiben und erst im folgenden September wieder zur Schule gehen. Als ich David meine Überlegungen mitteilte, lud er mich ein, mich seinem eigenen kleinen Missionswerk anzuschließen und mit Dorothy und ihrer Kollegin Linda zusammenzuarbeiten.

So war innerhalb eines Tages alles geregelt. Ich würde in drei oder vier Monaten auf die Philippinen fliegen. Kurz darauf fragte mich jemand: »Wo sind denn überhaupt die Philippinen?« Da wurde mir erst richtig bewußt, wie wenig konkret ich bis jetzt geplant hatte. Ich wußte nicht einmal genau, wo die Reise hinging. Schnell ging ich zum Bücherregal und holte einen Atlas herunter. »Von Australien ein bißchen nach oben und dann ein bißchen nach links«, erwiderte ich.

Tatsache war, daß ich überhaupt nichts über dieses Land wußte. Ich dachte zu diesem Zeitpunkt noch, es sei gänzlich von primitiven Volksstämmen bewohnt, weil sich Davids Mission in erster Linie darauf konzentrierte. Doch nachdem ich mich Gott zur Verfügung gestellt hatte, konnte mich diese Aussicht nicht mehr beunruhigen;

ich war bereit, dorthin zu gehen, wohin der Herr mich sandte. Nur zwei Dinge mußten bis dahin noch geklärt werden: mein Fahrgeld und meine Magersucht. Mit letzterer befaßte sich der Herr als erstes.

Einige Wochen später nahm ich an einem Frühstückstreffen der Geschäftsleute des Vollen Evangeliums teil, bei dem Allan Jones der Sprecher war. Nachdem er sein Zeugnis gegeben hatte, fing er an, mehrere Worte der Erkenntnis auszusprechen, die der Heilige Geist ihm geoffenbart hatte. »Hier ist jemand mit einem schweren Verdauungsproblem.«

»Mensch!« dachte ich, »genau so habe ich ja früher meine Magersucht genannt.«

»Wenn du heute morgen hier nach vorne kommst«, fuhr Allan fort, »dann wird Gott dich heilen.«

Ich wußte, daß dieses Wort der Erkenntnis mir galt. Aber dann traf mich der Inhalt mit voller Wucht: Gott würde mich heilen, *wenn ich nach vorne ginge*. Er verlangte also etwas von mir. Satan war natürlich gleich wieder zur Stelle. Er versuchte, mich zu verwirren und zum Ungehorsam zu verleiten, indem er mir dieselben Worte einflüsterte wie schon früher einmal: »Wenn du das tust, wirst du dick.«

Ich durchschaute die Versuchung, wollte aber andererseits wirklich nicht dick werden. Ich konnte mich nicht überwinden, nach vorne zu gehen; meine Füße schienen förmlich am Teppich festzukleben. In einem Augenblick schmerzlicher Einsicht wurde mir klar: Ich hatte zwar gedacht, meine Bereitschaft, zum Arzt zu gehen, sei ein Schritt zur Genesung, aber in Wirklichkeit wollte ich gar nicht gesund werden. Ich wollte diese Krankheit behalten, um schlank zu bleiben.

Dann sprach Gott zu mir, sehr ernst und streng: »Jetzt oder nie, Christine!«

Es war so, als habe mir jemand einen Schlag ins Gesicht versetzt. Plötzlich war mir klar: Nur durch die Gnade und Geduld Gottes war mein Gewicht bis jetzt nie unter 45 kg gesunken. Jetzt hatte er mir ein Ultimatum gestellt. Wenn ich in meiner Rebellion verharrte, würde er seine schützende Hand zurückziehen, die Magersucht würde ihren Lauf nehmen und mich zuletzt das Leben kosten. Trotzdem blieb ich wie angewurzelt auf meinem Platz stehen. Doch dann fiel mir ein, daß ich Gott versprochen hatte, auf die Philippinen zu gehen, um dort zu missionieren. Wenn ich mit meiner Gesundheit spielte, würde ich unmöglich reisen können. Indem ich mich weigerte, geheilt zu werden, machte ich im Grunde mein Versprechen ungültig.

Als ich das erkannt hatte, ging ich schnell nach vorne und stellte mich zu den Leuten, die auf andere, von Allan ausgesprochene Worte der Erkenntnis reagiert hatten. Allan betete für uns, und obwohl ich nichts fühlte, wußte ich in meinem Herzen, daß meine Rebellion gegen Gott gebrochen war. Ich war völlig frei. Ich ging nach Hause und aß eine richtige Mahlzeit, und zum erstenmal seit fast einem Jahr brauchte ich hinterher nicht zur Toilette zu gehen, um mich zu übergeben. Von dieser Stunde an hörte das Erbrechen auf, und ich brauchte nie mehr ins Krankenhaus zu fahren. Ich war vollkommen geheilt.

Nun war noch das zweite Problem offen – mein Fahrgeld. Mir war klar, daß Papa nicht für mich bezahlen würde. Getreu seinem Grundsatz, sich nie in meine Auseinandersetzungen mit dem Herrn einzumischen, erwartete er, daß ich mich an Gott hielt, der seine Berufung bestätigen würde, indem er mir das nötige Geld schickte. Diese göttliche Bestätigung war diesmal ganz besonders wichtig. Wir waren als Familie immer sehr eng verbunden gewesen, und Mama und Papa haßten den Gedanken, daß wir uns trennen mußten, genauso wie ich. Sie würden mich nicht bei einem Unternehmen unterstützen, das mich Tausende von Kilometern wegführte, wenn dieses nicht unbestreitbar Gottes Wille war. Mir blieb nichts anderes übrig, als zu beten.

Die Gebetserhörung kam an meinem 21. Geburtstag, dem 15. Juni 1983. Mama hatte eine Geburtstagsfeier vorbereitet und die ganze Gemeinde dazu eingeladen; ich war zu Tränen gerührt über alle Liebe und Freundlichkeit der Geschwister. Ich bekam viele schöne Geschenke, die zum großen Teil mit Blick auf die Philippinen ausgesucht worden waren. Es gab Koffer, Taschen und leichte Sommerkleider, und eine Frau, Alice, hatte meinen Geburtstagskuchen mit einem Flugzeug dekoriert, das von einer Landkarte von England wegflog.

Dann drückten mir David und Anne, ein Ehepaar aus unserer Gemeinde, einen Briefumschlag in die Hand, während sie mir freundlich zum Geburtstag gratulierten. Als ich ihn öffnete, fand ich darin 500 Pfund Sterling (ca. 2000,– DM) – mehr als genug für eine Rückflugkarte. Gott hatte zu ihnen gesprochen, daß sie mir das geben sollten. Nun wußte ich, daß ich dem Herrn vertrauen konnte, auch wenn ich auf den Philippinen kein festes Einkommen hatte; er würde mich mit allem Nötigen versorgen. (Obwohl ich meine Gemeinde nicht um finanzielle Unterstützung gebeten hatte, beschlossen die Geschwister später, einmal im Monat ein besonderes Opfer für mich zusammenzulegen.)

Mama und ich weinten in den folgenden zwei Monaten fast ununterbrochen. Die Aussicht, beinahe ein ganzes Jahr lang getrennt zu sein, war für uns beide unerträglich. Wie wenig wußten wir damals! Hätten wir geahnt, was die Zukunft bringen würde, wir hätten es nicht überlebt. Ich war mir mittlerweile hundertprozentig sicher, daß dieser Schritt dem Willen Gottes entsprach, aber der Herr in seiner Gnade gab uns im Lauf dieser beiden Monate viele Ermutigungen und Bestätigungen mit auf den Weg.

Ein weiterer Segen, mit dem ich überhaupt nicht gerechnet hatte, war eine Reisegefährtin. Durch Jonathan, der als Hilfspastor mit Papa in unserer Gemeinde zusammenarbeitete, kam ich in Kontakt mit einem Mädchen namens Lesley Keenan. Lesley wollte als Krankenschwester in einem Missionswerk mitarbeiten, das in der gleichen Gegend auf den Philippinen stationiert war wie Davids Mission (obwohl die beiden nichts miteinander zu tun hatten). Wir buchten unsere Flüge nach Manila für ein und denselben Tag im September.

Kurz vor meiner geplanten Abreise betete David Chaudhary, ein Missionar und Prediger, den meine Eltern durch ihre Kontakte mit International Gospel Outreach kannten, für mich. Er bat den Herrn, mir Gnade gegenüber den Behörden zu schenken. Mir schien das ein sonderbares Gebetsanliegen zu sein; mit was für »Behörden« würde ich es bei den Eingeborenen schon zu tun haben? Trotzdem beschloß ich, das Gebet im Gedächtnis zu behalten.

Am Abflugtag, nach einem tränenreichen Abschied von dem Rest der Familie, brachte Papa mich mit Mama und Oma Jean zum Flughafen. Wir weinten während der gesamten Fahrt. Wahrscheinlich war Papas Sicht ebenfalls durch einen Tränenschleier getrübt, denn wir merkten plötzlich, daß wir auf dem Weg zum verkehrten Flughafen waren, nämlich Heathrow, während meine Maschine von Gatwick abflog.

»Gatwick?« schrie Papa. »Das schaffen wir nie!« Durch das plötzlich aufgetauchte Problem, rechtzeitig zum Flughafen zu kommen, wurde alles andere in den Hintergrund gedrängt. Wenige Minuten vor dem Abflug kamen wir in Gatwick an. Es war einerseits gut, daß wir so spät daran waren; so blieb uns keine Zeit für einen langen, tränenreichen Abschied – und es blieb auch keine Zeit mehr, mein Gepäck zu wiegen. Es war wesentlich schwerer als erlaubt, mit meiner Gitarre, den Büchern, Bibeln, Kleidern, Teddybären und einem beträchtlichen Vorrat meiner Lieblingsschokolade.

Wir verabschiedeten uns in aller Eile, dann ging ich sofort an Bord der Maschine und war heilfroh, als ich endlich neben Lesley saß. Sie war ungefähr in meinem Alter, und man sah ihr an, daß sie genauso traurig war wie ich, von ihren Lieben fortzumüssen. Wir warteten, bis sich unsere Gefühle etwas beruhigt hatten, ehe wir mit einer Unterhaltung begannen. Wir waren noch nicht lange in der Luft, als eine Stewardeß zu mir kam.

»Sind Sie Christine Hailes?« fragte sie mich. Mir kam der Gedanke, es müsse etwas Schlimmes mit meinen Eltern passiert sein.

»Ja«, erwiderte ich besorgt.

»Sie haben Ihren Paß im Flughafen Gatwick verloren. Was wollen Sie machen? Wollen Sie in Frankfurt aussteigen oder das Risiko auf sich nehmen und nach Manila weiterfliegen?«

Ich merkte, daß sie sofort eine Entscheidung brauchte. Zu meinem Erstaunen konnte ich ganz ruhig erwidern – etwa so, als hätte sie mich gefragt, wo ich meinen Tee zu trinken wünsche – : »Hm, ich denke, ich fliege einfach weiter nach Manila. Vielen Dank.«

Anschließend legte ich dem Herrn mein Problem hin. »Herr«, betete ich, »jetzt mußt du eingreifen. Du mußt irgendeinen Weg finden, um mich ohne Paß auf die Philippinen zu bringen.« Damit überließ ich ihm die Sache.

»Wie lange hast du vor, auf den Philippinen zu bleiben?« wollte Lesley wissen.

»Nur zehn Monate.«

»Au Backe!« rief sie aus, »wie willst du es so lange dort aushalten?«

»Das weiß ich auch nicht. Der Herr muß mir helfen. Und du, wie lange bleibst du?«

»Nur sechs Monate«, erwiderte sie, nicht ahnend, daß auch ihre Zukunft noch etliche Überraschungen enthielt. Heute, 14 Jahre später, arbeitet sie immer noch auf den Philippinen!

Nach einem scheinbar endlosen 21-Stunden-Flug kamen wir endlich in Manila an. Das Hinkommen war indessen noch das leichteste; mein Problem lag darin, ohne Paß dort bleiben zu können. In der Schlange vor dem Einwanderungsschalter betete ich: »O Herr, du hast mich bis hierher gebracht; ich vertraue dir, daß du mich auch jetzt durchkommen läßt.«

»Ihren Paß, bitte!«

Der Beamte hörte aufmerksam zu, als ich ihm erklärte, was passiert war. Dann bat er mich zu warten und verschwand für etliche Minuten. Lesley war bereits durch die Sperre gegangen und wartete auf der anderen Seite, während ich in meinem Herzen weiterbetete. Als der Beamte zurückkam, war er in Begleitung von mehreren anderen Männern, die offensichtlich einen höheren Rang einnahmen. Ich erzählte meine Geschichte zum zweiten Mal, und einer der Männer ging los, um anzurufen. Sie machten alle einen sehr ernsten Eindruck, und es war augenscheinlich, daß sie mich am liebsten in die nächste Maschine gesetzt und nach England zurückgeschickt hätten. Wie ich später erfuhr, waren die Sicherheitsbestimmungen zu diesem Zeitpunkt besonders streng. Erst drei Wochen zuvor war Benigno Aquino, der größte politische Rivale von Präsident Ferdinand Marcos, auf dem gleichen Flughafen erschossen worden. Was ich nicht wußte, war, daß ich hier in ein Land kam, das von allen Seiten durch politische Streitigkeiten, Instabilität und andere Übel bedrängt war, die zum großen Teil aus der Unterdrükkung durch das Marcos-Regime resultierten.

Da ich jedoch, wie gesagt, nichts von alledem wußte, wartete ich weiter. Der Gott, an den ich glaubte, war ein Gott, dessen Spezialität es war, das scheinbar Unmögliche möglich zu machen. Trotzdem war ich von Herzen erleichtert, als ich schließlich hörte, mein Paß sei bereits unterwegs, und vorausgesetzt, ich käme in ein paar Tagen wieder, um ihn abzuholen, sei mir die Einreise gestattet. »Danke, Herr!«

Unterdessen hatte Lesley treu auf mich gewartet, und auch Dorothy war gekommen, um mich abzuholen. Wir drei sollten gemeinsam die Nacht in Manila verbringen. Auf der kurzen Fahrt mit dem Taxi ins Hotel war ich zu erschöpft, um viel mitzubekommen. Eins jedoch fiel mir auf – daß ich mich, zumindest hier in der Hauptstadt, nicht in einem unterentwickelten Stammesgebiet befand. Und das Hotel selbst war genauso luxuriös wie jene, die ich von England her kannte.

Obwohl unser Zimmer sehr komfortabel war und ich hundemüde war, bekam ich in dieser Nacht nicht viel Schlaf. Wir schliefen alle drei in einem Zimmer, und da ich die anderen nicht stören wollte, verbrachte ich mehrere Stunden im Badezimmer, um Briefe nach Hause zu schreiben. Bereits jetzt hatte ich Heimweh und konnte meine Tränen nicht zurückhalten. Als ich in den Spiegel schaute, sah ich ein junges Mädchen von 21 Jahren, das einen Teddybär im Arm hielt und nach seiner Mama weinte.

»Was kann der Herr bloß mit mir vorhaben?« dachte ich. »Ob er mit meinem Hiersein tatsächlich einen besonderen Plan verfolgt?«

Kapitel 5

»Ich war im Gefängnis, und ihr kamt zu mir«

Am nächsten Morgen verabschiedeten wir uns von Lesley, die weiter nördlich nach Baguio City flog, um von dort zu ihrer Missionsstation in San Fernando zu kommen. Dorothy und ich fuhren ebenfalls in nördliche Richtung, aber auf dem Landweg, und zwar an der Westküste von Luzon entlang nach Subic Bay. Wir hatten eine lange Reise vor uns, beginnend mit einer Taxifahrt zum Busbahnhof. Als wir ins Taxi einstiegen, dachte ich bei mir selbst, daß es so aussähe, als würde es jeden Moment auseinanderfallen, sagte aber nichts, um mir meine Unerfahrenheit nicht anmerken zu lassen. Sobald wir losfuhren, merkte ich, warum das Taxi in solch einem Zustand war. »Mensch, der fährt das Ding ja in Grund und Boden!« sagte ich zu Dorothy.

Sie lachte. »Oh, Chrissy, das ist noch gar nichts. Warte nur, bis er richtig in die Gänge kommt!«

Während wir fuhren, begann ich ein vollständigeres Bild von Manila zu bekommen. Nur wenige Minuten von der reichen Gegend um das Hotel entfernt, kamen wir durch eines der vielen Elendsviertel, in denen die ärmere Bevölkerung lebt. Ich hatte noch nie wirkliche Armut gesehen und war überhaupt nicht auf diesen Anblick vorbereitet. Natürlich hatte ich im Fernsehen Dokumentarfilme über die Verhältnisse in der dritten Welt gesehen, aber die Bilder von blauem Himmel und Sonnenschein, so reizvoll für englische Augen, hatten meinen Blick von der harten Realität abgelenkt. Außerdem spricht das Fernsehen nur zwei unserer fünf Sinne an. Hier konnte ich jedoch die intensive Hitze, in der diese Menschen leben, am eigenen Leibe verspüren und merkte, wie meine Kraft in der schwül-warmen Luft dahinschwand. Der Gestank war ekelerregend; überall lagen Berge von Unrat herum. Kleine Kinder, nur mit dem Allernötigsten bekleidet, irrten unbeaufsichtigt herum, während die älteren zwischen den Autos hin und her huschten und versuchten, irgend etwas zu verkaufen – angefangen von Süßigkeiten über Zigaretten bis hin zu Strohmatten. Sobald der Verkehr anhielt, führten Kinder ihre blinden oder behinderten Eltern von Auto zu Auto, klopften an die Scheiben und bettelten um ein paar Pesos.

Der Verkehr war absolut chaotisch. Dagegen erschien einem London in der Hauptverkehrszeit wie ein verschlafenes Dorf in Cornwall. Obwohl es offiziell nur vier Fahrspuren gab, schafften die Fahrer es, zwei weitere dazwischenzuquetschen, und schlängelten sich in atemberaubendem Tempo von einer zur anderen, wobei sie sich um nichts kümmerten. Aus den Auspuffrohren der uralten Busse quollen Wolken von dickem schwarzem Rauch, die es einem, zusammen mit der drückenden Hitze, fast unmöglich machten zu atmen. »Wie können bloß Menschen unter solchen Umständen leben und arbeiten?« fragte ich mich.

Manila ist eine Stadt von extremen Gegensätzen; neben der schlimmsten Armut sieht man die Zeichen unermeßlichen Reichtums. Jenseits der schäbigen Hütten erblickte ich riesige Einkaufszentren, wie ich sie noch nie gesehen hatte, sowie gewaltige, imposante Hochhäuser und prächtige Villen. Mein Vorurteil, bei den Philippinen handle es sich um ein Land auf der niedrigsten Entwicklungsstufe, bedurfte dringend der Korrektur.

Tatsächlich hatte der Prozeß der Modernisierung unter westlichem Einfluß bereits im 16. Jahrhundert begonnen, als die Philippinen zu einer spanischen Kolonie wurden. Dieser Prozeß beschleunigte sich ab dem Ende des 19. Jahrhunderts, als Amerika das Inselreich von Spanien übernahm. Ein nachhaltiges Resultat des spanischen Einflusses ist die Tatsache, daß die meisten Filipinos, zumindest dem Namen nach, der römisch-katholischen Kirche angehören. Die volle Unabhängigkeit erhielt das Land im Jahr 1946 (obwohl die Vereinigten Staaten bis 1992 noch Militärstützpunkte auf den Philippinen unterhielten). Die Wirtschaft ist sowohl auf Landwirtschaft als auf Industrie ausgelegt, wurde aber immer wieder durch politische und soziale Unruhen empfindlich gestört, was zu weitverbreiteter Armut und hoher Arbeitslosigkeit geführt hat. Die Eingeborenenstämme, die, wie ich dachte, die Bevölkerung des Landes bildeten, machen in Wirklichkeit nicht einmal 3 % aus!

Als wir den Busbahnhof erreichten und aus dem Taxi stiegen, waren wir im Nu von einer großen Menge Männer umringt, die alle lautstark darauf bestanden, unsere Koffer tragen zu wollen. Ich fand das sehr nett von ihnen und war erstaunt, daß Dorothy das Angebot entschieden ablehnte. Sie erklärte mir später, daß die Männer uns für reiche Amerikanerinnen hielten und eine ansehnliche Entlohnung für ihre Hilfe erwarteten. Außerdem bestand die große Gefahr, das eine oder andere Gepäckstück nie wieder zu sehen, wenn wir unsere Sachen erst einmal aus der Hand gaben.

Der Bus, der uns nach Olongapo, ca. 200 km nördlich von Manila, bringen sollte, war komfortabel und mit einer Klimaanlage ausgerüstet, und für die nächsten vier Stunden schlüpfte ich wieder in die mir bekannte Welt zurück. Es war so, wie wenn man ein Fernsehprogramm verfolgt – man beobachtet, ohne etwas zu fühlen. Während der langen, ruhigen Fahrt wollte mich erneut starkes Heimweh überfallen, aber meine Stimmung hob sich, als wir uns Olongapo näherten und die Straße immer mehr bergan führte. Die Landschaft war hügelig und grün und erinnerte mich ein wenig an das Dörfchen in Wales, wo meine Eltern eine Ferienwohnung hatten.

Schließlich verkündete Dorothy, wir seien jetzt in der Stadt Olongapo angekommen. *Das soll eine Stadt sein?* dachte ich. *Es sieht eher wie eine Barackensiedlung aus.* Nirgendwo schien ein Plan oder eine Ordnung zu existieren. Dichtgedrängt nebeneinander sah man offene Autowerkstätten, Bäckereien und einen Marktplatz, daneben Geschäfte, deren Schaufensterauslagen so vollgestopft und wirr durcheinander waren, daß man kaum erkennen konnte, was dort angeboten wurde. Alles sah grau und schmutzig aus, obwohl die Sonne hell schien.

Doch wir hatten keine Zeit, uns gründlich umzusehen. Es lagen noch ca. 10 km bis nach Subic, unserem Zielort, vor uns. Auf dieser letzten Teilstrecke reisten wir in einem »Jeepney«, dem verbreitetsten öffentlichen Transportmittel auf den Philippinen. Es handelt sich dabei um so etwas wie einen verlängerten, an den Seiten offenen Jeep ohne Fenster, der mit buntem Zierat geschmückt und mit Bänken versehen ist, auf denen ungefähr 16 Reisende Platz finden. Es gibt keine festgesetzten Haltestellen; der Jeepney hält irgendwo auf der Strecke, um Passagiere aufzunehmen oder aussteigen zu lassen. Nach etwa einer halben Stunde rief Dorothy dem Fahrer zu: »*Para na ho*« (»Halten Sie bitte jetzt«), und der Jeepney kam mit kreischenden Bremsen zum Stehen.

»Wir sind zu Hause, Chrissy.«

Zu Hause. Für die nächsten zehn Monate würde ich mich daran gewöhnen müssen, Subic als mein »Zuhause« zu betrachten. Immer noch der Meinung, ich würde unter Stammesleuten arbeiten, hatte ich, als wir nach Subic hineinkamen, überrascht festgestellt, daß es sich um ein recht stark bebautes Gebiet handelte. Das war jedoch eine angenehme Überraschung, denn sie verhieß eine weniger drastische Veränderung meines gewohnten Lebensstils, als ich befürchtet hatte.

Subic ist eine kleine Küstenstadt mit ungefähr 60 000 Einwohnern, die zusammen mit mehreren kleineren und größeren Städten das Subic Bay-Gebiet bildet. Mein erster Eindruck war, daß die Stadt ein seltsames, halbfertiges Aussehen besaß. Das kommt daher, daß die Leute ihre Häuser so bauen und vervollständigen, wie es ihr begrenztes Einkommen erlaubt. Selbst wenn das Haus fertig ist, kann es für Jahre ohne Fenster oder Anstrich bleiben. Auf mich machte das Ganze eher den Eindruck einer riesigen Baustelle. Überall lagen Schutthaufen, besonders in der Nähe der Küste, direkt neben dem Markt. Dies stand in einem krassen Gegensatz zu den Leuten selber, die alle so sauber aussahen.

Erstaunt war ich auch, eine Reihe von amerikanischen Soldaten herumlaufen zu sehen. Ich hatte nicht gewußt, daß es ganz in der Nähe, in Olongapo, einen großen U.S.-Flottenstützpunkt gab. Weniger erstaunt war ich, nachdem ich die Slums in Manila gesehen hatte, über die vielen blinden und behinderten Bettler auf den Straßen und über die Straßenkinder, die überall herumlungerten und auf eine Gelegenheit warteten, sich ein paar Pesos zu verdienen.

Dorothy und ich kletterten aus dem Jeepney und standen vor einer Reihe kleiner Häuser mit flachen Dächern, die in einem eingezäunten, als »Compound« bezeichneten Gebiet lagen. Aus dem Haus am Ende der Reihe kamen zwei junge Frauen gelaufen, eine Engländerin und eine Philippinin, um uns zu begrüßen und mit unserem Gepäck zu helfen. Sie wurden mir als Linda, Dorothys Missionarskollegin, und Redemia, ihre Gehilfin und Übersetzerin, vorgestellt. Redemia war eine Negrito (aus einem der kleinen Volksstämme auf den Philippinen). Sie war ausgesprochen klein – ca. 1 Meter 50 – und außergewöhnlich hübsch, mit langen, krausen Haaren und weitaus dunklerer Haut als dem gewöhnlichen Braun der meisten Filipinos.

Sie führten uns ins Haus, und ich fühlte mich, aus dem hellen Sonnenschein kommend, in fast vollständige Dunkelheit versetzt. Man erklärte mir, daß es nicht gut sei, viele Fenster zu haben, da diese nicht nur das Licht, sondern auch die Hitze hereinließen. Das leuchtete mir ein, besonders als Linda mich die Treppe hinauf ins Obergeschoß führte. Dort gab es zwei kleine Schlafzimmer, in denen es während des Tages zwar sehr hell, aber auch fast unerträglich heiß war. Dorothy und Linda wollten mir das bequemste Bett geben, und ich konnte sie nur mit Mühe und Not davon überzeugen, daß Redemia und ich, die wir etliche Jahre jünger waren als sie, lieber die Metall-Stockbetten in dem kleineren der beiden Zimmer nehmen sollten, wo gerade noch Platz für einen Schrank war (und, wie ich später feststellte, für eine Ratte).

Nachdem wir wieder unten waren, beschloß Dorothy, sich zu duschen, und verschwand im Badezimmer neben der Küche. »Küche« ist vielleicht ein bißchen übertrieben, denn das gesamte Erdgeschoß war ein offener Bereich. Die Kücheneinrichtung bestand aus einer gekachelten Arbeitsfläche und einem Spülstein in der Ecke. Unter dem Spülstein befand sich ein kleines Schränkchen für die Töpfe – und für die Kakerlaken, die trotz der Tatsache, daß Dorothy auf peinlichste Sauberkeit achtete, einfach nicht auszurotten waren. An der Wand stand ein weiterer kleiner Schrank für Kakerlaken und Vorratsdosen usw. Als Herd diente ein mit Flüssiggas betriebener Campingkocher.

Die übrigen Möbel waren genauso einfach: ein Tisch mit Resopalplatte, ein kleines, plastikbezogenes Sofa, einige harte Stühle, eine Kommode und ein kleines Schwarz-Weiß-Fernsehgerät. Wie in den normalen Häusern auf den Philippinen üblich, bestand der Fußboden aus rot angestrichenem Estrich.

Als Dorothy mit dem Duschen fertig war, begab ich mich in das winzige Badezimmer. »Badezimmer« ist eigentlich nicht die richtige Bezeichnung, denn es gab gar keine Badewanne – nur die Reichen besitzen auf den Philippinen eine Badewanne –, sondern lediglich eine Toilette, ein Waschbecken und die besagte »Dusche«, die aus einem aus der Wand ragenden Duschkopf bestand. Das Wasser lief offensichtlich durch ein Gitter im Fußboden ab. »Na ja«, dachte ich, »es hätte noch schlimmer sein können«. Dann traf mich die Wahrheit wie ein Keulenhieb: Es gab überhaupt kein heißes Wasser!

Ich hatte noch nie im Leben kalt geduscht, nicht einmal nach einem anstrengenden Squashspiel. Nur zögernd drehte ich den Hahn auf und zuckte bei dem kalten Wasser erschrocken zusammen. »Kein warmes Wasser! Keine Badewanne! Wie soll ich das bloß aushalten?« murmelte ich vor mich hin. Doch dann kam mir der Gedanke, daß ich dankbar sein sollte, überhaupt fließendes Wasser zu haben. Ich biß die Zähne zusammen und zitterte mich durch das Brausebad hindurch.

Tatsächlich nahm das Duschen mit kaltem Wasser den Charakter einer unbedeutenden Unannehmlichkeit an, als ich erfuhr, was Dorothy und Linda in der Vergangenheit mitgemacht hatten. Nachdem ich meine Sachen ausgepackt und mich eingerichtet hatte, war es an der Zeit, mir das Neueste berichten zu lassen und mir ein Bild über die Situation zu machen. Seit jenem Wochenende im Frühling desselben Jahres, als Dorothy und David in unserer Gemeinde gesprochen hatten, hatte sich vieles verändert. Die Arbeit, von der Dorothy damals berichtet hatte, war in Cabalan stationiert gewesen, einem Dorf südlich von Olongapo. In den Bergen rings um das Dorf wohnten eingeborene Volksstämme, die Dorothy und Linda regelmäßig besuchten. Sie legten dabei weite Strecken zu Fuß zurück und predigten unterwegs das Evangelium. Die Menschen, die für Gottes Wort aufgeschlossen waren, lud Dorothy ein, zu ihr nach Hause zu kommen und an einem täglichen Bibelstudium teilzunehmen. Redemia war eine von ihren Schülerinnen gewesen und hatte solch gute Fortschritte gemacht, daß David es ihr ermöglicht hatte, an einem Aufbaukurs in einer Bibelschule von Manila teilzunehmen.

Dorothy war fünf Jahre vorher allein nach Cabalan gezogen. Davor hatte sie bereits ein Jahr mit einer anderen Missionsgesellschaft auf den Philippinen gearbeitet, und als diese Zeit um war, den starken Wunsch verspürt, im Land zu bleiben. David, dessen Frau sehr eng mit Dorothy befreundet war, hatte die Unterstützung eines örtlichen Pastors in Cabalan gewinnen können, den er bei einem seiner Missionseinsätze kennengelernt hatte. Dieser Pastor hatte Dorothy geholfen, mit ihrer Arbeit zu beginnen, und ihr auch eine Wohnung besorgt. Linda war ein paar Jahre später dazugekommen; sie hatte David auf der Bibelschule in Schottland, wo sie studierte, sprechen gehört und einen Ruf auf die Philippinen bekommen.

Die beiden Frauen setzten ihre Arbeit gemeinsam fort, und es bekehrten sich viele Stammesleute unter den Aetas und Negritos, die durch das, was sie in der kleinen Bibelschule lernten, fest im christlichen Glauben gegründet wurden. (Heute tut eine ganze Reihe von ihnen eine sehr gute Arbeit unter ihren eigenen Leuten, sowohl auf evangelistischem als auf pastoralem Gebiet.) Dann plötzlich, ohne jede Vorwarnung, kündigte der örtliche Pastor ihnen die Wohnung, und sie waren gezwungen, in ein gemietetes Holzhaus zu ziehen, das voll mit Ratten und Termiten und ohne fließendes Wasser war. Eine Zeitlang mühten sie sich weiter mit der Bibelschule ab, aber dann wurde es schließlich unmöglich, in dem Haus zu wohnen, und die Schule mußte geschlossen werden. Dorothy und Linda mußten sich nach einer neuen Bleibe umsehen, denn ich sollte ja auch noch dazukommen, und waren erst vor kurzem nach Subic gezogen. Sie versicherten mir, daß unser jetziges Haus der reinste Luxus sei, verglichen mit dem, was sie vorher gehabt hatten.

Während ich zuhörte, erkannte ich, welch ein Vorrecht es war, daß ich in eine Situation hineingekommen war, in der alle äußeren Dinge bereits soweit geregelt waren und ich von Dorothys und Lindas praktischer Erfahrung profitieren konnte. Besonders Dorothy bewunderte ich sehr; ich konnte mir nicht vorstellen, ganz allein und von Grund auf mit einer Arbeit zu beginnen, wie sie es getan hatte.

In der Eile, eine Wohnung für mich zu finden, hatten Dorothy und Linda noch keine Zeit gehabt, über ihre eigene Zukunft nachzudenken. Dagegen hatten sie auf Davids Bitte hin erste, vorläufige Erkundigungen in bezug auf mich eingeholt und entsprechende Vorbereitungen getroffen. David hatte ihnen von meinen Gefängniseinsätzen in England berichtet; daraufhin hatte Dorothy sich mit einem der örtlichen Gefängnisse in Verbindung gesetzt und die Genehmigung für einen Besuch unsererseits erhalten.

Ich mußte daran denken, daß mein Sträuben, auf die Philippinen zu gehen, in erster Linie dadurch bedingt war, daß ich dachte, meinen Dienst im Gefängnis aufgeben zu müssen. Ich konnte nicht verstehen, daß Gott mir ganz klar die Tür zu diesem Dienst geöffnet hatte, nur um mich jetzt zu etwas völlig anderem, wie ich meinte, auf der entgegengesetzten Seite der Erde zu berufen. Nun sah ich ein, daß wir, auch wenn wir Gottes Pläne nicht immer sofort deutlich verstehen, ihm dennoch vertrauen können, daß er sie in unserem Leben zur Ausführung bringt. Ich hatte geglaubt, mein Dienst im Gefängnis und mein Ruf auf die Philippinen würden sich gegenseitig ausschließen, und jetzt erfuhr ich, daß schon alles in die Wege geleitet worden war, damit ich ein philippinisches Gefängnis besuchen konnte.

Aber noch war es nicht soweit. Ich war gerade zum Ende der Regenzeit angekommen, und für etliche Wochen kehrte das schlechte Wetter zurück, so daß es unmöglich war, sich weiter aus dem Haus zu wagen. Das gab mir die Gelegenheit, mich von der langen Flugreise zu erholen und mit meiner unmittelbaren Umgebung vertraut zu machen.

Da unser Haus zu einer Häuserreihe gehörte, wohnten wir sehr nah mit unseren Nachbarn zusammen. Wir brauchten nur zwei Schritte aus der Eingangstür zu machen und befanden uns bereits im nächsten Haus! Die meisten Häuser in unserem Compound gehörten Mitgliedern einer weitverzweigten Familie. Einer davon war unser Vermieter. Manche Leute waren sehr arm, andere etwas wohlhabender, aber alle waren freundlich, und wir sollten einige von ihnen noch recht gut kennenlernen.

Hinter dem Grundstückszaun lag ein kleiner Schweinestall und dahinter ein Sumpfgelände mit morastigem Wasser, in dem ich zu meinem Erstaunen Kinder schwimmen sah. Man brauchte nicht weit zu gehen, um auf einen Abfallhaufen zu stoßen – ein Umstand, der unsere eigenen Bemühungen, eine hygienische Umgebung zu erhalten, größtenteils untergrub. Mäuse und sogar Ratten erwiesen sich als unausrottbares Problem. Die Mäuse warteten nicht einmal ab, bis wir mit unserer Mahlzeit fertig waren, bevor sie kamen, um ihren Teil zu fordern. Schließlich schickten wir uns in das Unvermeidliche und schlossen, wie Aschenputtel im Disneyfilm, Freundschaft mit ihnen. An die Ratten konnte ich mich jedoch nie so recht gewöhnen.

Direkt neben uns lag die Stadtverwaltung mit dem Büro des Bürgermeisters, der Post und dem Gefängnis von Subic (das war nicht dasjenige, das wir besuchen sollten).

Endlich wurde das Wetter besser, und damit kam der Moment, auf den ich so lange sehnsüchtig gewartet hatte – unser erster Gefängnisbesuch. Camp Maquinaya lag eine Viertelstunde mit dem Jeepney entfernt an der Straße nach Olongapo. An einem Freitagmorgen machten wir vier – Dorothy, Linda, Redemia und ich – uns auf den Weg; keine von uns hatte eine konkrete Vorstellung von dem, was uns erwartete.

Wir meldeten uns bei dem mit einem Vorhängeschloß verschlossenen Eingangstor, woraufhin ein Polizeibeamter, der seinen Schreibtisch in der Nähe des Eingangs hatte, das Tor öffnete (Gefängnisbeamte sind auf den Philippinen zugleich Polizeibeamte) und uns auf ein mit einem Stacheldrahtzaun versehenes Gelände führte. Auf diesem Gelände gab es zwei getrennte Zellenblöcke, die Alpha und Bravo hießen. Der Beamte wies auf einen Platz, wo wir unseren Gottesdienst im Freien abhalten konnten, und verließ uns dann, um wieder an seinen Schreibtisch zurückzukehren.

Die Sicherheitsbestimmungen schienen sehr lax zu sein; das einzige offensichtliche Hindernis gegen einen Ausbruch bestand in dem Stacheldrahtzaun. Später verstanden wir besser, wie sicher die Gefängnisse waren. Ausbruchsversuche waren relativ selten, weil alle Wärter bewaffnet waren und einfach auf jeden schossen, der es dennoch versuchte. Ein Gefängnisaufseher bemerkte einmal im Blick auf einen speziellen Gefangenen: »Die Mutter dieses Häftlings war mir sehr dankbar. Als ihr Sohn zu fliehen versuchte, habe ich den Befehl gegeben, ihm ins Bein zu schießen. Andere hätten ihn erschießen lassen.«

Ich sah mich auf dem Gelände um. Es war in keiner Weise mit dem Strangeways-Gefängnis zu vergleichen. Keine Kapelle, keine Stühle, keine Orgel; und vor allem keine Wärter, die für unsere Sicherheit sorgten. Wir erfuhren später, daß die Wärter die meiste Zeit außerhalb des Gefängnisses verbringen und daß Besucher, die hineingehen, dies auf eigene Gefahr tun. Allem äußeren Anschein nach waren wir den Gefangenen auf Gnade und Ungnade ausgeliefert.

Ende der 80er Jahre wurde die Welt von der schrecklichen Nachricht erschüttert, daß eine Gruppe westlicher Missionarinnen in einem Gefängnis in Davao auf der Insel Mindanao vergewaltigt und ermordet worden war. Das veranlaßte viele, mir die Frage zu stellen, ob ich mich jemals gefürchtet hätte, wenn ich in den Gefängnissen diente. Ich konnte darauf nur antworten, daß ich jedesmal mit der Gewißheit hineingehe, daß mein Leben nicht in der Hand der Gefangenen noch in meiner eigenen liegt, sondern in der Hand Gottes. Ich weiß, daß mir nichts und niemand irgendeinen Schaden zufügen kann, wenn Gott es nicht zuläßt. Sollte er es aber zulassen, dann glaube ich, daß es mir schlußendlich zum Guten dienen wird. »Wir wissen, daß denen, die Gott lieben, alle Dinge zum Guten mitwirken« (Römer 8,28); und: »Sei es nun, daß wir leben, sei es, daß wir sterben, wir sind des Herrn« (Römer 14,8).

Ich nahm meine Gitarre und fing an zu spielen. Sofort sammelte sich eine Gruppe von Häftlingen um uns, und während wir sangen, versuchten einige sogar mit einzustimmen. Danach gaben wir eine einfache evangelistische Botschaft weiter, die von Redemia ins Tagalog, den Dialekt jener Gegend und auch die offizielle Landessprache auf den Philippinen, übersetzt wurde. Dorothy konnte ziemlich viel Tagalog, sprach es aber nicht fließend genug, um darin zu predigen, und obwohl Englisch die zweite offizielle Landessprache ist, können viele ungebildete Leute überhaupt nichts davon verstehen. Es liegt auf der Hand, daß ein großer Prozentsatz der Gefängnisinsassen aus den Volksschichten stammt, die keine oder nur wenig Schulbildung besitzen. Doch alle von ihnen lauschten gespannt jedem Wort, und wir waren überglücklich, als bei dem Aufruf am Ende eine ganze Reihe Männer durch Handheben ihrem Wunsch Ausdruck gaben, Jesus als Herrn und Retter in ihr Leben aufzunehmen.

Nach dem Gottesdienst luden einige der Gefangenen uns in ihre Zellen ein. Damit würden wir uns noch weiter von jedem möglichen Schutz entfernen, aber wir wollten ihren Versuch, uns Freundschaft anzubieten, auch nicht zurückweisen und nahmen die Einladung an. In den Zellenblöcken gab es keine Einzelunterkünfte, lediglich große Gemeinschaftszellen. Die Insassen hatten für sich selbst ein gewisses Maß an Privatsphäre geschaffen, indem sie sich aus Papiermaché und Schnur Schlafabteile bauten. Als Tapete dienten ihnen alte Zeitschriften und Zeitungen. Der eine oder andere besaß einen zusammenklappbaren Liegestuhl oder ein nacktes Holzbett, aber die meisten hatten überhaupt kein Bett. Weder fließendes Wasser noch Toiletten waren vorhanden.

Trotzdem setzten sie alles daran, uns die größtmögliche Gastfreundschaft zu erweisen; sie kauften uns Kräcker und Mineralwasser am gefängnisinternen Kiosk, und während wir aßen und tranken, fingen sie an, uns aus ihrem Leben zu erzählen. Sie trugen alle Zivilkleidung, die zum großen Teil total abgetragen und fadenscheinig war. Im Gefängnis bekamen sie weder Kleidung noch Seife oder Zahnpasta gestellt. Wenn ihre Familie nicht in der Lage war, ihnen diese lebensnotwendigen Dinge zu besorgen, mußten sie entweder ohne sie auskommen oder irgendeine Möglichkeit finden, ein bißchen Geld zu verdienen, um sie sich kaufen zu können. Die Lage ist in allen philippinischen Gefängnissen ähnlich, so daß die Gefangenen versuchen, ihr handwerkliches Geschick einzusetzen und irgendwelche Gegenstände herzustellen, die dann den Besuchern zum Kauf angeboten werden. In Camp Maquinaya handelte es sich dabei meistens um Holzschnitzereien. Mit dem dadurch erzielten, sehr geringen Einkommen sind die Häftlinge zumindest in der Lage, die qualitativ schlechte Gefängniskost durch Eßwaren, die von fliegenden Händlern täglich feilgeboten werden, etwas aufzubessern.

Wir waren erschüttert zu hören, daß viele der Männer bereits bis zu zehn Jahren in diesen Verhältnissen lebten, ohne rechtskräftig verurteilt zu sein. Wie die meisten Gefängnisse auf den Philippinen, war auch Camp Maquinaya ein Untersuchungsgefängnis. Nach ihrer Verurteilung wurden die Gefangenen ins Hauptgefängnis im Muntinlupa-Distrikt von Manila verlegt; diejenigen, die freigesprochen wurden, erhielten keinerlei Entschädigung für die bereits in Untersuchungshaft verbrachten Jahre.

Die Mehrzahl der in Camp Maquinaya lebenden Gefangenen war wegen Mord oder Drogendelikten inhaftiert worden, und obwohl die Schuldfrage noch nicht geklärt war, konnte es keinen Zweifel geben, daß wir es mit Männern zu tun hatten, die zu den schrecklichsten Gewalttaten fähig waren. Daß es zwei Zellenblöcke, Alpha und Bravo, gab, war notwendig, um zwei rivalisierende Banden unter den Insassen zu trennen, weil zwischen ihnen heftigste Rivalität und bitterste Feindschaft bestanden. Diese konnten jederzeit zu Gewaltausbrüchen führen, und nicht selten geschah es, daß aus dem geringfügigsten Anlaß ein Streit entstand, der mit Mord und Totschlag endete.

Dieser eine Besuch war mehr als genug, um uns davon zu überzeugen, daß allein die Gnade Gottes Licht in diesen dunklen Ort bringen konnte. Hier gab es in der Tat Arbeit für uns. Der leitende Gefängnisbeamte erhob keinerlei Einwände, als wir darum baten, jeden Freitag kommen zu dürfen, und so wurden diese Besuche Teil unseres normalen Wochenablaufs.

Das Leben fing an, in regelmäßigen Bahnen zu verlaufen. Sonntags gingen wir natürlich in die Kirche. Wir vier, Dorothy, Linda, Redemia und ich, besuchten gemeinsam eine Assemblies of God-Gemeinde in Olongapo, wo Dorothy eine Sonntagsschulklasse von

Erwachsenen unterrichtete. Die Gemeinde hatte ca. 100 Mitglieder aller Altersstufen, hauptsächlich Filipinos; aber auch eine ganze Anzahl amerikanischer Soldaten und Soldatinnen besuchte die Gottesdienste, denn der Pastor sprach ausgezeichnet Englisch. Die Predigten wurden in »Taglish« gehalten, einer Mischung aus Tagalog und Englisch.

Ungefähr vier Wochen nach unserem ersten Besuch in Camp Maquinaya erhielten wir die Genehmigung, das kleine Gefängnis in Subic zu besuchen. Da dieses sich in dem Gebäude der Stadtverwaltung, direkt neben unserem Haus, befand, handelte es sich bei den Insassen buchstäblich um unsere »Nächsten«. Jeden Montagabend hielten wir dort Gottesdienste in ähnlicher Weise wie in Camp Maquinaya ab. Die wachsende Gefängnisarbeit war hauptsächlich aufgrund meiner früheren Erfahrungen ins Leben gerufen worden, aber auch die anderen drei jungen Frauen scheuten keine Mühe, um dieses Werk, das sich stark von ihren bisherigen Dienstbereichen unterschied, mit voller Kraft voranzutreiben.

Fast ohne es zu merken, fanden wir uns auf einmal auch in der Kinderarbeit wieder. Redemia hatte eine wunderschöne Stimme, und wir beide saßen oft vor unserem Haus und sangen, während ich dazu Gitarre spielte. Ich habe immer wieder festgestellt, daß man mit einer Gitarre leicht Leute anlocken kann, und es dauerte gar nicht lange, bis wir eine Schar von Kindern um uns versammelt hatten. Es war nur natürlich, daß wir ihnen eine biblische Geschichte erzählten, und schon bald waren wir alle vier damit beschäftigt, ihnen jeden Donnerstagnachmittag einfache biblische Wahrheiten zu vermitteln. Dann streckten wir unsere Fühler noch weiter aus und begannen auch in anderen *Barangays* (dorfähnlichen Stadtteilen) von Subic mit Kinderstunden. Ich hatte gerade erst angefangen, mit Redemias Hilfe Tagalog zu lernen, so konnte ich meistens nur mit meiner Gitarre, einem Lied und einem Lächeln zu der Arbeit beitragen, indem ich den Kindern einfach zeigte, daß ich sie liebhatte.

Linda verspürte eine besondere Berufung in die Kinderarbeit und begann damit, in diesem Bereich unseres Dienstes voranzugehen. Mir lag nach wie vor die Gefängnisarbeit am Herzen. Unsere Besuche dort bereiteten mir viel Freude, und es dauerte nicht lange, bis ich ganz allein hinging, und zwar neben den regelmäßigen Gottesdiensten, einfach um Zeit mit den Gefangenen zu verbringen.

Auf ihre Bitte hin brachte ich ihnen die Lieder bei, die wir bei unseren Zusammenkünften sangen, und kaufte ihnen eine Gitarre, damit sie sich auch selber beteiligen konnten. Die anfänglichen »Missionsobjekte« wurden langsam zu Freunden.

Später, als ich mehr Erfahrung besaß, wurde mir erst so richtig bewußt, daß Camp Maquinaya eines der schlimmsten Gefängnisse auf den Philippinen war. Es konnte vorkommen, daß, während wir in einem Raum unsere Versammlung hatten, andere Insassen, die nicht an den Gottesdiensten teilnahmen, in der angrenzenden Zelle ihre Orgie feierten. Alkohol, Drogen und Prostitution – alles war möglich, wenn man dafür bezahlte. Die Gefängnisaufseher drückten ein Auge zu, unter der Bedingung, daß auch für sie etwas dabei heraussprang.

Mit der Zeit taten sich für mich auch noch andere Möglichkeiten auf, um den Gefangenen zu helfen. Einige baten mich um moralische Unterstützung, indem ich einfach im Gerichtssaal anwesend war, wenn ihre Verhandlung anstand, oder sie zu ihren Terminen beim Rechtsanwalt begleitete. Einer dieser Gefangenen war Rhey. Er war der »Bürgermeister« der Alpha-Gruppe (der »Bürgermeister« war der anerkannte Führer einer Gruppe, der bedingungslosen Gehorsam verlangte und auch bekam). Rhey war einer der hartgesottensten Verbrecher im Gefängnis, aber – und hier sehen wir wieder die Gnade Gottes – er gehörte auch zu den Männern, die am offensten für das Evangelium waren. Seine Bekehrung, die tief und bleibend war, bedeutete für mich eine riesengroße Ermutigung. Als Christ behielt er den Respekt der anderen Insassen wie auch seine Gewohnheit bei, Befehle zu erteilen. Ich erfuhr später, daß unsere Gottesdienste, solange er »Bürgermeister« war, nur deshalb so gut besucht waren, weil er die Teilnahme zur Pflicht gemacht hatte.

Ich hatte Rhey nie nach seinen Vorstrafen gefragt. Vielmehr hatte ich von Anfang an beschlossen, immer abzuwarten, bis die Gefangenen sich mir von selbst anvertrauten. Deshalb bekam ich einen echten Schock, als ich ihn das erstemal zu einem Gerichtstermin begleitete. Rhey hatte einen Mann mit einer Schere getötet! Doch der Schock wich sehr bald einem tiefen Erbarmen. Viele der Gefangenen hatten schreckliche Verbrechen begangen, aber gerade aus diesem Grund war ich ja auf die Philippinen gekommen: Ich wollte die Menschen erreichen, die blindlings ins Verderben zu rennen drohten, und ihnen sagen, daß sie einen Retter brauchten.

Als ich noch als Technikerin in England arbeitete, hatte mir mein Kollege Norman einmal in bezug auf meine Gefängnisarbeit die Frage gestellt: »Warum vergeudest du eigentlich deine Zeit mit einem Haufen von Sträflingen, wenn es Menschen gibt, die deine Zuwendung viel mehr verdienen?«

Aber: Ist es nicht wunderbar, daß Gott uns nicht das gibt, was wir verdienen? Wenn er das täte, gäbe es für keinen von uns Hoffnung. Wir sind alle Sünder und vollkommen auf seine Gnade angewiesen. »Gott aber erweist seine Liebe gegen uns darin, daß Christus, als wir noch Sünder waren, für uns gestorben ist« (Römer 5,8). Das Bewußtsein meiner eigenen Unwürdigkeit war Grund genug, Rhey nicht zu verachten.

Der Bibeltext, der mich mehr als jeder andere anspornte, war das Gleichnis von den Schafen und den Böcken. Jesus sagt zu denen, die das Himmelreich erben werden:

> Ich war nackt, und ihr bekleidetet mich; ich war krank, und ihr besuchtet mich; ich war im Gefängnis, und ihr kamt zu mir ... Wahrlich, ich sage euch, wenn ihr es einem der geringsten dieser meiner Brüder getan habt, habt ihr es mir getan (Matthäus 25,36.40).

Kapitel 6
Eddie

Beinahe unbemerkt, stand plötzlich Weihnachten vor der Tür, und ich mußte unwillkürlich an zu Hause denken. Im Geist sah ich die große Familienfeier vor mir, die ich diesmal verpassen würde, und eine Welle starken Heimwehs erfaßte mich, als ich überlegte, wie es wohl sein würde, das Christfest so fern von meinen Lieben verbringen zu müssen.

Aus diesen düsteren Gedanken wurde ich dadurch gerettet, daß ich mir klarmachte, daß ich ja in den Gefangenen, die mir so sehr ans Herz gewachsen waren, auch hier auf den Philippinen eine Familie besaß. Dann erinnerte ich mich daran, daß ein großer Teil der Weihnachtsvorbereitungen, die meine Mutter Jahr für Jahr traf, darin bestand, daß sie für jede ihr bekannte arme Familie ein Geschenk besorgte. Was also konnte ich tun, daß das Fest etwas Besonderes für die Gefangenen wurde? In England war es üblich, daß in den Haftanstalten zu Weihnachten besondere Veranstaltungen und ein traditionelles Weihnachtsessen stattfanden, doch hier auf den Philippinen würde das Fest nicht viel anders als ein ganz gewöhnlicher Tag verlaufen.

Mein erster Gedanke war, etwas zu backen, doch er wurde sofort wieder verworfen; auf einem Propangasherd konnte man nicht backen. Für jeden Gefangenen ein Geschenk zu kaufen, konnte ich mir unmöglich leisten, und es war nicht fair, nur ein paar von ihnen zu bedenken. In materieller Hinsicht ließ sich also nicht viel machen. So beschloß ich, die Jugendgruppe der Gemeinde in Olongapo zu fragen, ob sie bereit wären, sich an einem besonderen Gottesdienst in Camp Maquinaya am Tag vor Heiligabend zu beteiligen. Keiner der jungen Leute war bisher in einem Gefängnis gewesen, und so war es nur natürlich, daß dieser Gedanke für einige etwas Beängstigendes hatte. Trotzdem sagten alle zu, und wir machten uns gemeinsam daran, ein Programm mit guten christlichen Liedern und einer kurzen Erzählung der Weihnachtsgeschichte zu entwerfen.

Während ich mich in die Vorbereitungen vertiefte, merkte ich, daß ich mich plötzlich auf Weihnachten freute, anstatt mich davor zu fürchten. Ich stellte mir vor, welche Freude es für die Gefangenen sein würde, eine solch große Gruppe von Jugendlichen zu sehen. Das Problem des Schenkens löste ich, indem ich für jede der Zellengruppen eine große Dose Plätzchen kaufte. Außerdem besorgte ich ein paar Kleinigkeiten für einen der Insassen, der in Kürze nach Muntinlupa verlegt werden sollte. Der 23. Dezember würde ein ganz besonderer Tag werden.

Eine Woche vor der geplanten Weihnachtsveranstaltung machten Dorothy, Linda, Redemia und ich unseren normalen Freitagsbesuch in Camp Maquinaya. Der Gottesdienst war an diesem Morgen außergewöhnlich schlecht besucht; am meisten wunderte ich mich über Eddie Lazaros Abwesenheit. Es sah Eddie überhaupt nicht ähnlich, eine Versammlung zu versäumen. Er war einer der ersten gewesen, die auf Gottes Wort eingegangen waren, und sein geistliches Wachstum bedeutete eine große Ermutigung für mich. Zwischen ihm und uns vier Mädchen hatte sich eine echte Freundschaft entwickelt, und er nannte mich oft scherzhaft seine Adoptivschwester. Einer der anderen Gefangenen erklärte uns schließlich den Grund für die vielen leeren Plätze; eine große Gruppe sei gerade heute vor Gericht geladen worden. In Eddies Fall hatten die Mühlen der Justiz tatsächlich schnell gearbeitet: Er war erst seit sechs Monaten im Gefängnis. Er wurde beschuldigt, einen Mord begangen zu haben, hatte jedoch immer beteuert, er habe sein Opfer nicht absichtlich getötet, und hoffte nun, daß die Anklage auf Totschlag reduziert werden würde.

Kurz vor Ende des Gottesdienstes kehrten die Männer zurück. Als sie durchs Tor geführt wurden, sah ich Eddie: Er grinste von einem Ohr zum anderen. Die Nachricht verbreitete sich wie ein Lauffeuer – Eddie war vollkommen freigesprochen worden.

Schnell brachten wir den Gottesdienst zum Abschluß und begaben uns dann in den Aufenthaltsraum des Alpha-Blocks, wo die Männer uns, wie auch sonst oft, etwas zu trinken brachten, während wir mit ihnen zusammensaßen und uns unterhielten. Eddie kam zu uns und fragte mich, ob ich ihm helfen könne, seine Entlassungspapiere zu bekommen. Bevor ein Häftling entlassen wird, muß er eine Gebühr (ungefähr 20 DM) für die Bearbeitung seiner Papiere bezahlen. Kann er das nicht, wird die Entlassung zurückgestellt. Eddie hatte kein Geld, und ich war selbstverständlich gern bereit, ihm zu helfen. Allerdings hatte ich es mir zum Prinzip gemacht, den

Gefangenen kein Geld zu geben. Deshalb verabredete ich mich mit ihm für den folgenden Montag, dem Tag, an dem er entlassen werden sollte.

Ich war fast genauso glücklich über das Urteil wie Eddie selber. Voller Begeisterung machte ich mich am Montag morgen auf den Weg nach Camp Maquinaya und nahm auch meine Kamera mit, um seine ersten Schritte in die Freiheit im Bild festzuhalten. Wir hatten nicht mit Schwierigkeiten bei den Formalitäten gerechnet, doch während wir mit wachsender Ungeduld auf die Fertigstellung der Papiere warteten, dehnten sich die Minuten zu Stunden. Ich fing an, mir Sorgen wegen der Vorbereitung auf die Bibelstunde im Gefängnis von Subic am gleichen Abend zu machen, und als Eddie vorschlug, ich solle ihm das Geld dalassen und er würde später vorbeikommen und mir die Quittung bringen, stimmte ich nach einigem Zögern zu. Es ging mir nicht nur um das Geld; ich wollte einfach nicht den Augenblick verpassen, wo er von einer Seite des Stacheldrahts auf die andere gelangte. So machte ich mich ziemlich enttäuscht auf den Heimweg.

Kurz vor 4 Uhr nachmittags hörte ich meinen Namen rufen und sah Eddies Gesicht durch den Fliegendraht an der Haustür spähen. Ich lud ihn ein hereinzukommen und bot ihm einen Imbiß an, aber er war viel zu aufgeregt, um zu essen oder zu trinken. Voller Stolz zeigte er mir seine Entlassungspapiere und begann dann, mir zum erstenmal die ganze Geschichte seines Verbrechens zu erzählen. Ich hatte nie versucht, ihn über die Einzelheiten auszufragen.

Eddie hatte als Haus- und Gartenboy gearbeitet, und es hatte mit zu seinen Pflichten gehört, das Auto seines Arbeitgebers zu waschen. Wie viele andere in ähnlicher Stellung, war auch Eddie mit Härte und Verachtung behandelt worden. »Er hat mich behandelt, als wäre ich ein Tier«, lautete Eddies Schilderung. Eines Tages hatte es der Chef zu weit getrieben, und Eddies Temperament war mit ihm durchgegangen. Ohne zu ahnen, daß sein impulsives Handeln tödlich enden könnte, hatte er eine Flasche genommen und nach seinem Arbeitgeber geworfen. Die Flasche hatte ihr Ziel getroffen, und der Mann wurde getötet. Eddie wurde wegen Mord angeklagt und hoffte nur, daß man ihn schließlich wegen Totschlag verurteilen würde. In jedem Fall hatte er mit einer langen Haftstrafe gerechnet.

Ich war genauso erstaunt wie er über seinen Freispruch, denn nach allem, was er mir erzählt hatte, konnte ich keinen Grund dafür erkennen. Ich glaubte zwar, daß Eddie seinen Chef nicht mit Absicht getötet hatte, aber er hatte sich für dessen Tod schuldig bekannt. Eddie erklärte mir, sein Freispruch sei auf die Tatsache zurückzuführen, daß die Familie des Toten ihre Klage zurückgezogen habe. Das war für mich noch rätselhafter, aber ich wollte Eddie nicht die Freude verderben, indem ich zu sehr in ihn drang. Nach außen hin versuchte ich ruhig und unbesorgt zu erscheinen, doch unter der Oberfläche hatte ich ein unangenehmes Gefühl, und ein Strom von unbeantworteten Fragen floß durch meinen Kopf.

Wieso sollte eine Familie eine Klage dieser Art zurückziehen? Aus welchem Grund sollte sie kein Interesse daran haben, daß ein Mann, der ihren Vater, Ehemann, Bruder oder Sohn getötet hatte, seine gerechte Strafe empfing? Als Missionarin – noch dazu eine Missionarin, die unter Strafgefangenen arbeitete – war ich von Gott berufen, Verbrechern die Hand zu reichen und ihnen nach Möglichkeit zu helfen, aber wenn ich mich in einer ähnlichen Situation befände, würde ich trotzdem wollen, daß mir Gerechtigkeit widerführe. Ich würde versuchen, den Mörder mit der Liebe Christi zu lieben, ihm zu vergeben und für seine Errettung zu beten, aber es gibt Gesetze, die auch Jesus respektiert hat. Der Dieb, der neben ihm am Kreuz hing, erlangte Vergebung und die Verheißung des Eingangs ins Paradies, aber Jesus rettete ihn nicht vor der Strafe, die er sich durch sein gesetzwidriges Verhalten zugezogen hatte.

Ich versuchte, meine Zweifel, so gut es ging, zu besänftigen. Vielleicht war die Familie durch die Tatsache, daß Eddie aufs äußerste provoziert worden war, zu ihrer Handlungsweise veranlaßt worden. Wichtig war nun auf jeden Fall, dafür zu sorgen, daß er von seiner Freiheit richtigen Gebrauch machte, und deshalb mußte ich mit ihm in Verbindung bleiben.

Unsere Gemeinde in Olongapo wollte an diesem Abend eine Weihnachtsfeier veranstalten, so fragte ich Eddie, bevor er ging, ob er daran teilnehmen wolle. Ich glaubte zwar nicht, daß er seinen ersten Abend in Freiheit auf einer Gemeindeveranstaltung zubringen wollte, zumal er so wenige dort kannte, aber zu meiner Überraschung sagte er spontan und freudig zu. Meine Sorge, möglicherweise den Kontakt zu ihm zu verlieren, kam nicht daher, daß ich irgendwelche Zweifel an der Realität seines Glaubensbekenntnisses oder an der Aufrichtigkeit seiner guten Vorsätze gehegt hätte. Aber ich hatte durch Mamas Arbeit unter jugendlichen Straffälligen gelernt, daß es solche gibt, die, auch wenn sie sich bekehrt haben, wieder von Gott weggehen, nachdem sie ins normale Leben zurückgekehrt sind.

Auf dem Weg von der Bibelstunde zur Weihnachtsfeier bereitete ich mich innerlich darauf vor, er könne es sich anders überlegt haben. Wie erfreut war ich daher, als ich ankam und feststellte, daß Eddie bereits da war und zudem noch einen Freund mitgebracht hatte. Den Freund kannte ich; es war Jake, einer der nettesten von den Gefängnisbeamten in Camp Maquinaya. Er stammte aus demselben *Barangay* wie Eddie, aber ich hatte nicht gewußt, daß die beiden Freunde waren. Jake konnte nicht lange bleiben – er hatte Nachtdienst und merkte auch, daß er durch die Pistole, die er bei sich trug, ziemlich auffiel. Auf jeden Fall schien er nicht in seinem Element zu sein unter all den harmlos wirkenden jungen Leuten.

Während der arme Jake sich Mühe gab, im Hintergrund zu bleiben, warf Eddie sich mit Feuereifer ins Geschehen und tat so, als ob er dazugehöre. Er machte bei allen Spielen mit und genoß das Ganze offensichtlich. Falls die Gemeindeglieder ein wenig ängstlich wegen seines Vorlebens gewesen waren, so ließen sie sich jedenfalls nichts davon anmerken. Meine innere Spannung ließ etwas nach. Mit Eddie würde alles gutgehen.

Bevor die Feier zu Ende war, verabschiedete ich mich von ihm. Ich mußte vorzeitig gehen, weil ich am Dienstag in aller Frühe nach Manila fahren wollte, um einige offizielle Erkundigungen in bezug auf meine Gefängnisarbeit einzuholen. Ich würde dort bei Freunden von Dorothy und Linda übernachten, die zu einer Gemeinde gehörten, welche David Nellist gegründet hatte. Eddie wollte mich gern auf meiner Reise begleiten, aber ich versicherte ihm, es würde schon alles gutgehen. Wenn das so sei, gab er zur Antwort, werde er bis zum Ende der Feier bleiben und dann Dorothy, Linda und Redemia nach Hause begleiten. Er hoffe, irgendwann im Lauf der Woche wieder bei uns hereinzuschauen, könne aber nicht sagen, wann, weil er sich in Olongapo nach einer Arbeit umsehen wolle. Auf jeden Fall könnten wir damit rechnen, ihn am Freitag bei dem Gottesdienst in Camp Maquinaya zu sehen, denn er freue sich darauf, den Auftritt der jungen Leute mitzuerleben. Meiner Ansicht nach wäre es nur natürlich gewesen, wenn er das Gefängnis nie wieder hätte betreten wollen; deshalb war dies für mich ein positives Zeichen, daß er es mit seinem Entschluß, dem Herrn zu folgen, wirklich ernst meinte.

Ich konnte meine Angelegenheiten in Manila am Dienstag regeln, und sobald ich am Mittwoch nach Hause kam, erkundigte ich mich bei den anderen, ob Eddie dagewesen sei. Sie verneinten, aber er hatte uns ja gesagt, daß er Arbeit suchen wolle, deshalb war ich nicht allzu enttäuscht.

Der Donnerstag kam, und noch immer kein Lebenszeichen von Eddie. Bei jedem Klopfen an der Tür sprangen Redemia und ich auf, in der Hoffnung, er könne es sein, aber er kam nicht. Wir trösteten uns mit dem Gedanken, ihn auf jeden Fall am nächsten Tag zu sehen.

Endlich kam der 23. Dezember, ein Freitag, der Tag, an dem unser Weihnachtsprogramm stattfinden sollte. Die Plätzchen waren eingepackt, die Programmzettel für die jungen Leute vorbereitet; es konnte losgehen. Wir machten uns zu viert im Jeepney auf den Weg, begleitet von Steve Dulwich, einem Pastor aus England, mit seiner Frau. Die beiden waren mit David befreundet und arbeiteten für ein paar Monate auf den Philippinen.

Als wir in Camp Maquinaya ankamen, begrüßte mich eine junge Frau, die Frau eines Gefängnisbeamten, mit den Worten: »Hallo, Chrissy. Fröhliche Weihnachten! Hast du schon gehört, was mit Eddie Lazaro passiert ist?«

»Ja, er ist am Montag entlassen worden.«

»Du weißt es noch nicht? Er wurde am Dienstag erschossen.«

Das konnte doch nicht wahr sein! Warum sollte jemand Eddie erschießen? Ich war vor Entsetzen wie betäubt, während die Frau pausenlos weiterredete. Gemäß den Gerüchten, die kursierten, war Eddie in einem Restaurant auf der Hauptstraße von Olongapo, die zum Marinestützpunkt führte, gewesen (in dieser Gegend hatte er sich nach einer Arbeit umsehen wollen) und hatte einem amerikanischen Kunden die Armbanduhr gestohlen. Die Polizei wurde verständigt, Eddie widersetzte sich seiner Festnahme und wurde auf der Stelle erschossen.

Ich war sicher, daß Eddie nie so etwas getan hätte. So dumm konnte keiner sein, daß er an einem solch öffentlichen Platz und so kurz nach seiner Entlassung aus dem Gefängnis einen Diebstahl beging – schon gar nicht ein Mann wie Eddie, der entschlossen war, ein neues Leben zu beginnen und wirklich Christus nachzufolgen. Erst am Abend vorher auf der Weihnachtsfeier hatte er den Pastor gefragt, ob er ihm nicht privat einige Stunden Bibelunterricht geben könne, da er so vieles lernen müsse. Eddie hatte dieses Verbrechen, das man ihm anlastete, nicht begangen, davon war ich felsenfest überzeugt. Trotzdem war er tot.

In meinem Innern herrschte ein unbeschreiblicher Tumult. Meine Gefühle überschlugen sich. Ich hätte am liebsten laut geschrien und zum Herrn gerufen. Doch ich mußte mich beherrschen. Schließlich trug ich Verantwortung gegenüber den Gefangenen, die sich auf den Gottesdienst freuten, und auch gegenüber den jungen Leuten, die sich soviel Mühe mit der Vorbereitung gemacht hatten. Niemand sonst schien so am Boden zerstört zu sein wie ich; einige waren zwar schockiert und auch ein bißchen traurig, aber das war nichts im Vergleich mit dem tiefen Schmerz, den ich empfand. Nur Steve Dulwich schien zu merken, was ich innerlich durchmachte, und legte mir tröstend die Hand auf die Schulter.

Im Gefängnishof angekommen, stellten wir fest, daß die jungen Leute noch nicht da waren. Das verschaffte mir eine kurze Atempause – nur ein paar Minuten des Alleinseins, um zu beten und meine Not vor dem Herrn auszubreiten. Ich verließ den Gefängnishof und versuchte, Herr über meine Gefühle zu werden. Zu dem Schmerz über den Tod eines guten Freundes gesellte sich ein vager Verdacht, der sich schnell zur Gewißheit verdichtete. In den vergangenen Monaten hatte ich bei meiner Gefängnisarbeit wiederholt gehört, daß jemand »weggeschafft« worden war. Bei diesem Begriff handelte es sich um die rechtswidrige Hinrichtung von Kriminellen durch die Polizei oder eine andere Behörde. Ich war überzeugt, daß man Eddie auf diese Weise aus dem Weg geschafft hatte.

Das war für mich auch eine Erklärung, weshalb die Familie von Eddies früherem Arbeitgeber ihre Klage gegen ihn zurückgezogen hatte. Hätte man ihm den Prozeß gemacht und ihn zu lebenslanger Haft verurteilt, so wäre damit ihr Rachedurst keineswegs gestillt gewesen. Sie wollten, daß er mit seinem Leben bezahlte, und das war nur dadurch zu erreichen, daß sie ihre Klage zurückzogen und insgeheim die Polizisten bestachen, Eddie nach seiner Entlassung zu erschießen. (Zu der Zeit, als Eddie starb, war eine derartige Korruption bei Polizei und Militär etwas Alltägliches. Seitdem ist die Staatsgewalt zweimal in andere Hände übergegangen, und die ge-

genwärtige Regierung arbeitet sehr daran, diese Mißstände zu beseitigen.)

Ich empfand einen tiefen Groll gegenüber der Polizei. Es war wie ein physischer Schmerz in der Magengrube. Gleichzeitig spürte ich aber auch, wie der Heilige Geist mich ermahnte, daß Groll und Bitterkeit nicht von Gott sind; sie müssen aus dem Herzen verbannt und durch Liebe ersetzt werden. Meine menschliche Natur versuchte, meinen Zorn zu rechtfertigen, und lehnte sich gegen die Stimme des Heiligen Geistes auf. Doch das Wort Gottes fordert uns unmißverständlich auf, unsere Feinde zu lieben, und ich wußte, ich durfte nicht zulassen, daß Sünde in meinem Herzen regierte. Ich fing an, im Geist zu beten und in neuen Zungen zu sprechen, während ich den Herrn bat, mir zu helfen.

Als ich so betete, merkte ich, wie der Schmerz in meiner Magengrube allmählich abnahm, und ich wußte, der Sieg war errungen. Die Trauer blieb – Trauer um Eddies Verlust –, aber ich war jetzt imstande, den Trost des Heiligen Geistes zu empfangen. Das Wichtigste war, daß die Bitterkeit, die so zerstörerisch ist, verschwunden und ich bereit war, am Gottesdienst teilzunehmen. Ich konnte den Polizisten ohne Heuchelei in die Augen sehen. In diesem Augenblick sah ich einen Jeepney um die Ecke kommen, der die Jugendlichen brachte. Ich dankte dem Herrn für sein perfektes Timing.

Die Gefangenen, die zum Gottesdienst gekommen waren, befanden sich in leicht gedämpfter Stimmung wegen Eddies Tod, aber es bedeutete für sie wie erwartet eine große Ermutigung, so viele junge Leute zu sehen, die bereit gewesen waren, ins Gefängnis zu kommen, um ihnen die Weihnachtsbotschaft zu bringen. Ich war stolz auf unsere Jugendlichen, die sich so gut einbrachten – besonders, weil sie mit wesentlich mehr Widerstand zu kämpfen hatten als vorhergesehen. Die Polizei hatte uns noch nie bei einem Gottesdienst überwacht, doch diesmal standen eine ganze Reihe von Beamten und sogar der Gefängnisdirektor mit verschränkten Armen und grimmiger Miene Wache. Sie wußten, daß ich mit Eddie befreundet gewesen war, und schienen zu argwöhnen, daß ich über die Umstände, die seinen Tod betrafen, nicht gerade glücklich war. Es lag klar auf der Hand, daß sie mich durch ihr Gebaren einschüchtern wollten. Tatsächlich fürchtete ich mich ein wenig, aber ich klammerte mich an den Sieg, den ich im Gebet errungen hatte, und stand auf, um den Gottesdienst mit dem Lied »Oh, wie sehr liebt er dich und mich« zu beenden. Während ich sang, begegnete mein Blick dem des Gefängnisdirektors. In diesem Moment erfüllte Gott mich mit seiner Liebe, so daß ich diesem Mann nicht mit Haß, sondern mit Liebe in die Augen schauen konnte. Der Direktor wandte, sei es aus Verlegenheit oder Scham, seinen Blick ab.

Nach dem Gottesdienst bot Eddies Freund Jake Steve Dulwich und mir an, uns zu Eddies Haus, das ganz in der Nähe lag, zu fahren. Dort war die Leiche aufgebahrt. Ich war nicht auf diesen Anblick vorbereitet gewesen. Zum ersten Mal sah ich einen Toten, und er hatte überhaupt keine Ähnlichkeit mit Eddie. Ich wünschte, ich hätte ihn nicht so gesehen. Der Tote trug keine sichtbaren Verletzungen, deshalb fragte ich Grace, Eddies Mutter, wohin man geschossen habe.

»Man hat ihm vier Kugeln in seinen Rücken und Hals gejagt«, erklärte sie mir.

Durch diese Antwort wurden meine bösen Ahnungen noch mehr bestätigt.

Ich hatte Eddies Familie nie zuvor gesehen. Da war Grace, außerdem Eddies Schwester und sein Sohn Carlito, ein Junge von drei Jahren. Carlitos Mutter hatte ihn verlassen, als er noch ein Baby war, und Grace hatte ihn wie ihren eigenen Sohn großgezogen. Das Haus war voll von Besuchern, so daß wir nicht viel reden konnten, aber ich besuchte Grace später noch einmal, und wir sprachen ein wenig über das Geschehene. Sie schien nur sehr ungern über die Dinge, die Eddies Tod betrafen, sprechen zu wollen, und ich hatte den Verdacht, daß es dafür noch tiefere Gründe geben müsse als nur den Kummer über den Tod ihres Sohnes.

»Warum versuchst du nicht, die Wahrheit über Eddies Tod herauszufinden?« fragte ich sie.

»Chrissy«, erwiderte sie, »ich habe immer noch meine Tochter und Carlito. Wenn ich irgendwelche Risiken eingehe, verliere ich sie vielleicht ebenfalls.«

Ich war offensichtlich nicht die einzige, die Angst vor der Polizei hatte!

Einige Tage später war in der Zeitung ein Bericht zu lesen, in dem es um die angeblichen Einzelheiten beim Tod von Eddie Lazaro ging. Doch das, was dort stand, hörte sich ganz anders an als die Geschichte, die man mir anfänglich erzählt hatte. Nun sollte

Eddie Geld aus der Registrierkasse des Restaurants gestohlen und mit einem Messer auf den Polizisten, der ihn verhaften wollte, eingestochen haben. Während dieser schwer verletzt zu Boden sank, sei es ihm gelungen, Eddie zu erschießen. Ich fand es unmöglich zu glauben, daß ein Mann in dieser Situation vier Kugeln so sauber und ordentlich in Eddies Rücken plaziert haben konnte.

Für viele Wochen danach wurden wir bei unseren Gottesdiensten in Camp Maquinaya von Polizisten überwacht, und um unseren Dienst nicht zu gefährden, taten wir so, als wüßten wir nicht, warum sie da waren. Gott schenkte uns eine große Liebe zu diesen Männern, und wir erkannten, daß sie Christus genauso dringend brauchten wie die Gefangenen.

Für Grace ergab sich keine Gelegenheit, die Wahrheit herauszufinden. Ich für meine Person wäre zwar bereit gewesen, die Sache weiter zu verfolgen, aber ich durfte ihr Leben und das der Kinder nicht aufs Spiel setzen. So gelang es mir, einen Konflikt mit den Beamten in Eddies Fall noch zu vermeiden, aber bei Danny sah die Sache schon anders aus.

Kapitel 7

Danny

Schüsse peitschten durch die Nacht. Sie hörten sich ziemlich nah an, aber ich war mir nicht ganz sicher. Niemand außer mir schien besorgt zu sein – vielleicht waren es ja auch nur ein paar Knallfrösche gewesen. Man konnte sie schon einmal mit Pistolenschüssen verwechseln. Im übrigen befanden wir uns direkt neben dem Gefängnis und der Polizeistation, durften uns also sicher fühlen.

Redemia und ich hielten gerade eine Bibelstunde im Haus von Simon, einem unserer Nachbarn im Compound. Die Idee, mit Bibelstunden zu beginnen, war von Simons angeheiratetem Vetter Francisco ausgegangen; dieser hatte eines Tages an unsere Tür geklopft und gefragt, ob wir nicht mit einem Bibelkreis für ihn und ein paar andere Leute anfangen könnten. Er trommelte eine Reihe junger Männer und Mädchen, seine Freunde und Nachbarn, zusammen, mit denen wir uns jetzt regelmäßig trafen. Francisco war inzwischen Christ geworden, und auch die anderen legten ein beachtliches Interesse an geistlichen Dingen an den Tag.

Am nächsten Tag fand ich heraus, daß das sichere Gefühl, das ich aus der Nähe zur Stadtverwaltung hergeleitet hatte, unbegründet gewesen war: Die Schießerei hatte sich im Gefängnis von Subic abgespielt. Einer von den Insassen, ein junger Mann namens Danny, war von einem Polizeibeamten ins Gesicht geschossen worden. Ich war jetzt seit 8 Monaten auf den Philippinen, lange genug also, um mich von einem solchen Ereignis nicht gleich umwerfen zu lassen, ganz besonders nach Eddies Tod, aber es war trotzdem schlimm genug, daß so etwas mit einem Menschen passiert war, den wir gut kannten.

Danny befand sich schon im Gefängnis von Subic, als wir dort unseren ersten Besuch machten. Ihm wurde zur Last gelegt, einen Polizisten tätlich angegriffen zu haben, aber sein Fall war noch nicht vor Gericht gekommen. Danny war kein aufsässiger Gefangener, eher das Gegenteil. Wegen guter Führung genoß er seit einiger Zeit besondere Privilegien, d. h. er durfte außerhalb des Gefängnisses in anderen Bereichen der Stadtverwaltung arbeiten und führte oft Botengänge für die Beamten aus. Um so erstaunlicher war es, daß man auf ihn geschossen hatte; es war mehr als unwahrscheinlich, daß er hatte weglaufen wollen.

Mein Erstaunen legte sich etwas, als ich erfuhr, daß der Beamte, der die Schüsse abgefeuert hatte, Wachtmeister Apin war, der in betrunkenem Zustand Dienst getan hatte. Dadurch, daß wir so nah beim Gefängnis wohnten und die Insassen häufig besuchten, kannte ich die verschiedenen Beamten und deren Charakter recht gut, und ich wußte, daß Apin die Gefangenen, einschließlich Danny, schon oft äußerst brutal behandelt hatte. Diesmal hatte er in seinem betrunkenen Zustand zum Scherz seine Pistole auf Dannys Kopf gerichtet – und dann abgedrückt. Nur durch eine Reflexbewegung war Danny dem sicheren Tod entgangen, aber er war sehr schwer verwundet.

Redemia war die erste, die ihn im staatlichen Krankenhaus von Olongapo besuchte, und sie kam so erschüttert zurück, daß ich beschloß, selber hinzugehen. Ich hatte den starken inneren Eindruck, daß ich meine Hände auf Danny legen und für seine Heilung beten sollte. Es war mein erster Besuch in einem staatlichen Krankenhaus auf den Philippinen, und ich erlitt dort einen regelrechten Kulturschock.

Während ich über die langen Flure ging, wollte ich meinen Sinneswahrnehmungen kaum trauen. Ich mußte an die fast schon aufdringliche Sauberkeit in britischen Krankenhäusern denken, wo einem der Geruch nach Desinfektionsmitteln noch Stunden nach einem kurzen Besuch in den Kleidern hängt. Der Geruch hier war dagegen absolut ekelerregend. Als ich beim Vorübergehen einen Blick in die verschiedenen Krankensäle warf, fühlte ich mich quasi ins Mittelalter zurückversetzt. Die Bilder, die ich sah, erinnerten mich an unser Geschichtsbuch in der Schule, wo es um den Krimkrieg ging. Ein chaotisches Durcheinander herrschte überall, als sei eine riesige Katastrophe über das Krankenhaus hereingebrochen. Es hatte aber keine Katastrophe gegeben; dies war der ganz normale Zustand.

In England laufen überall Krankenschwestern herum, um die Patienten zu überwachen, aber hier war keine einzige zu sehen. Statt dessen war jedes Bett von Angehörigen und Freunden umgeben, denen es oblag, den Kranken zu trösten, ihm zu essen zu geben und ihn zu pflegen. Die Hitze war schon für einen gesunden Menschen unerträglich, und es gab keine Ventilatoren außer denen, die die Patienten selber mitgebracht hatten. Überall herrschte eine Atmosphäre des Verfalls; die Wände hatten offensichtlich seit langem keinen Farbpinsel mehr gesehen.

Als ich Danny schließlich fand, hätte ich ihn kaum wiedererkannt. Er lag allein und regungslos im Bett. Sein Gesicht und der Hals waren auf das Doppelte ihrer normalen Größe angeschwollen. Die Kugeln hatten sein Gesicht gestreift, als er zur Seite sprang, und ihn am Auge, an der Nase und am Mund verletzt. Als ich schließlich doch ein paar Schwestern fand, konnte mir keine sagen, ob die Verletzung an seinem Auge gefährlich war und er vielleicht operiert werden mußte. Bis jetzt hatte man Danny lediglich provisorisch verbunden. Sein Gesicht wies eine Unmenge von Stichen auf und war mit Fliegen bedeckt. Er hatte immer noch die Kleider an, mit denen er vor zwei Tagen eingeliefert worden war, und niemand hatte ihn gewaschen. Seine Hände und Kleidung waren blutverkrustet, ebenso das dünne Laken, auf dem er lag. Das Laken war total zerknüllt, und darunter sah man die häßlichen Flecken auf der Matratze durchscheinen. Ich meinte, mich übergeben zu müssen.

Danny hatte große Schmerzen und merkte kaum, daß ich da war, doch während ich seine Wunden betrachtete, erfüllte mich eine tiefe Gewißheit, daß Gott ein Wunder tun würde. Ich legte meine Hände auf ihn und betete, Gott möge seine Hand ausstrecken und Danny berühren und ihn vollständig gesund machen.

Nach meinem ersten Besuch lag mir Danny derart am Herzen, daß ich ihn von da ab täglich besuchte. Francisco bot sich an, mich zu begleiten und als Übersetzer zu fungieren, da Danny kein Englisch sprach und ich noch nicht genug Tagalog konnte. Wir brachten ihm einen elektrischen Ventilator mit, der zwar nicht viel gegen die Hitze ausrichtete, aber zumindest half, die Fliegen fernzuhalten. Wir sorgten auch für saubere Bettwäsche und nahmen ein paar Kleidungsstücke von Francisco mit, die Danny tragen konnte, während wir seine eigenen Kleider wuschen.

Zu Anfang war Danny nicht imstande zu sprechen, aber mir gab die innere Gewißheit Auftrieb, daß Gott ihn heilen werde. Innerhalb weniger Tage sahen wir die Erhörung unserer Gebete sich anbahnen, als die schrecklichen Verletzungen anfingen zu verheilen und Danny seine Sprache wiederfand. Von ärztlicher Behandlung konnte nach wie vor kaum die Rede sein, aber man hatte ihn zumindest an einen Traubenzuckertropf gehängt, was besser war als gar nichts. Doch Gott tat ein größeres Werk an Danny, als ihn körperlich gesund zu machen.

Durch Francisco sprach ich mit ihm über die Liebe Gottes und erklärte ihm anhand der Bibel, daß der Herr Jesus Christus für ihn gestorben war. Es war wunderbar, zu sehen, wie Gottes Gnade in einer solch hoffnungslosen Situation an Dannys Herzen arbeitete und er sich dafür öffnete. Schließlich kam der Augenblick, wo er zugab, einen Retter zu brauchen, und Jesus sein Leben auslieferte, indem er uns ein kurzes Gebet nachsprach.

Als ich eines Tages ins Krankenhaus kam, war Dannys Bett leer. In Gedanken sah ich alle möglichen schrecklichen Dinge vor mir und blickte mich nach jemandem um, der mir sagen konnte, was geschehen war. Natürlich war wieder keine der Schwestern zu sehen. Die Minuten vergingen, und meine Besorgnis wuchs. Endlich beschloß ich, mein Glück zu versuchen und den alten Mann im Bett gegenüber zu fragen, ob er Englisch spreche. Dieser bejahte und konnte mir versichern, daß es Danny gut gehe und er nur kurz weggegangen sei, um sich etwas zu essen zu kaufen. Er war ein sehr freundlicher Mann und trotz seiner Umstände erstaunlich fröhlich. Er wartete darauf, ein Bein amputiert zu bekommen, und seine Frau lag in dem Bett neben ihm mit einem Magenleiden. Es war schwer zu glauben, daß dieser Mann infolge einer simplen Schramme am Zeh sein ganzes Bein verlieren sollte. Aus Mangel an sauberem Wasser, aufgrund mangelnder Hygiene und weil er sich keine Antiseptika hatte leisten können, hatte diese kleine Schramme zu Wundbrand im Fuß geführt. Das Ergebnis war, daß ihm bereits ein paar Zehen fehlten und der übrige Fuß total verfault und schwarz war.

Angesichts dieses armen alten Ehepaares, um das sich ebenfalls niemand kümmerte, mußte ich unwillkürlich daran denken, wie leicht wir in Europa unser staatliches Gesundheitswesen für selbstverständlich nehmen und wie schnell wir uns beklagen, wenn es irgendwelche Einschnitte ins soziale Netz gibt. Wir beschweren uns über die steigenden Zuzahlungskosten bei vom Arzt verschriebenen Medikamenten, aber ein Filipino muß allein für einen Arztbesuch einen gesamten Tagelohn hinblättern, nur um ein Rezept ausgestellt zu bekommen. Wenn er ins Krankenhaus kommt, weiß er, daß er nicht eher entlassen wird, als bis er seine Rechnung bezahlt hat. Hat er kein Geld dafür, muß er drinbleiben, wodurch die

Schulden täglich höher werden. Die persönliche Berührung mit der Armut in einem Land der dritten Welt, das nicht über ein staatliches Gesundheitswesen verfügt und wo Kinder an Masern, Durchfall und Unterernährung sterben, macht einem bewußt, welch ein Segen es ist, in einem westlichen Land zu leben. Keine staatliche Sozialfürsorge ist vollkommen, aber wir haben trotzdem sehr viel Grund, Gott dankbar zu sein.

Wie um den Gegensatz zu unterstreichen, kam Danny in diesem Augenblick mit den gekochten Eiern zurück, die er sich in einer Kantine gekauft hatte. Seine Traubenzuckerinfusion hatte er dabei mitschleppen müssen.

Es war niemals meine Absicht gewesen, mich in die Politik von Dannys Fall verwickeln zu lassen – ich war nichts anderes als eine Missionarin, die ihm pastorale Sorge und moralische Unterstützung zukommen lassen wollte. Doch die Umstände zwangen mich zum Eingreifen.

Eines Tages, als Francisco und ich im Krankenhaus eintrafen, hatte Danny bereits Besuch von einer Frau. Das war ungewöhnlich, denn außer uns schien nie jemand Danny zu besuchen. Da wir nicht stören wollten, zogen wir uns diskret zurück, bis die Frau gegangen war.

Als wir wieder ins Zimmer kamen, fing Danny sofort an, lebhaft zu erzählen. Ich verstand kein Wort von dem, was er sagte, weil er sehr schnell Tagalog sprach, aber Francisco erklärte mir, daß Dannys Besucherin die Frau von Wachtmeister Apin gewesen war. Sie hatte ihm Geld für plastische Chirurgie an seinem Gesicht angeboten und gesagt, sie werde dafür sorgen, daß er aus dem Gefängnis entlassen würde und sich irgendwo auf dem Land niederlassen könne. Als Gegenleistung sollte Danny versprechen, keine Anklage gegen ihren Mann zu erheben.

Trotz seiner 21 Jahre war Danny recht naiv und hatte Frau Apins Angebot für bare Münze genommen. Er glaubte ohne weiteres alles, was sie ihm erzählt hatte. Ich aber wußte, daß kaum ein Filipino das Geld für plastische Chirurgie aufbringen konnte. Zudem mußte ich unwillkürlich daran denken, was mit Eddie passiert war, was mich zu der Überzeugung veranlaßte, daß Danny in eine Falle gelockt werden sollte. Ich hatte Geschichten von anderen Leuten gehört, die man irgendwo aufs Land gebracht hatte – aber nicht, weil man sich um ihr Wohlergehen sorgte, sondern um ihren Aufenthaltsort zu vertuschen, so daß es keiner merkte, wenn sie plötzlich verschwunden waren.

An mir lag es nun, etwas zu unternehmen, denn Danny hatte sonst keinen, der sich um ihn kümmerte. Als erstes besuchte ich seine Mutter, aber sie weigerte sich, ihr Geld für eine Jeepneyfahrt zum Krankenhaus zu »verschwenden«. Die Alternative, die sich mir bot, war im Grunde gar keine: Ich konnte entweder abwarten, gar nichts unternehmen und eine Wiederholung von Eddies Schicksal riskieren oder meine eigene Sicherheit aufs Spiel setzen und dafür kämpfen, daß Danny Gerechtigkeit widerfuhr. Ich brachte es einfach nicht übers Herz, ihn dem Polizeibeamten, der auf ihn geschossen hatte, auf Gnade und Ungnade auszuliefern. Deshalb fing ich an, den Herrn um Weisheit und seine Leitung zu bitten, und um Schutz und Bewahrung für Danny wie auch für mich.

Wie mein Entschluß, Danny zu helfen, sich in der Praxis auswirken würde, wußte ich nicht genau. Jedenfalls mußte ich eingreifen, noch ehe ich irgendwo hatte Rat einholen können. Inzwischen hatte Wachtmeister Apin nämlich von meinen täglichen Besuchen im Krankenhaus Wind bekommen. Möglicherweise befürchtete er, ich könnte seine Pläne durchkreuzen, auf jeden Fall ging seine Frau erneut zu Danny und erklärte ihm, er werde noch am gleichen Tag die Stadt verlassen. Ich hatte noch keine eigenen Pläne geschmiedet, deshalb tat ich das einzige, was mir im Moment einfiel: Ich ging sofort zum Krankenhausdirektor und flehte ihn an, nicht zuzulassen, daß Danny entlassen würde. »Wir brauchen das Bett«, entgegnete er kalt, und damit war für ihn die Sache erledigt.

Wachtmeister Apin und seine Frau trafen in einem gemieteten Jeepney ein, und der arme Danny verließ nichtsahnend das Krankenhaus. Ich folgte den dreien zum Jeepney, denn ich wollte ihnen zeigen, daß ich die Absicht hatte, mich auch weiterhin um Danny zu kümmern. Als der Jeepney losfuhr, winkte Danny mir lächelnd zu – mit einem arglosen, vertrauensvollen Lächeln. Ich zwang mich, sein Lächeln zu erwidern, aber innerlich zitterte ich vor Furcht. Ich war selbst erst 21 Jahre alt und hatte sehr wenig Erfahrung. Vor weniger als einem Jahr hatte ich mir nicht einmal über eine Stromrechnung Gedanken zu machen brauchen, und nun konnte ein Menschenleben davon abhängen, daß ich das Richtige tat. Aber »Gott hat uns nicht einen Geist der Furchtsamkeit gegeben, sondern der Kraft und der Liebe und der Besonnenheit« (2. Timotheus 1,7). Mit dieser Gewißheit befahl ich der Furcht zu weichen und erlebte augenblicklich die Wahrheit der Verheißung Christi: »Ich bin bei euch alle Tage bis zur Vollendung des Zeitalters« (Matthäus 28,20).

Auf schnellstem Wege kehrte ich nach Subic zurück und ging sofort ins Gefängnis, wohin man Danny gebracht hatte. Die Polizisten waren sehr kurz angebunden und behandelten mich direkt geringschätzig, obwohl wir in der Vergangenheit die besten Freunde gewesen waren. Danny sei wieder in ihrem Gewahrsam, ließen sie mich wissen, aber ich dürfe nicht mit ihm sprechen.

Ich versuchte es am nächsten Tag noch einmal, wobei ich Francisco mitnahm, und diesmal hatten wir Erfolg. Danny zeigte mir ein Dokument, das er unterschreiben sollte. Es war eine eidesstattliche Verzichtserklärung, mit der er bestätigte, daß er keine rechtlichen Schritte gegen Wachtmeister Apin unternehmen werde. Die Beamten hatten starken Druck auf ihn ausgeübt und alle Versprechungen, die Frau Apin ihm gegenüber gemacht hatte, wiederholt, und Danny hatte tatsächlich unterschrieben. Ich versuchte ihm behutsam klarzumachen, daß Wachtmeister Apin es sich gar nicht leisten könne, seine Versprechungen einzulösen. Vielmehr würde er selber, Danny, in allergrößte Gefahr geraten, sobald Apin von der drohenden Anklage frei sei. Ich versprach Danny, alles zu tun, um ihn zu unterstützen, falls er es sich noch anders überlegen und seine Unterschrift zurückziehen wolle.

Es war richtig rührend, Dannys Verwunderung darüber, daß jemand ehrliches Interesse an ihm zeigte, zu sehen. Er hatte in seinem Leben so wenig Liebe erfahren und konnte nicht begreifen, weshalb ich, die ihn erst so kurze Zeit kannte, ihm zu helfen versuchte, während seine eigene Mutter sich überhaupt nicht um ihn kümmerte. Es sei die Liebe Jesu in meinem Herzen, erklärte ich ihm, die mich veranlasse, mich um ihn zu sorgen.

Er dachte eine ganze Weile über meinen Vorschlag nach. Von Natur aus lag es ihm nicht, Menschen irgendwelche Hintergedanken zu unterstellen, aber als er erst begriffen hatte, was ihm – und möglicherweise auch noch anderen, falls Apin straflos ausginge – bevorstand, entschloß er sich, seine Verzichtserklärung zu widerrufen.

Meine Rolle in dieser Angelegenheit brachte mich in offenen Konflikt mit der Polizei, was auf den ersten Blick ein sehr ungleicher Kampf zu sein schien, besonders da ich von nun an mehr oder weniger allein dastand. Nur Francisco war bereit, sich weiter aktiv zu engagieren. Dagegen versuchten viele meiner Bekannten, mich zu überreden, ich solle die Finger von der Sache lassen. Sie waren überzeugt, daß dies ein zu großes Risiko für mich sei. Ich wußte selbst nicht, inwieweit ich meine persönliche Sicherheit oder meine Gefängnisarbeit aufs Spiel setzte, aber ich wußte, daß ich Danny jetzt nicht im Stich lassen durfte.

Der Tag der Rache ließ nicht lange auf sich warten. Eines Morgens früh klopfte es an unserer Haustür. Als wir aufmachten, stand ein Polizist davor, der eine Botschaft von seinem obersten Chef, Leutnant Santos, überbringen sollte: Ich möge doch so gut sein und den Leutnant in seinem Büro besuchen. Es war ganz ausgeschlossen, daß ich mich weigerte, also machte ich mich sogleich auf den Weg zur Stadtverwaltung.

Als ich das Dienstzimmer des Leutnants betrat, fiel mein Blick als erstes auf Frau Apin, die am entgegengesetzten Ende des Raumes saß. Leutnant Santos ergriff das Wort. Bisher hatte er uns immer in unserer Arbeit unterstützt, aber diesmal konnte es keinen Zweifel darüber geben, daß er mich ernstlich warnen wollte. Seine Stimme war ruhig und sein Verhalten verständnisvoll, aber die Botschaft war klar: Um meiner eigenen Sicherheit willen gebe er mir den guten Rat, die Sache fallenzulassen. Ich war mir nicht ganz sicher, was er damit meinte, aber ich erwiderte so bestimmt wie ich konnte, daß ich Danny helfen würde, solange er es wünsche.

Frau Apin, die das Gespräch mit kaum unterdrückter Wut verfolgt hatte, konnte sich nicht länger beherrschen und brach in einen Schwall unflätiger Schimpfworte aus, dem nicht einmal Leutnant Santos, dem das Ganze offensichtlich peinlich war, Einhalt gebieten konnte. Sie war von Zorn und Haß gegen mich erfüllt und bezichtigte mich der scheußlichsten Dinge. Die Schimpfkanonade endete damit, daß sie mich anschrie, ich wolle nur ihren Mann kaputtmachen. Obwohl es mir peinlich war, die Zielscheibe dieser Bösartigkeit zu sein, empfand ich persönlich keinerlei Zorn gegen sie. Ich konnte gut verstehen, daß sie Angst um ihren Mann hatte. So ruhig wie möglich entgegnete ich: »Nein, Frau Apin, Sie irren sich. Ich kann verstehen, daß Sie sich für Ihren Mann einsetzen, aber ich persönlich habe überhaupt nichts gegen ihn. Er hat das Glück, jemand zu haben, der sich um ihn kümmert. Danny hat niemand außer mir, und ich will nichts anderes, als ihm zur Seite zu stehen und dafür zu sorgen, daß ihm Gerechtigkeit widerfährt.«

Ein längeres Schweigen folgte. Schließlich sagte Leutnant Santos, der Richter, der zugegen gewesen war, als Danny die Verzichtserklärung unterschrieb, warte darauf, mich in seinem Amtszimmer auf der nächsten Etage zu sprechen.

Bei dem Richter trat die Feindseligkeit weitaus deutlicher zutage als bei Leutnant Santos. Mit unmißverständlichen Worten erklärte er mir, ich hätte überhaupt kein Recht, mich in die Sache einzumischen, und es könne mir nur von Nutzen sein, mich aus Dingen, die mich nichts angingen, herauszuhalten. »Die Waffe eines Missionars ist die Bibel«, sagte er drohend, »und dabei sollten Sie bleiben, denn die Waffen der Polizei sind Pistolen.« Völlig zusammenhanglos fügte er hinzu. »Ich will Ihnen natürlich keinen Schrecken einjagen.«

Ich gab keine Antwort, und der Richter, der mein Schweigen zu Recht als Weigerung ansah, seiner Forderung nachzukommen, fing an, mich ganz offen zu bedrohen. »Ich könnte es Ihnen unmöglich machen, als Missionarin auf den Philippinen zu bleiben«, sagte er, »und was würden Sie dann tun?«

»Ich glaube, dann würde ich nach Afrika gehen, Herr Richter«, erwiderte ich. Das war keineswegs frech gemeint. Ich wollte damit nur sagen, daß Gott, falls man mich daran hindern würde, das Evangelium auf den Philippinen zu verkünden, ganz bestimmt andere Türen öffnen würde.

Damit war das Gespräch beendet, aber ich hatte dem Richter zweifelsfrei zu verstehen gegeben, daß ich mich nicht einschüchtern und Danny auch nicht im Stich lassen würde. Meine größte Sorge war, ich könnte nicht genug Zeit haben, um die Sache bis zum Schluß durchzufechten, bevor mein zehnmonatiger Philippinen-Aufenthalt zu Ende ging. Meine Heimreise stand kurz bevor, und ich wußte nur zu gut, wie lange sich manche Gerichtsverfahren hinziehen konnten. Übrigens war mir vor kurzem klargeworden, daß ich die Philippinen nicht für immer verlassen würde, sondern daß Gott noch viel Arbeit für mich in diesem Land hatte. Ich freute mich auf meine Ferien, aber das war auch alles. Was mir Sorgen machte, war der Gedanke, Danny in diesem kritischen Stadium allein lassen zu müssen.

Glücklicherweise war Francisco mittlerweile genauso entschlossen wie ich selber. Er versprach mir, sich um alles zu kümmern. Es war noch immer nichts entschieden, als ich abflog, und ich mußte mich damit abfinden, von Francisco auf dem laufenden gehalten zu werden. Während ich in England war, ging dann alles sehr schnell (was auf den Philippinen nicht oft der Fall ist), und Francisco informierte mich, wie versprochen, über das Ergebnis, das in der Hauptsache positiv war. Man hatte zwar keine Anklage gegen Wachtmeister Apin erhoben, aber Danny war von dem ursprünglichen Vorwurf der tätlichen Beleidigung freigesprochen worden und hatte nach seiner Entlassung aus dem Gefängnis in Manila Arbeit gefunden, wo er sich sicher fühlen konnte.

Ich war zutiefst erleichtert darüber, daß Dannys Geschichte ein ganz anderes Ende gefunden hatte als Eddies. Doch erst viele Monate später, nachdem ich zurück auf den Philippinen war, wurde mir bestätigt, wie real die Bedrohung gewesen war.

Es dauerte eine Weile, bis die Polizei von Subic ihre Feindseligkeit überwunden hatte, aber zum Schluß konnte ich ihre Freundschaft wiedergewinnen und sogar ein zusätzliches Maß an Respekt verbuchen. Wachtmeister Apin jedoch wollte mir nicht vergeben. Eines Tages, nachdem ich bereits wieder acht Monate auf den Philippinen war, stellte ich bei einem meiner regelmäßigen Besuche in Camp Maquinaya zu meiner Bestürzung fest, daß Apin dort inhaftiert war. Man erzählte mir, was geschehen war: Eines Abends spät hatte er an einer einsamen Stelle, nicht weit von Subic entfernt, einen 19 Jahre alten Jungen gezwungen, sich nackt auszuziehen, und ihm befohlen wegzurennen. Während der junge Mann voller Angst floh, hatte Apin ihn von hinten erschossen.

Das Blut stockte mir in den Adern, als ich diese Geschichte hörte. Wie leicht hätte es Danny treffen können! Gewiß hatte es mir eine Menge Scherereien und Probleme bereitet, mich in die Sache hineinziehen zu lassen, aber ich bin dem Herrn so dankbar, daß ich es getan habe.

Kapitel 8
Die Vision

Als ich im Sommer 1984 zurück nach England flog, war ich physisch und psychisch sehr erschöpft; ich hatte das Gefühl, daß die vergangenen zehn Monate mir soviel schreckliche Erfahrungen bereitet hatten, daß es für mein Leben reichte. Trotzdem trug ich in meinem Herzen eine Vision für das, was der Herr nach meiner Rückkehr auf die Philippinen durch mich tun wollte.

Ich wußte jetzt, daß die Arbeit, die ich bisher getan hatte, nur der Anfang war. Es war eine gute Sache, den Gefangenen das Evangelium zu bringen, aber was für Aussichten hatten sie, wenn sie schließlich aus dem Gefängnis entlassen wurden? Keine – außer Arbeitslosigkeit, Armut und Diskriminierung. Da war z. B. Rhey. Rhey, der »Bürgermeister« vom Alpha-Block in Camp Maquinaya, hatte einen Mann mit einer Schere getötet, und obwohl feststand, daß er in Notwehr gehandelt hatte, war es mehr als unerwartet – um nicht zu sagen ein Wunder –, daß Rhey, als sein Fall schließlich vor Gericht kam, freigesprochen wurde.

Durch alles, was er früher erlebt hatte, war Rhey auf nichts anderes als ein Verbrecherleben vorbereitet worden. Als kleiner Junge hatte er seine Mutter verloren und war von seiner Stiefmutter mit sieben auf die Straße gejagt worden; dort hatte er angefangen, mit Drogen zu handeln, um zu überleben. Ein anderes Leben kannte er nicht.

Nach Olongapo hatte ihn die Möglichkeit gezogen, wegen des Marinestützpunktes dort harte Dollar zu verdienen. Er hatte mit einem amerikanischen Soldaten zusammengearbeitet, der die Drogen importierte, die Rhey aufgrund seiner zahlreichen Verbindungen zu guten Preisen verkaufen konnte. Er verdiente viel Geld und war in allen Bars rund um den Stützpunkt eine wohlbekannte Figur. Obwohl die Polizei von seinen Geschäften wußte, hatte er sich immer wieder freikaufen können, bis er schließlich festgenommen und wegen Mordes angeklagt wurde.

Nach seiner Entlassung befand Rhey sich in einer ausweglosen Situation. Da er nie zur Schule gegangen war, konnte er weder lesen noch schreiben und somit nicht einmal einen Bewerbungsbogen ausfüllen. Ohnehin war es unwahrscheinlich, daß irgendein Arbeitgeber ihn als Vorbestraften einstellen würde. Der Handel mit Drogen war die einzige ihm bekannte Methode, um Geld zu verdienen, aber als neubekehrtem Christen war ihm dieser Weg offensichtlich versperrt. Wie sollte er sich und seine Familie durchbringen?

Als ich ihn nach seiner Entlassung aus dem Gefängnis besuchte, wohnte er mit Ning, seiner Frau, in einem leeren, verlassenen Haus. Es gab weder Möbel noch sonstige Einrichtungsgegenstände darin, dafür aber große Löcher im Dach, durch die der Regen unbarmherzig hereinströmte. Rhey und Ning hatten zwar ein paar Kochtöpfe, aber nichts, um es darin zu kochen; sie benutzten vielmehr die Töpfe, um das Regenwasser aufzufangen. Zu allen anderen Problemen kam noch hinzu, daß die sechsjährige Precy, die ältere der beiden Töchter, von Geburt an ein Leiden hatte, das sie unfähig machte zu gehen, zu sprechen oder feste Speise zu sich zu nehmen. Sie kommunizierte nie mit ihren Eltern, und diese nahmen an, daß Precy auch geistig behindert war, obwohl man das aufgrund ihrer körperlichen Probleme nicht mit Bestimmtheit sagen konnte.

Ich hatte die ganzen ersten zehn Monate auf den Philippinen damit verbracht, in den Gefängnissen zu predigen, die Insassen zu lehren und mich um ihre geistlichen Bedürfnisse zu kümmern. Doch nun zeigte Gott mir, daß es beim Evangelium nicht nur um geistliche Dinge geht. Jesus ist nicht nur an dem ewigen Seelenheil der Menschen interessiert, sondern auch an ihrem Wohlergehen auf dieser Erde. Es genügt nicht, Leuten wie Rhey Gottes Wort zu verkünden – sie brauchen unbedingt Hilfe, um in ihrem neuen Leben mit Christus Fuß zu fassen, wenn sie mit der harten Wirklichkeit außerhalb des Stacheldrahts konfrontiert werden. Diese Überlegungen legten den Keim für meine Vision von einem Rehabilitationszentrum für ehemalige Strafgefangene, ihre Frauen und Familien.

Genauso dringend war die Not der Kinder in und um Subic. Unter Lindas Leitung hatten wir vier Frauen unsere Kinderarbeit auf viele der umliegenden Dörfer ausgedehnt, uns aber bisher nur um die geistlichen und seelischen Bedürfnisse der Kinder gekümmert. Jetzt sah ich in Gedanken, zusätzlich zu dem Rehabilitationszentrum, ein Kinderheim vor mir, in dem ich für zwei verschiedene Gruppen von Kindern sorgen wollte.

Da waren zum einen die vielen Jungen und Mädchen, die nicht zur Schule gehen konnten, weil ihre Eltern zu arm waren. Die Grundschule war eigentlich recht billig, aber viele Eltern meldeten ihre Kinder gar nicht erst an, weil sie ihnen keine anständigen Kleider kaufen konnten oder weil sie sie zu Hause benötigten, um auf die jüngeren Geschwister aufzupassen, während die Eltern auf Arbeitsuche waren. Manche von den Allerärmsten, die ihren Kindern nicht einmal genug zu essen geben konnten, betrachteten es als sinnlos, diese mit leerem Magen zur Schule zu schicken. Solche Kinder würden ihr Leben lang in Armut gefangen bleiben. Wenn Gott kein Wunder tat, war eine vernünftige Schulbildung für sie der einzige Ausweg.

Bei der anderen Gruppe handelte es sich um die Kinder der Gefangenen in Camp Maquinaya. So unglaublich es auch klingen mag: Manche von diesen Kindern lebten tatsächlich mit ihren Eltern im Gefängnis und waren regelmäßig Zeugen von Saufgelagen, Drogenmißbrauch, Prostitution und Homosexualität. Sein Kind in einer solchen Umgebung aufwachsen zu sehen, die von den Gefangenen selbst als »finsterer Ort« bezeichnet wurde, war etwas, was kein Vater und keine Mutter gerne in Kauf nahm, aber es blieb ihnen oft gar nichts anderes übrig. Es war der einzige Ausweg, wenn sie ihre Kinder nicht allein auf die Straße schicken und dort verhungern lassen wollten. Gott hatte mir ein brennendes Verlangen ins Herz gegeben, mich ihrer anzunehmen und ein Heim für sie zu schaffen, wo sie Liebe, Stabilität und eine gewisse Schulbildung empfangen würden. Vor allem leitete mich dabei der Bibelvers: »Erziehe dein Kind in rechter Weise für seinen Lebensweg, dann wird es von ihm nicht lassen, wenn es alt wird« (Sprüche 22,6, Bruns-Übersetzung).

Der dritte Bereich meiner Vision betraf die besonderen Schwierigkeiten, mit denen die entlassenen Strafgefangenen konfrontiert waren, wenn sie sich einer christlichen Gemeinde anschließen wollten. Kurz nach seiner Entlassung ging Rhey mit uns zum Gottesdienst. Mit seinen schäbigen Kleidern und ungekämmten Haaren wirkte er wie ein Fremdkörper. Es gefiel mir gar nicht, daß die Leute ihn offensichtlich mieden, obwohl ich zugeben mußte, daß Rheys rauhes Äußeres, sein mit Tätowierungen übersäter Körper und sein narbiges Gesicht für jemand, der ihn nicht kannte, beängstigend wirkte. Menschen wie Rhey brauchten eine geistliche Heimat, wo sie sich angenommen wußten, und ich hatte den Eindruck, Gott wollte, daß ich einen Ort schuf, an dem sie frei und ungezwungen Gottesdienst feiern konnten. Gleichzeitig ging es mir um unsere Nachbarn in Subic, die Christus brauchten und für die es keine Gemeinde in der Nähe gab, wo wirklich Evangelium verkündigt wurde.

Das war die Vision, mit der ich nach Hause flog. Ein Rehabilitationszentrum; ein Kinderheim; ein Ort der Anbetung; kurz: eine Einrichtung, die den Namen »Philippine Outreach Centre« tragen würde.

Während meines dreimonatigen Aufenthalts in England wurde ich in eine Reihe von Gemeinden eingeladen, um über meine Arbeit zu berichten. Ich nutzte diese Gelegenheiten, um über meine Vision für die Zukunft zu sprechen. Oft ging ich nach solchen Veranstaltungen hoch erfreut und sehr ermutigt über die enthusiastische Reaktion der Leute nach Hause. Viele hatten den Wunsch geäußert, regelmäßig über den Fortgang des Philippine Outreach Centre informiert zu werden.

So merkwürdig es klingen mag: Meinen ersten richtigen Kulturschock bekam ich in England! Abgesehen von dem allgemeinen Krankenhaus in Olongapo, hatte ich den Zusammenprall mit meiner Umgebung auf den Philippinen ohne große Schwierigkeiten verkraftet. Es war mir nicht schwergefallen, mich auf den niedrigeren Lebensstandard dort einzustellen und mein Zuhause mit Insekten und anderen Arten von »wilden Tieren« zu teilen. Als ich aber durch Manchester ging und Leute sah, die mehr Geld in ihre Kleidung investiert hatten als viele Filipinos in ihre Häuser, traf mich die Einsicht, wie ungerecht es doch auf dieser Welt zugeht, wie ein Keulenhieb. Während ich durch die riesigen, pieksauberen Supermärkte streifte, mußte ich an unsere Einkaufsfahrten nach Olongapo denken, wo ich Mäuse und sogar Ratten auf dem Boden der Lebensmittelgeschäfte hatte herumhuschen sehen. »Verzeihung«, hatte ich einmal zu einer Ladeninhaberin gesagt, »Sie haben eine Ratte auf Ihren Zuckersäcken.«

»O ja«, erwiderte sie gleichgültig, »davon haben wir eine ganze Menge!«

In der Fleischabteilung des Supermarkts erinnerte ich mich an meinen ersten Besuch auf einem philippinischen Fleischmarkt: Reihe an Reihe von offenen Buden, an denen das Fleisch hing und sich durch die Hitze des Tages schwitzte. Die Händler führten einen andauernden, aber aussichtslosen Kampf gegen die Fliegen, die in Schwärmen herumschwirrten. Wenn man dann noch in Betracht zieht, daß auf den Philippinen am liebsten Schweinefleisch gegessen wird, dann versteht man, daß es sich hier um das reinste Paradies für Bakterien handelt. Welch ein himmelweiter Unterschied zu den hygienisch verpackten Tiefkühlpackungen vor mir. Und erst die Preise! Auf den Philippinen betrug unser wöchentliches Budget für Reis, Fisch und Gemüse nur etwa 20 DM, und Schweine- oder Hühnerfleisch waren reine Luxusartikel.

Der Komfort – oder, wie es mir jetzt schien, der Reichtum –, der bei uns zu Hause und bei meinen Freunden herrschte, beunruhigte mich. Einmal, als ich von einer Freundin zum Essen in ein teures Restaurant eingeladen wurde, war ich so bestürzt über die Preise, daß wir aufstanden und uns ein anderes Lokal suchten, das vernünftigere Angebote hatte. Ich stand in Gefahr, meinen Kulturschock in echten Groll gegen den ganzen Überfluß in der westlichen Welt ausarten zu lassen, bis Gott mir klarmachte, daß es für Christen nicht unbedingt verkehrt ist, Geld zu haben; schließlich hatte auch meine Arbeit von der Freigebigkeit der Gotteskinder profitiert. Und genausowenig, wie ich die Filipinos wegen ihrer Armut verurteilen durfte, durfte ich die Europäer wegen ihres Reichtums tadeln. Wie der Apostel Paulus, mußte auch ich es lernen, Mangel zu leiden oder Überfluß zu haben (Philipper 4,12). Trotzdem kam mir die für September geplante Rückkehr in unser kleines Haus in Subic wie eine Rückkehr zur Normalität vor.

Als unsere Maschine in Manila landete, standen zu meinem Empfang nicht nur Dorothy, Linda und Redemia bereit, sondern zu meiner Freude auch etliche der jungen Leute, die sich zum Bibelstudium in Simons Haus trafen. Es war schön, die anderen drei Mädchen wiederzusehen, obwohl mittlerweile feststand, daß ich nicht mehr lange bei ihnen wohnen würde.

David Nellist hatte meine Vision für das Philippine Outreach Centre mit großer Begeisterung aufgenommen und mich ermutigt, die Sache mutig anzugehen. Andererseits bestand seine langfristige Schau noch immer darin, Filipinos zu unterweisen, damit sie ihr eigenes Volk evangelisierten. So kamen wir überein, daß seine und meine Arbeit in getrennten Bahnen verlaufen und sich eigenständig entwickeln sollten, trotz gegenseitiger Liebe und Wertschätzung.

Ich würde niemals vergessen, wie Gott David gebraucht hatte, um mich auf die Philippinen zu rufen, noch wie er mir geholfen hatte, die ersten Schritte aufs Missionsfeld zu tun.

Obwohl ich sicher war, daß die Entscheidung, getrennte Wege in der Arbeit zu gehen, richtig war, bedeutete dies, daß ich das Philippine Outreach Centre ganz allein in Angriff nehmen mußte. Als ich meine Vision von Gott empfing, war ich zunächst davon ausgegangen, weiter unter dem Dach von Davids Missionswerk arbeiten zu können; doch jetzt fing ich an zu beten und Gottes Willen im Hinblick auf mein weiteres Vorgehen zu erfragen. Ich mietete zunächst ein kleines Häuschen nicht allzuweit entfernt und traf die notwendigen Vorbereitungen zum Umzug. Ich würde allein dort wohnen, aber nur für zwei Wochen, denn dann wollte Mama zu Besuch kommen und bis Weihnachten auf den Philippinen bleiben.

Nur zwei Wochen. Mehr Zeit brauchte der Teufel nicht, um mich in eine Situation hineinzubringen, die all meine Hoffnungen scheinbar zunichte machte. Ironischerweise lagen die Wurzeln der Schwierigkeiten in dem Bibelkreis in Simons Haus, den Redemia und ich nach meiner Rückkehr wieder aufgenommen hatten.

Simon lebte allein, da seine Frau zu jener Zeit in Amerika war. Eine solche Regelung ist auf den Philippinen nichts Ungewöhnliches. Viele Filipinos streben danach, in die U.S.A. zu gelangen, da sie sich dort ein besseres Leben erhoffen, und wenn es einem Ehepartner gelingt, ein Visum zu erhalten, wandert er oder sie zunächst allein aus – in der Hoffnung, daß der andere später nachkommen kann. Simon fiel es jedoch offensichtlich schwer, mit dem Alleinsein fertig zu werden, und er wurde regelrecht depressiv. Der Cousin seiner Frau, Edwin (der ebenfalls zu unserem Bibelkreis gehörte), besuchte Simon häufig, aber alle seine Versuche, Simon aus der Depression zu reißen, schlugen fehl. Simon hatte an nichts mehr Interesse, wurde immer teilnahmsloser und machte sich nicht einmal mehr die Mühe zu essen.

Als ich noch mit Dorothy, Linda und Redemia zusammen im Haus wohnte, luden wir Simon hin und wieder zum Essen ein. Wir betrachteten ihn als einen Freund und waren besorgt über seinen Zustand. Als ich dann allein in das kleine Häuschen zog, fing Simon an, mich dort zu besuchen, mir Fragen über die Bibelstunden zu stellen und mich um Rat wegen geistlicher Dinge zu bitten.

Ich war immer noch eine junge Frau von 22 Jahren und ziemlich naiv. Viele Seiten der philippinischen Kultur waren mir zudem unbekannt; so wußte ich beispielsweise nicht, daß eine alleinstehende Frau, die einem Filipino ihre Tür öffnet, damit anzeigt, daß sie ihm auch ihr Herz öffnet. Es dauerte eine Weile, bis ich merkte, daß Simon wesentlich mehr als nur freundschaftliche Gefühle mir gegenüber hegte. Als ich dahinterkam, war ich entsetzt und sagte ihm klipp und klar, daß eine Beziehung, wie er sie wünschte, für mich nicht in Frage kam. Simon war ein sehr lieber Mann, konnte aber auch sehr hartnäckig sein; und ich, zum erstenmal in meinem Leben ganz allein, war sehr verwundbar. Diese Situation nutzte Satan aus, und ehe ich mich's versah, hatte ich mich in Simon verliebt. Es war eine rein platonische Beziehung und ging nie weiter als das, aber ich wußte, daß es verkehrt war und ich der Sache ein Ende bereiten mußte. Doch mir fehlte die Kraft zu handeln. Schuldgefühle und Gewissensbisse quälten mich, aber ich war einfach nicht imstande, wirklich Buße zu tun und meine Schuld zu bekennen. Der Kampf war heftig, aber glücklicherweise nur von kurzer Dauer, und als ich schließlich voller Reue zum Herrn umkehrte, wurden mir seine Gnade und Vergebung augenblicklich zuteil.

An dem Tag, als meine Mutter ankam, machte Dorothy ihren Abschiedsbesuch bei uns. Ihre Zeit in Davids Missionswerk war zu Ende, und sie wollte am nächsten Tag abreisen. Während wir uns unterhielten, klopfte Edwin an der Tür und bat mich, nach draußen zu kommen, um mit ihm zu sprechen. Sobald wir allein waren, ließ er die Bombe platzen: Er hatte von meiner Beziehung zu Simon erfahren und wollte sein Wissen öffentlich bekanntmachen, falls ich ihn nicht heiraten würde. Vor lauter Schreck darüber, entdeckt worden zu sein, kam ich gar nicht auf den Gedanken, daß Edwin überzeugt war, zwischen Simon und mir sei viel mehr passiert, als tatsächlich der Fall war. Ich fühlte mich ohnehin so schuldig, daß ich nicht daran dachte, ihm irgendwelche Einzelheiten zu erzählen. Dennoch riß ich mich zusammen und erklärte Edwin, ich könne ihn unmöglich heiraten, woraufhin er mir androhte, er werde die Sache seiner Kusine (Simons Frau) erzählen, und seine Angehörigen würden sich an mir rächen. Irgendwie gelang es mir, ihn abzuschütteln, aber ich war für den Rest des Tages wie betäubt.

Am nächsten Tag kam Edwin wieder. Er hatte offensichtlich Drogen genommen – etwas, was ich noch nie bei ihm bemerkt hatte

– und fing an, in Gegenwart meiner Mutter seine Drohungen zu wiederholen, verbunden mit der Forderung, ich solle ihn heiraten. Natürlich gab Mama ihm klar zu verstehen, daß das überhaupt nicht in Frage käme, und nachdem Edwin eine Zeitlang getobt und uns angeschrien hatte, ging er nach Hause und rief seine Kusine in Amerika an.

Arme Mama! Was hatte ich ihr da bloß wieder angetan! Sie hatte noch mit den Nachwirkungen der Flugreise und dem Kulturschock zu tun, und jetzt war sie mit einer Situation konfrontiert, vor der jede Mutter Angst hat. Aus Edwins Gerede hatte sie geschlossen, daß ich eine sexuelle Beziehung zu Simon gehabt hatte, und war darüber völlig am Boden zerstört. Da ich ihren Irrtum nicht bemerkte, konnte ich die Sache natürlich auch nicht richtigstellen. Ihr Zorn und ihre Enttäuschung über mein Verhalten schienen mir absolut gerechtfertigt zu sein, und es dauerte eine geraume Weile, bis die Wahrheit ans Licht kam.

Trotz ihrer Verärgerung war Mama in erster Linie um meine Sicherheit besorgt. Wir waren beide ängstlich wegen Edwins Rachedrohungen, die, wie wir bald feststellen sollten, keineswegs leeres Gerede waren. An mehreren Abenden hintereinander hörten wir, als wir bereits im Bett lagen, Schritte und heimliches Geflüster draußen vor dem Fenster. Das Gefühl, bespitzelt zu werden, hatte etwas Erschreckendes an sich. Einige Tage später kamen wir vom Einkaufen zurück und fanden mehrere mit Blut gemalte Kreuze ringsum an den Wänden unseres Hauses sowie den mit Blut an die Haustür geschmierten Anfangsbuchstaben »C«. Wir zweifelten nicht daran, daß Edwin dahintersteckte, obwohl wir ihn nie zu Gesicht bekamen. Doch dann, am 1. Weihnachtstag, traf ich ihn und seine Schwester ganz zufällig auf der Straße. Sobald er mich sah, sprang er auf mich los, schlug mir mit der Faust ins Gesicht und fing an, mich zu verprügeln, bis seine Schwester ihn wegzerrte. Ich wankte nach Hause und fragte mich unwillkürlich, wie lange ich das noch ertragen konnte.

Einer der schlimmsten Aspekte dieses Alptraums war die Tatsache, daß wir uns nicht imstande fühlten, irgend jemanden um Hilfe zu bitten. Dorothy war fort, und wenn wir Linda mit in die Sache hineingezogen hätten, hätte sie sich ebenfalls gefürchtet. Wir schämten uns, mit den Leuten in der Gemeinde darüber zu reden. Ab und zu suchten wir bei Phil und Audrey Houghton Zuflucht, einem amerikanischen Missionsehepaar, das die Militärseelsorge für U.S.-Soldaten in Subic leitete. Die beiden waren mir zu guten Freunden geworden, und obwohl wir ihnen nichts von unserem Problem erzählten, war es doch jedesmal eine Erleichterung, in einer Atmosphäre des Friedens und der Vernunft zu sein und mit lieben Menschen Gemeinschaft zu haben.

Wir fühlten uns in unserem Häuschen nicht mehr sicher. Mama hatte es von Anfang an nicht gemocht (es war total mit Ungeziefer verseucht), und so beschlossen wir auszuziehen. Wir fanden ein kleines Haus in einem anderen *Barangay* von Subic mit Namen Pamatawan, und da dieses Gebiet ziemlich am Rand der Stadt lag, schaffte das sowohl räumlich als auch psychologisch einen gewissen Abstand zwischen uns und unserem Problem.

Während dieser ganzen schweren Zeit versuchten Mama und ich, die Gefängnisarbeit mit Redemias Unterstützung weiterzuführen. Das Gefängnis von Subic mied ich zwar, weil es so dicht bei Simons und Edwins Wohnung lag, aber ich hatte auf die Bitte eines örtlichen Pastors hin damit begonnen, jede Woche zusätzlich zu Camp Maquinaya ein weiteres Gefängnis in Iba zu besuchen. Iba lag nördlich von Subic, etwa eineinhalb Stunden mit dem Bus entfernt. Oft weinte ich, während ich zu den Gefangenen predigte und Lieder sang, denn mir war klar, daß meine Worte über Sünde und Buße mich genauso betrafen wie sie. Ich hatte den Herrn so tief enttäuscht und meine gesamte Missionsarbeit dadurch aufs Spiel gesetzt. Ich wußte, daß viel über mich geklatscht wurde – Edwin hatte auch diesbezüglich seine Drohung wahr gemacht – und daß ich durch meine Dummheit selbst daran schuld war.

Durch die ganze Belastung fing ich an abzunehmen und sah so blaß und krank aus, daß Mama schließlich bestimmte, ich solle für einige Zeit nach Hause fliegen, und sie würde meine Arbeit fortführen, solange ich in England wäre. Einige Wochen nach Weihnachten buchten wir also einen Flug, und ich machte mich schweren Herzens auf die Heimreise. Ich hatte Mama nichts von meinem Entschluß erzählt, nie wieder auf die Philippinen zurückzukehren.

Kapitel 9

»Meine Gnade genügt«

Papa, der mich am Flughafen abholte, erkannte mich nicht, bis ich ihn ansprach. Er war sichtlich erschrocken, mich so dünn und blaß zu sehen. Ich hatte Angst vor den Fragen gehabt, die man mir in der Gemeinde stellen würde, aber niemand fragte. Mein schlechtes Aussehen schien Grund genug für die baldige Rückkehr zu sein. Weil ich aber ehrlich sein wollte, gab ich den Leuten, ohne Einzelheiten zu nennen, zu verstehen, daß ich den Herrn schwer enttäuscht hatte.

Ich war so sicher, daß er mich auf keinen Fall mehr auf dem Missionsfeld gebrauchen konnte, daß ich sofort nach meiner Rückkehr anfing, mich nach einer Arbeitsstelle umzusehen. Die fand ich auch in einem Konstruktionsbüro und versuchte hier, an die Fäden meines früheren Lebens wieder anzuknüpfen. Während ich an meinem Schreibtisch saß, war ich mit meinen Gedanken und meinem Herzen auf den Philippinen, aber ich sprach nie mit dem Herrn darüber. Ich hatte zwar Buße getan und Vergebung empfangen, würde es aber niemals wagen, ihn um eine zweite Chance zu bitten.

Mama schrieb, Redemia sei zu ihr ins Haus gezogen. Beide gingen nun in eine kleine Gemeinde in Olongapo, die sich »Born-Again Christians' Den« nannte und deren Pastor, James, ihnen bei der Gefängnisarbeit half. James war selbst im Gefängnis gewesen und hatte einen guten Draht zu den Gefangenen. Außerdem hatte Mama mit einer neuen Kinderarbeit in Pamatawan begonnen und, als sei das alles noch nicht genug, ein eigenes evangelistisches Programm unter Filipino-Frauen in entlegenen ländlichen Gebieten um Subic herum gestartet. Obwohl ich glücklich war über das, was Gott durch Mama tat, machte es mir um so schmerzlicher bewußt, was ich verloren hatte. Mein eigenes Leben kam mir vor wie eine sinnlose Aneinanderreihung leerer Tage. Ich fragte mich, was ich mit dem Rest meines Lebens anfangen sollte.

Ich kann nur immer wieder über die Gnade Gottes staunen. An einem Sonntagmorgen im Gottesdienst, als ich etwa sechs Wochen zu Hause war, durfte ich seine Liebe ganz neu erfahren und zur

Gewißheit gelangen, daß seine Kraft all mein Versagen wiedergutgemacht hatte. Gott sprach zu mir durch 2. Korinther 12,9, wo es heißt: »Meine Gnade genügt dir, denn meine Kraft kommt in Schwachheit zur Vollendung.« Ich hatte ein überwältigendes Gefühl seiner Gnade in meinem Herzen und wußte, daß er mir die zweite Chance gab, um die ich nicht zu bitten gewagt hatte. Voller Dankbarkeit erneuerte ich mein Versprechen, ihm auf den Philippinen zu dienen.

Danach ging alles sehr schnell. Ein paar Wochen nachdem Mama im Februar heimgekommen war, war ich bereit, wieder auf die Philippinen zurückzukehren. Vorher machte ich mir allerdings viele Gedanken darüber, wie es zu den Ereignissen der letzten Monate gekommen war. Ich wußte, daß Gott uns auch Prüfungen und Anfechtungen zum Besten dienen läßt und daß ich aus meinem Versagen lernen mußte. Die Erkenntnis traf mich schmerzlich, daß ich leichtfertig davon ausgegangen war, als Missionarin irgendwie gegen die Versuchungen gefeit zu sein, die andere Menschen bedrängen. Obwohl ich oft darüber gepredigt hatte, wie schlimm und gefährlich es ist zu sündigen, hatte ich doch niemals ernsthaft mit der Möglichkeit gerechnet, selber in Sünde zu fallen. Ich war geistlich stolz und selbstgerecht geworden und hatte mich zu sehr auf meine eigene Kraft verlassen. Ich glaube, Gott hat es zugelassen, daß ich für kurze Zeit aus der Gnade fiel, damit ich das volle Ausmaß meiner Abhängigkeit von ihm begreifen lernte. Wie leicht sagt es sich daher: »Ohne Gott kann ich nichts tun« – aber die Realität dieser Aussage zu erfassen, ist weitaus schwieriger. Ich bin dem Herrn dankbar, daß er mich diese Lektion gleich zu Beginn meines Dienstes gelehrt hat.

Im März 1985 kehrte ich in mein kleines Häuschen in Pamatawan zurück, einerseits ernüchtert und gedemütigt, aber auch mit einer ganz neuen Vision für das Werk, das vor mir lag. Ich rechnete nicht damit, daß es einfach sein würde. Mein guter Ruf war durch die üble Nachrede, die Edwin verbreitet hatte, ziemlich ruiniert, und ich mußte mit einem großen Maß an Feindseligkeit und Mißtrauen rechnen. Es konnte Jahre dauern, bis meine Glaubwürdigkeit wiederhergestellt war und ich überhaupt daran denken konnte, das Philippine Outreach Centre zu gründen.

Ich war sehr dankbar dafür, daß Redemia trotz allem zu mir hielt. Sie hatte beschlossen, auf Dauer mit mir zusammenzuarbeiten, und so nahmen wir das vertraute Muster von Kinderstunden und Gefängnisarbeit wieder auf. Wir konzentrierten uns auf die Gefängnisse in Iba und Camp Maquinaya und begannen zusätzlich zu unseren regelmäßigen Gottesdiensten mit einer wöchentlichen Bibelstunde in beiden Einrichtungen. Das bedeutete, daß wir pro Woche vier Fahrten nach Camp Maquinaya unternehmen mußten, weil die beiden Blöcke Alpha und Bravo aus Sicherheitsgründen nicht mehr an ein und demselben Tag geöffnet wurden und jede Gruppe separat besucht werden mußte.

Es war wunderbar, wieder da zu sein, wo ich meiner Meinung nach hingehörte, und die Arbeit zu tun, zu der ich mich berufen fühlte. Trotzdem fiel es mir schwer, mit Gelassenheit auf die kalten Blicke und die spürbare Verachtung der Menschen zu reagieren, die Edwins Gerede Glauben geschenkt hatten. Phil und Audrey Houghton von der Militärseelsorge waren immer für mich da und ermutigten mich durch ihre Freundschaft, mit meiner Arbeit weiterzumachen. Phil stellte sogar die Anforderungen seiner eigenen Arbeit hintenan und nahm sich Zeit, hin und wieder mit uns in die Gefängnisse zu gehen. Er und Audrey behandelten mich wie ihre eigene Tochter; sie waren (und sind es noch) für mich »Mama und Papa Houghton«.

Simons Frau war aus Amerika zurückgekommen, und die beiden hatten sich sofort wieder versöhnt. Ich traf sie eines Tages auf dem Markt und fragte sie, ob wir miteinander reden könnten. Erst jetzt erfuhr ich, daß Edwin ihr (und anderen) erzählt hatte, ich sei schwanger. Ich erklärte ihr, daß das gar nicht möglich sei, weil Simon und ich keine sexuelle Beziehung gehabt hätten. Ich bat sie um Verzeihung für das, was geschehen war, und versicherte ihr, Simons Gefühle für mich seien nur dadurch entstanden, daß sie ihm so sehr gefehlt habe. Kurze Zeit später wanderten Simon und seine Frau gemeinsam nach Amerika aus.

Nicht lange danach ging Edwin dazu über, ständig an unserem Haus vorbeizuradeln und mir wüste Beschimpfungen an den Kopf zu werfen, die ich gewöhnlich mit einem höflichen Gruß quittierte. Dies verfehlte seine Wirkung nicht, und schließlich war ich imstande, ein vernünftiges Gespräch mit Edwin zu führen. Er gab zu, daß er und seine Freunde es gewesen seien, die Mama und mir nachspioniert und die Wände unseres Hauses mit menschlichem Blut beschmiert hätten; dieses hatte Edwin, nachdem das Verfallsdatum abgelaufen war, aus dem medizinischen Labor auf dem amerikanischen Marinestützpunkt, wo er arbeitete, mitgenommen. Er beharrte immer noch darauf, mich heiraten zu wollen, aber ich blieb fest bei meiner Weigerung, was er zu guter Letzt doch akzeptierte. Später, nachdem er mit einer anderen Frau verheiratet war, konnten wir uns sogar wieder als Freunde begegnen.

Diese Begegnungen trugen mit dazu bei, die Situation zu klären, aber was mir wirklich half, mit meiner Vergangenheit ins reine zu kommen, war ein Besuch auf einer kleinen Inselgruppe im südlichen Teil der Philippinen. Ich konnte mir diese Reise nur leisten, weil es auf meinem Rückflug im März ein besonderes Werbeangebot der Philippine Airlines gegeben hatte, das jeden ausländischen Fluggast zu einem Inlandsflug zum halben Preis berechtigte. Durch ein Netz von gemeinsamen Bekannten hatte ich eine Einladung von einem Pastor Thomas auf der Insel Bohol erhalten, ihn zu besuchen und bei seiner Gefängnisarbeit zu unterstützen. Das billige Flugtikket schien mir extra von Gott für diesen Zweck geschickt zu sein, und ich nahm es als Bestätigung dafür, daß ich dorthin reisen sollte.

Von Manila flog ich zunächst auf die Insel Cebu und verbrachte ein paar Tage bei einigen englischen Freunden von Linda, die eine Kindermission mit Namen »Sunshine Corner« (Sonnenecke) betrieben, bevor ich nach Bohol weiterflog, um 14 Tage bei Pastor Thomas zu verbringen.

Ich wußte, daß Thomas eine Gemeinde und eine Bibelschule gegründet hatte und seine Studenten zu verschiedenen Formen der Evangelisation anleitete, besonders in den Gefängnissen. Ich war ihm jedoch noch nie persönlich begegnet, und während unsere kleine Maschine die Straße von Bohol überquerte, überlegte ich, wie ich ihn wohl erkennen würde, wenn wir landeten. Doch alle Unsicherheit verflog, als ich auf dem Flugplatz von Tagbilaran (Flugplatz? Er ähnelte eher einer ganz normalen Bushaltestelle daheim in England!) aus dem Flugzeug stieg und einen großen Filipino inmitten einer Gruppe junger Leute entdeckte, die ein Transparent mit der Aufschrift trugen: »Willkommen, Schwester Chrissy!« Thomas legte mir eine riesige Girlande aus exotischen Blüten um den Hals, und ich fühlte mich sofort wie zu Hause.

Bohol war ein winzig kleines Inselparadies, noch kaum vom westlichen Einfluß berührt. Es gab zwar ein Hotel für ausländische Touristen, aber diese können sich nicht sehr weit hinaus gewagt haben: Während meines gesamten zweiwöchigen Aufenthalts habe ich nur Filipinos gesehen. Die Insel besaß nur wenige moderne Einrichtungen, aber alles war ausgesprochen sauber. Nach dem Schmutz und Elend von Subic und Umgebung war ich total begeistert von den goldenen Stränden, der üppig-grünen Vegetation und der sauberen Luft. Die Frische der Landschaft kam mir vor wie ein ganz neuer Anfang in sich.

Thomas' Haus in Tagbilaran, wo ich wohnte, war aus *Kawayan* (Bambus) und *Nipa* (Palmblättern) gebaut und genauso sauber wie alles andere. Mir gefiel es ausnehmend gut, obwohl Thomas sich mehrmals dafür entschuldigte, daß es nicht so modern eingerichtet sei.

An meinem ersten Abend auf Bohol (die Christen auf den Philippinen halten nichts davon, Zeit zu vergeuden!) sprach ich in einem Gottesdienst in Thomas' Gemeinde. Die Gegenwart des Heiligen Geistes in unserer Mitte war unverkennbar, und als ich die vielen jungen Leute sah, die mit Feuereifer auf die Herausforderung reagierten, sich in der Gefängnisarbeit mit zu engagieren, floß mein Herz über vor Dank zu Gott, der mich immer noch als sein Werkzeug benutzte, um zu anderen Menschen zu reden.

Das war der Anfang einer überaus wertvollen Zeit für mich. An den folgenden Tagen besuchte ich die beiden Gefängnisse in Tagbilaran zusammen mit Pastor Thomas und seinen jungen Leuten. Dabei entdeckte ich eine ganz neue Freude im Dienst für Jesus und konnte, befreit von den Problemen, die mich in Subic verfolgt hatten, zum erstenmal meine Wiederherstellung in ihrer vollen Wirklichkeit annehmen. Der Herr war mit mir, während ich sang und predigte, und ich durfte miterleben, daß viele Gefangene den Wunsch, Jesus als ihren persönlichen Herrn und Retter anzunehmen, zum Ausdruck brachten.

Eine Begebenheit ist mir besonders gut im Gedächtnis geblieben, und zwar ging es dabei nicht um einen Gefangenen, sondern um einen Polizisten. Nicht ahnend, daß er überhaupt zuhörte, als ich sprach, war ich zunächst erschrocken, dann aber hoch erfreut, als er durch Handaufheben signalisierte, daß er ebenfalls Christ werden wolle. Es war das erste Mal, daß Thomas oder ich einen Polizisten zum Herrn führen konnten. Es war allgemein bekannt, daß diese Leute schwerer zu erreichen waren als sogar Mörder oder Drogenabhängige. Mir kam es vor wie ein besonderer Beweis dafür, daß Gott mich weiter in meiner Arbeit segnen werde.

Mit neu gestärktem Gottvertrauen kehrte ich nach Subic zurück in der Gewißheit, daß Gott mich auf irgendeine Weise gebrauchen werde, wenn ich ihm vertraute, selbst wenn das Philippine Outreach Centre noch in ferner Zukunft lag. Auf alle Fälle war ich froh, wieder zu Hause zu sein und meine Besuche in Iba und Camp Maquinaya wiederaufzunehmen. So schön die Zeit auf Bohol auch gewesen war, die Gefangenen hier waren meine Familie, und ich hatte sie echt vermißt.

Auf Mamas Vorschlag hin hatte ich mich James' Gemeinde angeschlossen, wo Redemia bereits Mitglied war. Wegen ihrer Lage nahe dem Hauptportal des Marinestützpunkts in Olongapo wurde diese Gemeinde oft von amerikanischen Soldaten besucht, aber die festen Mitglieder, unter ihnen auch viele junge Leute, waren hauptsächlich Filipinos, so auch James. Es war eine kleine Gruppe, die James persönlich ins Leben gerufen hatte, und die Gottesdienste, die sehr locker und zwanglos verliefen, wurden in Taglish abgehalten. Obwohl James durch seinen Dienst in der Gemeinde bereits recht eingespannt war, half er Redemia und mir oft bei der Gefängnisarbeit und brachte ab und zu auch einige seiner jungen Leute mit. Es war schön für mich, zu einer Gemeinde zu gehören, die hinter meiner Arbeit stand, und ich fühlte mich dort sehr wohl. Und dort war es auch, wo ich Dondie das erste Mal begegnete.

Kapitel 10

Ein wichtiger Schritt

Eine gute Nachricht: Jason sollte aus dem Gefängnis in Iba entlassen werden! Als wir ihn kennenlernten, war Jason in Camp Maquinaya wegen Drogenmißbrauchs inhaftiert und gab uns klar zu verstehen, daß er kein Interesse an Gott habe. Als er aber später nach Iba verlegt wurde, fand eine merkliche Veränderung bei ihm statt. Die Verkündigung des Evangeliums begann seine Gleichgültigkeit zu durchdringen, und es dauerte nicht lange, bis er Jesus sein Herz öffnete.

Jason war erst 24, und nach seiner Entlassung zog er wieder zu seiner Mutter. Obwohl die Familie keineswegs reich war, war sie doch verhältnismäßig gut situiert, verglichen mit den Familien der meisten ehemaligen Gefangenen, deshalb schien dies eine gute Regelung zu sein. James und ich luden ihn ein, die Sonntagsgottesdienste zu besuchen, und er kam auch mehrere Wochen lang sehr treu und fügte sich gut in die Gruppe seiner Altersgenossen ein, die ihr Bestes taten, ihm ein Gefühl des Angenommenseins zu vermitteln.

Eines Sonntags schien er jedoch sehr niedergeschlagen zu sein. Er kam zu mir und bat mich, für ihn zu beten. »Ich brauche unbedingt einen Platz, wo ich bleiben kann«, sagte er. »Bei meiner Mutter ist das Problem, daß alle meine alten Freunde wissen, wo ich wohne, und ständig versuchen, mich wieder ans Rauschgift zu bekommen. Schwester Chrissy, ich will aber nicht zurück in ein solches Leben!«

Vor 20 Jahren hatte ein ähnlicher Hilferuf meine Mutter in Bewegung gesetzt, ein Übergangsheim für junge entlassene Strafgefangene zu schaffen. Und jetzt spürte ich, wie der Herr mich an meine Vision für ein Rehabilitationszentrum erinnerte. Ich hörte seine Stimme, die ganz deutlich sagte: »Jetzt ist die Zeit!«

»Herr, das kannst du doch gewiß nicht meinen!« war meine erste Reaktion. Wir waren noch gar nicht bereit für ein Rehabilitationsprogramm. Ich war überzeugt gewesen, daß es noch weit in der Zukunft lag, und fühlte mich erbärmlich unzulänglich und unvorbereitet. Doch dann fiel mir wieder der Bibelvers ein: »Meine Gnade genügt dir, denn meine Kraft kommt in Schwachheit zur Vollendung.« Jetzt war die Zeit!

Ich sprach mit Redemia darüber, und sie war sofort von dem Plan begeistert. Eines jedoch war uns beiden klar: Wir konnten die Sache nicht allein in die Hand nehmen. Es war unmöglich, daß zwei junge Mädchen ein Rehabilitationszentrum für ehemalige Strafgefangene leiteten. Es mußte ein Mann her, der die Arbeit überwachte.

Ich dachte sofort an Dondie, der James oft in der Gemeinde half, indem er Bibelstunden hielt und die Sonntagsschule für Erwachsene leitete. Er hatte uns schon öfter bei unseren Gefängniseinsätzen begleitet und war immer bereit, bei Evangelisations- und Missionseinsätzen jeder Art mitzuhelfen. Dondie arbeitete sehr erfolgreich als selbständiger Grundstücksmakler, der für jedes Baugrundstück, das er verkaufte, eine bestimmte Provision erhielt, und er war offensichtlich sehr intelligent und tüchtig. Seine geistliche Reife war anhand dessen, wie er die Bibel auslegte, klar zu erkennen. Er schien in jeder Hinsicht für diese Arbeit geeignet zu sein, und ich war sicher, daß er der richtige Mann war.

Ich hatte indessen gelernt, vorsichtig zu sein, und mußte vor mir selbst eingestehen, daß ich in den paar Monaten, seitdem ich Dondie kannte, ihn sehr schätzen und bewundern gelernt hatte. Er gehörte zu den Menschen, die aufgrund ihrer Persönlichkeit schnell im Mittelpunkt einer Gruppe stehen, zu der sie sich halten, aber trotz seiner Beliebtheit war Dondie nicht eingebildet. Mit seinen 31 Jahren war er etwas älter als die meisten jungen Leute unserer Gemeinde und mußte manche scherzhaften Anspielungen bezüglich seines Alters und der Tatsache, daß er noch Junggeselle war, über sich ergehen lassen. Er nahm es jedoch mit Humor und ärgerte sich auch nicht, wenn man ihn wegen seiner tiefen Stimme oder seiner Körpergröße (er war ziemlich klein) neckte. Wenn Dondie in unsere Arbeit eintrat, dann mußte dies als Reaktion auf den Ruf Gottes geschehen und nicht, weil ich es wollte; ich mußte also auch den leisesten Versuch von meiner Seite, ihn zu überreden, unterlassen. Als ich Dondie bat, darüber zu beten, ob er es als Gottes Willen sehen könne, im Rehabilitationszentrum des Philippine Outreach Centre mitzuarbeiten, gab ich mir große Mühe, ihm reinen Wein über das Ausmaß der damit verbundenen Verpflichtungen einzuschenken. Seine Aufgabe würde es sein, mit den ehemaligen Gefangenen zusammen im Haus zu wohnen und sich jeden Tag zum Bibelstudium mit ihnen zu treffen. »Du wirst kein festes Gehalt bekommen«, erklärte ich ihm, »aber wir geben dir, was wir können, so wie der Herr uns die Mittel schenkt.«

Gute Arbeitsstellen waren nicht so dick gesät, daß ein Filipino leichtfertig seine Berufschancen aufgegeben und dafür solch eine schwere Arbeit und große Verantwortung ohne feste Gehaltszusage übernommen hätte. Ich hatte mein Bestes getan, um zu gewährleisten, daß Dondie das Angebot nur annehmen würde, wenn er sicher war, daß Gott ihn rief. Er versprach, über die Sache zu beten.

Unterdessen verschwendeten Redemia und ich keine Zeit, sondern fingen sofort an, uns nach geeigneten Räumlichkeiten umzusehen. Wir hatten nur sehr wenig Geld. Ich wurde zwar noch regelmäßig von meiner Heimatgemeinde unterstützt und hatte außerdem von einer Freundin meiner Mutter eine Extraspende in Höhe von 4000,– DM erhalten, aber mit diesem Geld hatte ich einen Kleinwagen gekauft – einen 20 Jahre alten VW-Käfer –, denn wir brauchten unbedingt ein Auto, da die Arbeit sich immer weiter ausbreitete. Wir beschlossen, Redemia solle sich nach dem Haus umsehen, da die Filipinos von Ausländern grundsätzlich mehr Geld verlangen, weil sie meinen, wir seien alle reich. Ich blieb zu Hause und betete.

Am ersten Tag kam Redemia nach etlichen Stunden sehr müde und ohne Erfolg gehabt zu haben zurück. Die Mieten in Subic waren immens. Die amerikanischen Soldaten vom Marinestützpunkt mieteten gerne in der Stadt Häuser, so daß die Eigentümer ohne weiteres ungeheure Summen fordern konnten. Redemia fragte mich, ob ich mir vorstellen könne, das Rehabilitationszentrum vielleicht in Castillejos zu haben, einer kleinen Stadt unmittelbar nördlich von Subic. Castillejos lag nur zehn Minuten mit dem Jeepney von unserem Häuschen in Pamatawan entfernt. Weil wir am Stadtrand von Subic wohnten, war es von uns aus nicht weiter nach Castillejos als zur Stadtmitte von Subic. Es schien mir keine schlechte Lösung zu sein, deshalb stimmte ich zu.

Am nächsten Tag kam Redemia freudestrahlend nach Hause. »Chrissy«, begrüßte sie mich, »ich habe genau das Richtige für uns gefunden, einen Bungalow in Castillejos, und er kostet nur 400 Pesos Miete im Monat!«

Als ich mit ihr zu dem Haus fuhr, sah ich auf den ersten Blick, warum es so billig war. Es stand schon einige Zeit leer und sah ziemlich verfallen aus. Es hatte weder fließendes Wasser noch Kanalisation, und das Dach mußte unbedingt repariert werden. Dafür kostete es aber auch nur 400 Pesos, und Schwierigkeiten bedeuteten für mich gewöhnlich eine Herausforderung. Das Haus besaß einen geräumigen Wohn- und Eßraum, ein großes Schlafzimmer, drei kleinere Schlafzimmer, eine typisch philippinische Küche mit einem Spülstein ohne fließendes Wasser und ein Badezimmer mit nichts darin außer einer Toilette und einem Abflußrohr im Boden.

Wir fuhren nach Hause und beteten über die Sache. Obwohl ich kein akustisch hörbares Wort vom Herrn bekam, verspürte ich während des Gebets einen inneren Frieden und die Gewißheit, daß er uns nach Castillejos führen wolle. Gleichzeitig wußte ich aber auch, daß dies nur eine Übergangslösung war; nicht die endgültige Erfüllung meiner Vision, aber ein wichtiger Schritt in diese Richtung.

Als ich anfing, mit dem Eigentümer des Bungalows zu verhandeln, war er zunächst nicht bereit, irgendwelche Instandsetzungsarbeiten durchzuführen, weil der Mietzins so niedrig war. Doch nach einiger Überredung und dem Angebot, die Miete leicht zu erhöhen, überlegte er es sich anders und erklärte sich bereit, die Verantwortung für die Instandsetzung zu übernehmen. Die Dinge begannen sich zu regeln. Als Dondie kam und mir sagte, er fühle sich von Gott geleitet, die Arbeit zu übernehmen, schien mir das eine weitere Bestätigung dafür zu sein, daß wir uns tatsächlich im Willen Gottes befanden.

Jetzt, da ich ihnen eine definitive Aussicht bieten konnte, machte ich mich erneut auf die Suche nach Rhey und Ning. Sie waren von dem verfallenen Haus, in dem ich sie das letzte Mal besucht hatte, in ein kleines Zimmer gezogen, das einer anderen Familie gehörte. Ning erwartete wieder ein Baby und war schon etliche Monate schwanger, aber da es keine kostenlosen Schwangerschaftsuntersuchungen gab, würde sie erst ganz sicher wissen, wann das Baby geboren wurde, wenn die Wehen tatsächlich einsetzten.

Ich hatte ein paar Süßigkeiten für Nina, ihre jüngere Tochter, mitgebracht. Precy konnte wegen ihrer Krankheit nur mit Kondensmilch ernährt werden. Als ich mich bückte, um Nina die karamelisierten Bananen, genannt *Banana-que*, hinzuhalten, griff Precy auf einmal nach der Tüte und hatte innerhalb weniger Sekunden den gesamten Inhalt verspeist. Sie war offensichtlich total ausgehungert.

Vorsichtig fragte ich die Eltern, wie sie es schafften, Precy zu ernähren. Sie blickten beschämt zu Boden, dann erklärte Rhey mir mit stockender Stimme, daß sie häufig kein Geld hätten, um Nahrungsmittel zu kaufen, nicht einmal ganz gewöhnliche Dinge für sich selber, und die Milch sei so teuer, daß sie sie sich nur ganz selten leisten könnten. Zwar sei gewöhnlich einer der Nachbarn bereit, ihnen ein bißchen Reis abzugeben, aber Milch zu beschaffen, sei nicht so einfach. Rhey hatte Precy sehr lieb. Obwohl sie inzwischen ungefähr sieben Jahre alt war, nannte er sie immer noch sein »Baby«, und ich konnte mir vorstellen, daß es ihn unsagbar schmerzen mußte, ihren Hunger mit anzusehen.

Froh über die Möglichkeit, einen kleinen Hoffnungsschimmer in ihre schlimme Situation hineinbringen zu können, erzählte ich Rhey und Ning von unserem geplanten Rehabilitationszentrum. Sie waren freudig erregt über die Aussicht auf einen sicheren Wohnplatz und regelmäßige Mahlzeiten für die Kinder. Als ich mich verabschiedete, bat ich Rhey, mich ins Stadtzentrum zu begleiten, wo ich ihm einen Milchvorrat für Precy kaufen konnte.

Das Bild des zarten, halbverhungerten Kindes ließ mich nicht mehr los, und als Rhey einige Tage später zu Besuch kam, wußte ich, noch ehe er ein Wort gesprochen hatte, was er mir sagen würde. »Schwester Chrissy, Precy ist tot.«

Ich versuchte, ihn zu trösten, indem ich ihm versicherte, sein unschuldiges kleines Mädchen sei in den Händen Jesu geborgen und werde nie wieder leiden oder krank sein. Für Ning, die noch keine Christin war, gab es solchen Trost nicht. Ich weinte um sie beide.

Für Rhey war es schwierig, die Beerdigung zu arrangieren, weil er kein Geld hatte. Ich gab ihm, was ich konnte, und versprach, einen kurzen Abschiedsgottesdienst für Precy zu halten. Wir befanden uns mitten in der Regenzeit, und am Beerdigungstag goß es in Strömen. Mehrere von Rheys Verwandten, die ich noch nicht kannte, kamen zu der Abschiedsfeier im Haus seiner Schwester, und als diese zu Ende war, machten wir uns auf den langen Weg den Berg hinauf zum Friedhof. Die öffentlichen Friedhöfe, wo die Armen kostenlos beerdigt werden können, befinden sich meistens weit von den Hauptstraßen entfernt, weil das Land dort billig ist. Nings Schwangerschaft war so weit fortgeschritten, daß sie die Strecke nicht bewältigen konnte; so ging ich neben Rhey her und weinte mit ihm um den Verlust seines Töchterchens, aber gleichzeitig waren es Freudentränen, denn ich wußte, daß Precy nun nicht mehr leiden mußte. Der Regen vermischte sich mit unseren Tränen, während wir bergauf stiegen.

Mittlerweile war der Mietvertrag für das Haus in Castillejos unterschrieben worden, und wir machten uns daran, es wohnlich zu gestalten. Die jungen Leute aus der Gemeinde boten sich freiwillig zum Saubermachen an und erschienen tatsächlich unter viel Gelächter, mit ihren ältesten Sachen und Taschentüchern auf dem Kopf, bei der Arbeit. Sie fingen mit Feuereifer an zu fegen und zu schrubben, und mein Herz war fröhlich, während wir Seite an Seite arbeiteten, denn ich spürte, wie gut es war, zu einer Gemeinde zu gehören, in der wir nicht nur Mitglieder einer Kirche, sondern wirklich Freunde waren. In bemerkenswert kurzer Zeit waren Schmutz und Dreck verschwunden, und als die Wände dann erst noch ein- oder zweimal angestrichen waren, sah das Haus direkt wohnlich aus. Bis auf die Tatsache, daß wir keine Möbel hatten.

Mama und Papa Houghton hatten mich mit etlichen Leuten auf dem Marinestützpunkt bekannt gemacht, von denen einer, der einen Bibelkreis leitete, mich einlud, dort mein Zeugnis zu geben und über meine Arbeit zu berichten. Ich erzählte von unseren Plänen bezüglich des Rehabilitationszentrums, woraufhin einige großzügige Leute verschiedene Möbelstücke und jede Menge Haushaltsgegenstände spendeten. Außerdem brachten die Houghtons mich in Verbindung mit einem christlichen Tischler, der in der Soldatenmission für sie gearbeitet hatte, und er fertigte einige Bettgestelle und einen Eßtisch für uns an. Anfang September waren wir so weit, daß wir einziehen konnten.

Wir legten einen Tag fest, an dem wir die Einweihung des Zentrums mit einem Dankgottesdienst feiern wollten. Ich hatte Papa Houghton gebeten, zu predigen und das Haus dem Herrn zu weihen, und er fand wie gewohnt viele liebe Worte der Ermutigung. Zum Schluß saßen wir alle bei einem typisch philippinischen Festessen zusammen. Es gab Reis (Reis gab es immer!), mit schwarzem Pfeffer gebratenes Huhn, Lorbeerblätter und Kartoffeln sowie auf dem Rost gebratenen Fisch, gefüllt mit Tomaten und Zwiebeln. Das Essen zog sich in die Länge, denn wir genossen die Gemeinschaft und hatten unendlich viel über unsere Pläne für die Zukunft zu reden.

Rhey und seine Familie zogen sofort ins Haus, außerdem Jason und Dondie als Verantwortlicher. Sie trafen sich jeden Tag zum Bibelstudium – bei dem Dondie und ich uns mit dem Lehren abwechselten – und zum Gespräch über geistliche Fragen und Anliegen. Einmal erzählte Rhey uns, er bete dafür, daß das erwartete Baby ein Junge sei; er habe dem Herrn versprochen, bis an sein Lebensende »vernünftig« zu sein, wenn er ihm diese Bitte erfülle.

An einem Sonntag wenige Wochen später ging ich nach dem Gottesdienst mit Dondie und Jason zum »Reha« (das Rehabilitationszentrum hieß inzwischen bei uns allen nur noch Reha). Als wir ankamen, erfuhren wir, daß Ning gerade dabei war, dort im Haus ihr Baby zu bekommen. Die Hebamme vom Ort half ihr dabei. Rhey kam aus dem Zimmer gelaufen und schrie: »Es ist ein Junge, es ist ein Junge!« Dann rannte er wieder hinein. Unterdessen befahl die Hebamme Ning, weiterzupressen, weil noch ein zweites Baby komme. Ning hatte keine Ahnung gehabt, daß sie Zwillinge erwartete. Wenige Minuten später kam Rhey wieder herausgestürmt und rief: »Noch ein Junge, noch ein Junge!« Natürlich war er absolut euphorisch. Gott hatte ihm nicht nur einen Jungen, sondern gleich zwei geschenkt!

Seit diesem Tag sind nun über zehn Jahre vergangen, aber Rhey hat nie vergessen, was er dem Herrn versprochen hat. Für ihn bedeutete dies, in Armut zu leben, aber er hat nie auch nur mit dem Gedanken gespielt, wieder mit Drogen zu handeln, obwohl er dadurch einmal ein reicher Mann war. Er ist ein lebendiges Zeugnis der Gnade Gottes.

Um Rhey und Jason zu ermutigen, von ihrem Glauben Zeugnis abzulegen, fing ich an, sie bei unseren Gefängniseinsätzen mitzunehmen. Allerdings wollte ich sie nicht nach Iba oder Camp Maquinaya bringen, weil ich sie noch nicht für reif genug hielt, die Gefängnisse zu besuchen, in denen sie selber eingesessen hatten. Jedoch fuhr ich gelegentlich nach Manila in das große Hauptgefängnis Muntinlupa. Während meines ersten zehnmonatigen Aufenthalts auf den Philippinen hatten einige Freunde in England mich in Kontakt mit einer bemerkenswerten Amerikanerin gebracht, die bereit seit dreißig Jahren unter den Gefangenen von Muntinlupa arbeitete. Sie hieß Olga Robertson, wurde aber von jedermann nur »Mami Olga« genannt. Wollte man über ihre Erfahrungen berichten, man könnte ganze Bände füllen.

Muntinlupa ist eigentlich der Name eines Stadtteils von Manila, aber er ist heute gleichbedeutend mit dem dortigen Gefängnis. Es ist das berüchtigtste Gefängnis auf den Philippinen und besteht aus einem riesigen Gelände mit drei separaten Gefängnisgebäuden, in denen bis zu 12 000 Gefangene leben. Das Hochsicherheitsgebäude trägt den Namen New Bilibid, das mit mittlerer Sicherheit heißt Sampaguita; in diesen beiden arbeitete Mami Olga. Dann gibt es noch einen Mindestsicherheitstrakt. Das Gelände ist beinahe eine Stadt in sich, in der es außer den Gefängnisgebäuden Häuser für diejenigen gibt, die dort arbeiten (Mami Olga wohnte in einem von diesen), außerdem mehrere Schulen und Kirchen, sowohl römisch-katholischen Bekenntnisses als auch zu den verschiedenen protestantischen Denominationen gehörend. Auch in den Gefängnissen selbst gibt es Gemeinden; Mami Olga hatte für die Gefangenen sowohl in New Bilibid als Sampaguita Gemeinden gegründet, und im Lauf der Jahre waren viele von ihnen Christen geworden. Sie brachte den Neubekehrten bei, Verantwortung für die Predigt und die seelsorgerliche Betreuung der Gottesdienstbesucher zu übernehmen, und einige von ihnen waren nach Verbüßen ihrer Haftstrafe dageblieben, um ihr bei der Arbeit zu helfen.

Mami Olga war bei den Gefangenen sehr beliebt, und ihr langer, treuer Dienst hatte ihr die Hochachtung aller Gefängnismitarbeiter erworben. Obwohl die Sicherheitsvorkehrungen in Muntinlupa sehr viel strenger waren als in Camp Maquinaya, genügte schon die Erwähnung ihres Namens, um uns Zutritt zu verschaffen. Mami Olga war und ist eine Quelle der Inspiration für mich, und ich war jedesmal glücklich über die Gelegenheit, bei meinen Besuchen dort mit ihr gemeinsam zu dienen.

Als ich Rhey und Jason zum erstenmal mit dorthin nahm, mußte selbst Rhey zugeben, daß er Angst hatte. Muntinlupa ist ausschließlich für verurteilte Strafgefangene, und es sind dort einige der schlimmsten Verbrecher der gesamten Philippinen inhaftiert. Nachdem sie aber die christlichen Gefangenen kennengelernt und gesehen hatten, wie einige dieser ehemaligen Verbrecher sich kompromißlos auf die Seite Jesu gestellt hatten und sich nun sogar zu Seelsorgern und Lehrern ausbilden ließen, fuhren Rhey und Jason mit neu gestärktem Glauben wieder heim – in der Gewißheit, daß auch sie die Vergangenheit hinter sich lassen und fortan für Christus leben konnten. Dennoch gibt es bei der Arbeit mit ehemaligen

Strafgefangenen längst nicht immer ein Happy-End. Unsere Bedingung für eine Aufnahme ins Reha war nicht die Bekehrung zu Christus, sondern nur der Vorsatz, dem kriminellen Leben abzusagen; trotzdem stellten wir fest, daß diejenigen, die kein Interesse an göttlichen Dingen hatten, innerhalb kurzer Zeit von selbst wieder gingen, da sie dem Reiz ihres früheren Lebens nicht widerstehen konnten. Einer dieser Männer war Danilo Cruz.

Danilo kam im November zu uns, einige Monate nach der Eröffnung des Rehas, als ich gerade einen dreimonatigen Heimataufenthalt in England antreten wollte. Das nächste, was ich von ihm hörte, erfuhr ich durch einen Brief von Dondie etwa sechs Wochen später. Es schien so, daß für Danilo, obwohl er eigentlich Interesse am Evangelium bekundet hatte, die Anziehungskraft der Welt stärker gewesen war als sein Verlangen, mit Gott ins reine zu kommen; so hatte er das Reha nach wenigen Wochen wieder verlassen. Drei Wochen später wurde sein Kopf in einer Schachtel in einem Bus gefunden, mit einem Stengel Marihuana im Mund. Wir haben nie erfahren, wer das getan hat oder warum.

Wenn die Menschen doch bloß erkennen könnten, wie vergänglich die Freuden dieser Welt sind, während alle, die Christus hier ablehnen, für ewig die Konsequenzen tragen müssen! Wie vordringlich ist da für uns Christen die Aufgabe, sie zu warnen. Der Dienst für Jesus mag Schmach und Leiden mit sich bringen, aber darf uns das angesichts der Tatsache, daß es um ewiges Leben oder ewige Verdammnis geht, zurückhalten?

Kapitel 11

Verwirrung

Als ich im November 1985 nach England flog, bedeutete Dondie mir bereits sehr viel. Wir waren ja auch oft zusammen, sowohl im Rehazentrum, wo wir uns mit dem Bibelunterricht abwechselten, als auch bei den Gefängniseinsätzen, wo Dondie häufig als mein Übersetzer fungierte. Da ich aber keinen Grund zu der Annahme hatte, daß er meine Gefühle erwiderte, war ich sehr darauf bedacht, mir nichts anmerken zu lassen. Ich schrieb von England aus mehrere Briefe an ihn, aber außer einem Brief, in dem er mir über Danilo berichtete und der im übrigen recht unpersönlich und geschäftsmäßig gehalten war, hörte ich nichts von ihm. So mußte ich mich wohl oder übel mit der Tatsache abfinden, daß Dondie kein Interesse an mir hatte, sondern mich nur als gute Kollegin betrachtete.

Dagegen bekam ich Stuart jetzt ziemlich oft zu sehen. Obwohl wir unsere Verlobung vor vier Jahren gelöst hatten, waren wir Freunde geblieben, und Stuart hatte mich immer stark in meiner Arbeit unterstützt. Er war geistlich sehr gewachsen und, verglichen mit unserer Teenager-Zeit, im Glauben wesentlich stabiler geworden. Inzwischen diente er als Ältester und stellvertretender Kassierer in meiner Heimatgemeinde.

Wie bei meinem letzten Heimaturlaub, erhielt ich auch diesmal zahlreiche Einladungen, über meine Arbeit zu berichten, und oft bot Stuart sich an, mich zu den Vortragsterminen zu begleiten, die mich durchs ganze Land führten. Auch sonst war er sehr nett, lud mich öfter zum Essen oder ins Theater ein, damit ich wenigstens für kurze Zeit etwas von den Dingen genießen konnte, die ich aufgegeben hatte, als ich auf die Philippinen ging. Natürlich war ich erfreut, mit einer solchen Aufmerksamkeit behandelt zu werden. Doch bei aller Freude an Stuarts Gesellschaft konnte ich mich des beunruhigenden Gefühls nicht erwehren, daß unser häufiges Zusammensein anfing, meine damaligen Empfindungen für ihn wieder zum Leben zu erwecken. Das wurde mir besonders bewußt, als wir irgendwann auch auf unsere Verlobungszeit zu sprechen kamen. Die unerwartete Wende in meinen Gefühlen machte mir echt zu schaffen, und ich fragte mich, was wohl in Stuarts Herzen vor sich gehen mochte, obwohl wir zumindest nach außen hin immer so taten, als ob uns lediglich eine Freundschaft verbände. Das heißt, bis zu der Woche vor meiner Rückreise.

Wir sprachen über vergangene Zeiten und tauschten Erinnerungen an unsere Verlobungszeit aus, als Stuart plötzlich vielsagend meinte: »Wenn du willst, können wir immer noch heiraten!«

Längst tot geglaubte Hoffnungen standen in meinem Herzen auf und verwirrten mich. Alle meine Wünsche, alles, was ich beweint hatte, als unsere Verlobung in die Brüche ging, wurde mir neu angeboten. Alle zerbrochenen Träume, die mich in Abmagerungskuren und Magersucht hineingetrieben hatten, konnten wieder heil werden. Ich sehnte mich verzweifelt danach, diese Chance zum Glück zu ergreifen. Doch noch während ein Teil von mir entzückt in Zukunftsvisionen schwelgte, die mir meine Phantasie bereits in den glühendsten Farben vorgaukelte – Blumen, romantische Spaziergänge im Park, nach einer traumhaften Hochzeitsreise in unser eigenes gemütliches Heim zurückzukehren –, verspürte ich auf der anderen Seite ein starkes inneres Unbehagen. Was war mit meiner Vision für das Philippine Outreach Centre? Wie konnte ich Stuart heiraten, ohne die Arbeit aufzugeben, zu der Gott mich so klar berufen hatte?

Unter Tränen sagte ich zu Stuart, ich könne ihn nicht heiraten, da unser Leben in unterschiedliche Richtungen verlaufe: meines auf die Philippinen, das seine zur Gründung eines eigenen erfolgreichen Ingenieurbüros. Natürlich begriff Stuart, daß ich seinen Antrag nur ablehnte, weil ich den Eindruck hatte, es tun zu müssen – nicht, weil ich ihn nicht haben wollte. Er seinerseits sah keine Schwierigkeiten darin, unsere Ehe mit meinem Ruf aufs Missionsfeld in Einklang zu bringen: Ich konnte ja jedes Jahr drei Monate auf den Philippinen verbringen, und er würde mit seinem Geschäft meine Reisen bezahlen und die Missionsarbeit finanzieren. Er war ganz sicher, daß es funktionieren würde, und auch ich hätte es liebend gerne geglaubt. Aber war dies wirklich, was Gott von uns wollte? Satan hatte schon so oft versucht, mich vom Gehorsam Gott gegenüber abzubringen, und ich hatte keine innere Gewißheit, daß dies Gottes Wille war. Ich erklärte Stuart, daß ich ihm keine Zusage geben könne, bevor der Herr mir klargemacht habe, daß es richtig sei.

In den darauffolgenden Tagen gab ich mir die größte Mühe, mir selbst einzureden, daß es so wäre, aber trotz allem konnte ich ein tiefsitzendes Gefühl des Unbehagens nicht ersticken. Unsere Zeit miteinander war beinahe vorüber. Stuart wollte bereits vor meiner Abreise zum Skiurlaub in die Schweiz fliegen. Er war nach wie vor von seinem Plan beseelt und zuversichtlich, daß Gott ihn bestätigen werde, und je länger wir darüber sprachen, um so plausibler erschien er mir. Doch ich hatte immer noch keine Gewißheit von Gott.

Bei einem unserer letzten Treffen sagte Stuart plötzlich: »Warum gehen wir nicht einfach in ein Geschäft und schauen uns ein paar Ringe an?«

Ich wußte, daß es nicht richtig war, mich so weit hinreißen zu lassen, solange ich innerlich schwankend war, aber Stuart überredete mich mit dem Versprechen, daß ich, wenn er mir einen Verlobungsring kaufen würde, diesen erst zu tragen brauche, wenn ich sicher sei, daß unsere Beziehung vor Gott recht sei. Er sei bereit zu warten, und wir könnten so lange mit der Veröffentlichung unserer Verlobung warten, bis ich ein klares Ja von Gott hätte. So kam es, daß wir plötzlich in einem Juweliergeschäft standen und ich einen wunderschönen Diamantring anprobierte. Während ich so auf meinen Finger schaute, an dem der Stein funkelte und glänzte, kam ich mir vor wie der Star in einem Hollywoodfilm. Und genau das war das Schlimme: Ich hatte das Gefühl, in der Scheinromantik und Unwirklichkeit jener Zelluloidwelt gefangen zu sein.

Als Stuart einige Tage später in die Schweiz flog, begleitete ich ihn zum Flughafen und weinte unterwegs ununterbrochen. Ich brachte es nicht übers Herz, ihm zu sagen, daß ich Angst hatte, meine Träume würden sich in nichts auflösen.

Wenige Tage später befand ich mich wieder in einer völlig anderen Welt. Welches sollte für mich die reale Welt sein? Die mit den teuren Kleidern, den Einladungen zum Essen, den mit Teppichboden ausgelegten Kirchen und dem Sonntagsbraten? Oder die mit den Hitzepocken, dem Schweiß, den harten Holzbänken und Fisch mit Reis? Konnte es wirklich sein, daß Stuart recht hatte? War es möglich, einen Kompromiß zu schließen und mit einem Bein in jeder der beiden Welten zu stehen?

Nachdem ich wieder einige Wochen auf den Philippinen war, schien mir Stuarts Plan längst nicht mehr so einleuchtend zu sein. Um die Verhältnisse auf dem Missionsfeld überhaupt ertragen zu können, mußte ich sie als Normalität betrachten. Würde ich aber jedes Jahr neun Monate in England verbringen, dann wäre die Zeit auf den Philippinen jedesmal eine unnatürliche und unliebsame Unterbrechung meines gewohnten Lebensstils, und ich würde vielleicht am Ende sogar Land und Leute verabscheuen. Meine Arbeit würde unter solchen Umständen unmöglich sein. Wie konnte ich Menschen für Christus gewinnen, wenn ich ihrer Kultur ablehnend gegenüberstand und mich nicht mit ihnen identifizierte? Auf der anderen Seite mußte ich zugeben, daß eine Ehe mit Stuart all das verkörperte, was die Frau in mir jemals erhofft hatte.

Obwohl ich immer noch nicht in der Lage war, einen festen Entschluß zu fassen, hatte ich den Eindruck, mit Dondie über eine mögliche Verlobung mit Stuart sprechen zu sollen. Schließlich würde die gesamte Zukunft des Philippine Outreach Centre von einem solchen Schritt betroffen sein, falls er Realität werden sollte. Dondie nahm die Nachricht sehr ruhig auf, obwohl ich das Gefühl hatte, daß ihm die Sache mißfiel; das trug natürlich nicht gerade dazu bei, meine Unruhe zu besänftigen. Meine Unentschlossenheit wurde noch größer, als der Grund für Dondies Mißfallen einige Tage später zutage kam. Wir waren gerade mit meinem alten Käfer unterwegs zu einem Gefängniseinsatz. Plötzlich blieb der Wagen stehen, und während wir auf Hilfe warteten, kamen wir erneut auf meine Verlobung zu sprechen. Dondie verblüffte mich mit den Worten: »Ich empfinde aber auch etwas für dich.«

Das machte meine Verwirrung noch größer! Warum hatte er nicht früher darüber gesprochen? (Es sollte lange dauern, bis ich auf diese Frage eine Antwort erhielt.) Und was meinte er eigentlich mit »etwas empfinden«? Im Moment fühlte ich mich nicht stark genug, um diese wichtigen Bereiche anzusprechen, und wandte mich statt dessen dem nächstliegenden, konkreten Gedanken zu. »Warum hast du dann meine Briefe nicht beantwortet?« fragte ich ihn.

Es stellte sich heraus, daß er überhaupt keinen Brief von mir erhalten hatte, und diejenigen, die er mir geschrieben hatte, waren auch nicht angekommen. Was war das alles doch so kompliziert!

Dondie und ich sprachen an diesem Tag nicht weiter über die Sache, aber ich grübelte in der Folge ständig darüber nach, was seine Aussage wohl bedeuten mochte. Wollte Gott mir vielleicht klarmachen, daß Dondie und ich uns nicht nur begegnet waren, um gemeinsam eine Arbeit zu tun? Hatte ich deshalb keine Gewißheit in bezug auf Stuart? Mir dämmerte, daß es unfair von mir gewesen war, Stuart zu erlauben, auf mich zu warten. Doch die einzige Alternative war, ihn komplett aufzugeben ... Meine Gedanken drehten sich wie eine unbarmherzige Tretmühle permanent im Kreis, ohne irgendwann ans Ziel zu gelangen.

Zu dem scheinbar unlösbaren Problem meiner eigenen Zukunft kam noch die Sorge um Redemia. Vor etlichen Monaten hatte sie Sammy kennengelernt, einen jungen U.S.-Soldaten, und die beiden hatten sich sofort zueinander hingezogen gefühlt. Als Sammy dann zwei Wochen später nach Amerika zurückkehren mußte, hatte sich Redemia bereits Hals über Kopf in ihn verliebt. Sie schrieben sich jeden Tag, und bald sprach Redemia von Heirat. Aber Sammy war kein Christ. Sie hatte ihn kennengelernt, als er bei unserem Hauseigentümer einen Besuch machte; dieser wohnte direkt neben uns und war, obwohl gebürtiger Filipino, selbst früher U.S.-Soldat gewesen.

Redemia und ich hatten zum allerersten Mal eine ernsthafte Auseinandersetzung; ich wollte sie davon überzeugen, daß es verkehrt sei, einen ungläubigen Mann zu heiraten. Aus eigener bitterer Erfahrung mit Simon wußte ich, was es bedeutet, sich von seinen Gefühlen in eine falsche Beziehung hineinziehen zu lassen, und ich wollte verhindern, daß Redemia den gleichen Fehler machte. Doch sie war unnachgiebig, und als ich im Februar aus England zurückkam, waren die Pläne für ihre Hochzeit in Amerika bereits weit fortgeschritten. Ich mußte mich wohl oder übel mit der Tatsache abfinden, daß ich Redemia, meine beste Freundin, auf die ich mich total verlassen hatte, bald verlieren würde.

Unterdessen mußte die Arbeit weitergehen. Wir besuchten Camp Maquinaya jetzt zweimal in der Woche und Iba einmal. Außerdem waren wir für das Rehabilitationszentrum verantwortlich, in dem mittlerweile fünf Erwachsene wohnten, einschließlich Rhey, Ning und Jason, sowie Rheys drei Kinder. Jeden Morgen nach dem Frühstück, während Ning das Haus saubermachte und sich um ihre Kinder kümmerte, gingen die männlichen Bewohner hinaus auf unser Stück Land, das wir in der Nähe gepachtet hatten, um dort den Tag über zu arbeiten. Sie bauten verschiedene Obst- und Gemüsesorten an, was einerseits eine gesunde Beschäftigung für sie war und uns andererseits half, die Haushaltsführung des Rehas wirtschaftlicher zu gestalten. Abends nahm ich gewöhnlich an den Gebets- und Bibelstunden im Haus teil, und am Sonntag gingen wir alle gemeinsam zum Gottesdienst in unsere Gemeinde.

Kurz nach meiner Rückkehr fingen wir zusätzlich mit einer Schweinezucht an, was dadurch möglich wurde, daß der Besitzer unseres Gemüsefeldes uns anbot, seine Schweineställe zu benutzen. Wir fingen mit nur wenigen Schweinen an, von denen zwei ein ganz besonderes Geschenk darstellten, das ich während meines Englandaufenthalts erhalten hatte. Mehrere Kirchen und Gemeinden, in denen ich über meine Arbeit berichtet hatte, unterstützten uns inzwischen finanziell; dazu gehörte auch eine kleine Gruppe älterer Frauen in Sale, in der Nähe meiner Heimatstadt Altrincham. Eine dieser Frauen mit Namen Amy hatte sich selbst das Stricken beigebracht und fertigte nun Geschirrtücher an, die sie verkaufte, um Geld für unsere Arbeit zu bekommen. »Ich weiß, es ist nicht viel«, sagte sie, als sie mir das Geld in die Hand drückte, »aber ich hoffe, es ist wenigstens eine kleine Hilfe.«

»So dürfen Sie nicht denken«, erwiderte ich. »Mit diesem Betrag können wir bereits ein Schwein kaufen.« Der Gedanke, uns ein Schwein anzuschaffen, gefiel ihr ungemein und veranlaßte ihre Freundin Alice, mich zu bitten, von ihrem Geld ebenfalls ein Schwein zu kaufen.

Ich gab zwei von unseren ersten Schweinen die Namen Alice und Amy, und wir hielten beide als Zuchttiere, während wir andere als Schlachtschweine aufzogen, um Fleisch für die Reha-Küche zu haben. In den darauffolgenden Jahren lieferten uns die Nachkommen von Alice und Amy permanent Fleisch zum Essen und versorgten uns zudem mit Ferkeln, die wir verkauften, wenn das Geld knapp wurde.

Ich erhielt eine zweite Einladung nach Bohol, wo ich auf der Jahreskonferenz der Bibelschule von Pastor Thomas in Tagbilaran sprechen sollte. Wie bei meiner ersten Reise nach Bohol, plante ich auch diesmal einen Abstecher zur Kindermission »Sunshine Corner« auf der Insel Cebu mit ein. Ich hatte Jason versprochen, er dürfe mich auf meiner nächsten Reise begleiten, und da es gegen die Anstandsregeln der Filipinos verstieß, wenn eine unverheiratete Frau mit einem unverheirateten Mann gleichen Alters allein unterwegs war, schloß Dondie sich uns ebenfalls an. Mir war nicht ganz wohl bei dem Gedanken, so lange mit ihm zusammen zu sein (die Reise sollte zwei Wochen dauern), aber um Jason, der sich so sehr auf diese Reise gefreut hatte, nicht zu enttäuschen, blieb mir keine andere Wahl. Und obwohl ich mich inzwischen ziemlich fließend in Tagalog unterhalten konnte, brauchte ich zum Predigen immer noch einen Übersetzer. Dondies Anwesenheit bedeutete, daß wir jede sich bietende Gelegenheit, die verschiedenen Gefängnisse zu besuchen, annehmen konnten.

Da Fliegen für uns drei zu teuer war, mußten wir per Schiff fahren. Also machten wir uns am Abreisetag auf den Weg zur Bucht von Manila. Rhey würde sich während unserer Abwesenheit um den äußeren Ablauf im Rehazentrum kümmern, und Redemia war für die Bibelstunden verantwortlich. Von Land gesehen, sah das Schiff, auf dem wir die 24stündige Reise nach Cebu unternehmen sollten, aus wie eine typische, wenn auch betagte Kanalfähre, aber diese Ähnlichkeit verschwand schlagartig, als wir an Bord gingen.

»Dondie«, fragte ich, »worauf sollen wir denn sitzen?«

»Oh«, erwiderte er, »es gibt keine Sitzplätze, nur Kojen.«

Als wir nach unten in die Schlafsäle gingen, erlitt ich meinen zweiten Kulturschock auf den Philippinen: bei den Kojen handelte es sich um Doppelbetten! Als alleinreisende Frau hätte ich womöglich irgend jemand Fremden neben mir gehabt. »Kaum vorzustellen«, dachte ich, »daß ich meinen Eltern schreiben soll, ich hätte mit all diesen Leuten die Nacht verbracht! Was wird Mama denken, wenn ich ihr berichte, daß ich neben Dondie und Jason gelegen und geschlafen habe? Aber das ist mir jetzt egal! Lieber habe ich jemand neben mir, den ich kenne, als einen völlig Fremden!«

Als einzige Weiße im Schlafsaal fiel ich natürlich auf und wurde von den anderen Passagieren so aufmerksam betrachtet, daß es mir direkt peinlich war. Wie konnte ich mich hinlegen und schlafen, wenn alle mich beobachteten? Ich versuchte mich wach zu halten, solange es nur ging, doch am Ende siegte die Müdigkeit, und ich streckte mich auf meinem Lager aus, um wenigstens ein paar Stunden Schlaf zu bekommen. Glücklicherweise reisten wir zweiter Klasse; die Passagiere in der dritten Klasse aßen und schliefen in den Gängen, somit lagen überall Menschen herum.

Mein Unbehagen stieg, während wir reisten. Das Essen, das man auf dem Schiff kaufen konnte, war teuer und zudem schlecht zubereitet. Aus diesem Grund hatten die meisten Passagiere sich etwas zu essen mitgebracht – Töpfe mit Reis, Fisch und Gemüse, deren Düfte sich vermischten und schwer in der Luft hingen. Der Geruch wurde immer unangenehmer, als die Speisen anfingen, schlecht zu werden. Ich war froh, daß ich nur belegte Brote mitgenommen hatte. Am Ende der Reise kamen wir fast um vom Gestank schwitzender Körper, schmutziger Waschräume, voller Babywindeln und verdorbener Speisen.

Doch die Tage, die wir in »Sunshine Corner« verbrachten, entschädigten uns für alle Mühe. Sunshine Corner in der Stadt Cebu (Insel und Hauptstadt tragen den gleichen Namen) war eine Missionsarbeit unter Straßenkindern. Wenn sich die Türen nachmittags um 5 Uhr öffneten, strömten jedesmal zwischen zwanzig und vierzig schmutzige, müde, hungrige Kinder herein. Da ihnen die Routine bereits vertraut war, begaben sie sich als erstes ins Badezimmer, wo einer der Mitarbeiter darauf achtete, daß sie sauber gewaschen wurden, notfalls auch entlaust, während ein anderer alle schmutzigen Kleidungsstücke einsammelte und umgehend in die Waschmaschine steckte.

Danach warteten die Kinder, in saubere Sunshine Corner-Kleider gehüllt, auf den Ruf zum Essen. Ich habe noch nie einen Menschen so schnell laufen sehen wie diese Kinder, als der Gong ertönte. Riesige Mengen Reis, Hafergrütze, Fisch und frische Früchte wurden in kürzester Zeit verschlungen und die Teller blitzblank saubergekratzt. Nach dem Essen kam die biblische Geschichte, danach wurde gebetet. An diesem Punkt waren die Kleineren bereits in tiefen Schlaf gesunken; um 8 Uhr wurden die Matten ausgerollt, und alle Kinder machten es sich für die Nacht bequem.

Früh am nächsten Morgen, nach einer kurzen Andacht und einem ausgiebigen Frühstück, bekamen sie ihre eigenen Kleider, sauber gewaschen und getrocknet, zurück und waren nun gerüstet für einen weiteren Tag auf der Straße. Der große Vorzug dieser Missionsarbeit lag meines Erachtens in der Bereitschaft der Mitarbeiter, den Bedürfnissen der Kinder Rechnung zu tragen: Die Straße war ihr Leben, und sie hätten sich bestimmt nie in die Ordnung und Disziplin eines normalen Kinderheims gefügt. Sunshine Corner machte Kinder, die auf keine andere Weise erreicht werden konnten, mit dem Evangelium bekannt.

Unser Besuch in dem größeren der beiden Gefängnisse von Cebu erwies sich als denkwürdiges Ereignis. Als wir um Erlaubnis baten, dort einen Gottesdienst abzuhalten, nahmen wir einen der Sunshine-Mitarbeiter mit; Luke war früher selber dort inhaftiert gewesen. Wir hatten keine Probleme, das Einverständnis des Gefängnisdirektors zu bekommen, mußten aber lange warten, bis wir eingelassen wurden; die Insassen bereiteten sich auf uns vor, erklärten uns die Wärter. Als wir schließlich hinein durften, bot sich uns ein gewaltiger Anblick: 700 Männer standen dicht gedrängt, Schulter an Schulter, auf dem Basketballfeld des Gefängnisses. Jeder einzelne Häftling hatte dabeisein wollen. So etwas kam und kommt wirklich äußerst selten vor.

Luke sprach als erster; unter Tränen berichtete er, wie er in eben diesem Gefängnis zum erstenmal von der Liebe Jesu Christi gehört und ihn als seinen persönlichen Retter angenommen habe. Eine fast greifbare Stille kam über die Männer, während sie zuhörten, und als ich aufstand, um Gottes Wort zu predigen, war die Aufmerksamkeit so groß, daß es mir schien, als spreche ich direkt zu jedem einzelnen dieser dichtgedrängten Menge. Dondie schloß sich an und bat, daß alle, die Christus in ihr Leben aufnehmen wollten, die Hand heben sollten. Buchstäblich Hunderte reagierten auf den Aufruf. Ich stand da und konnte mich der Tränen nicht erwehren, als ich an jene Konferenz in Glasgow vor vielen Jahren zurückdachte, bei der Gott mir gesagt hatte, ich würde einmal vor vielen Menschen predigen. Ich werde wahrscheinlich erst in der Ewigkeit erfahren, wie viele dieser Männer Christus treu geblieben sind, aber für mich war es eine große Freude, ihnen an diesem Tag Gottes Wort bringen zu dürfen. Außerdem war es ein guter Abschluß unserer Zeit in Cebu.

Und wieder ging's aufs Schiff – diesmal aber nur für acht Stunden. Doch weil die Fahrt nach Bohol kürzer war, waren auch das Schiff und die Kojen entsprechend kleiner. Acht Stunden können wirklich sehr lang sein!

In Tagbilaran angekommen, wurden wir »Mami Ruth« vorgestellt, einer Dame in den Fünfzigern, die jeder zu kennen schien. Ich vermutete, daß sie die Mami Olga der südlichen Philippinen war. Mami Ruth war ebenfalls eine Gastrednerin bei Thomas' Konferenz, und wir beide sollten ein Zimmer teilen.

Nachdem die Vorstellung beendet war, ging es nach echter Filipino-Sitte sofort an die Arbeit. Wir kämpften uns durch ein hektisches Programm von Gottesdiensten, Gefängnisbesuchen und Veranstaltungen auf der Bibelschule hindurch, das für mich jedoch durch die Ungezwungenheit, mit der Dondie und ich zusammenarbeiteten, sehr erleichtert wurde. Wir waren ein gutes Team. Oft sangen wir zusammen, ehe ich predigte und Dondie übersetzte. Manchmal übernahm er sogar selbst die Predigt, um mir eine Verschnaufpause zu gönnen. Was mir jedoch fehlte, war jemand, mit dem ich meine innersten Gefühle teilen konnte.

Seit Beginn unserer Reise hatte Dondie etwas mehr von den »Gefühlen«, die er für mich hegte, preisgegeben, und trotz seiner naturbedingten Zurückhaltung konnte ich nicht länger daran zweifeln, daß er echte Liebe für mich empfand. Ich für mein Teil fand mehr und mehr Freude daran, mit ihm zusammen zu sein, und zwar nicht nur aufgrund unserer gemeinsamen Arbeit, sondern um seiner selbst willen.

Diese Gefühle beunruhigten mich tief, und ich wurde jedesmal von heftigen Gewissensbissen geplagt, wenn ich an Stuart dachte. Ich verstand mich selbst nicht mehr. Ich wußte weder, was ich wollte, noch – und das war wesentlich schlimmer – was der Herr von mir wollte. In meiner Verzweiflung vertraute ich mich Mami Ruth an, die mein Dilemma zwar auch nicht lösen konnte, mich aber mit der Zusicherung tröstete, Gott werde mir seinen Willen ganz bestimmt klarmachen, wenn ich geduldig warten würde.

Aus der ständigen Beschäftigung mit dem verworrenen Gespinst meiner eigenen Gefühle wurde ich erst durch Jasons Probleme herausgerissen. Eines Abends, nachdem er bei einem Gefängnisgottesdienst sein Zeugnis gegeben hatte, brach er innerlich zusammen und bekannte, wie schwer es für ihn sei, der Versuchung zu widerstehen, zu seinem alten Leben zurückzukehren und wieder Drogen zu nehmen. Während wir auf der Heimreise nach Subic waren, überlegte ich, daß es bestimmt einfacher wäre, meine Zukunft auszusortieren, wenn ich mehr Zeit für mich hätte.

Doch wenn ich gehofft hatte, die Dinge nun etwas langsamer angehen zu können, dann hatte ich mich getäuscht.

Kapitel 12

Eine Stadt auf dem Berg

Gerade als ich den Trost vertrauter Lebensumstände besonders nötig gehabt hätte, traten weitreichende Veränderungen ein. Redemia verließ mich, um nach Amerika zu gehen und dort zu heiraten, und ich konnte mich nicht einmal mit dem Gedanken trösten, daß bestimmt alles gutgehen würde. Ich hätte mir eigentlich denken können, daß diese unangenehme Veränderung Teil des größeren Planes war, an dem Gott arbeitete, aber im Augenblick fühlte ich mich lediglich meiner besten Freundin und geschätzten Mitarbeiterin beraubt.

Dondie übernahm ganz die Aufgabe, in den Gefängnissen für mich zu übersetzen, und die Lücke, die durch Redemias Fortgang in unserer Kinderarbeit entstanden war, wurde durch Freda geschlossen, eine Frau mittleren Alters aus Peterhead in Schottland, die Mama durch ihre vielfältigen Kontakte kennengelernt hatte. Freda rief Mama eines Tages an und erklärte ihr aus heiterem Himmel, der Herr habe ihr gesagt, sie solle auf die Philippinen gehen und mir helfen. Freda hatte selber eine schwere Kindheit erlebt und als Teenager die meiste Zeit unter Jugendfürsorge gestanden. Das hatte in ihr ein Verlangen geweckt, notleidenden Kindern zu helfen. Und der Zeitpunkt ihres Kommens, kurz bevor Redemia fortging, war wirklich perfekt. Sprachprobleme würde es nicht geben, weil ein Mädchen aus unserer Nachbarschaft in Pamatawan mit Namen Joy ihr helfen würde. Joy hatte schon seit einigen Monaten bei unseren missionarischen Kinderstunden mitgearbeitet und mich kürzlich gefragt, ob sie nicht ganz dableiben könne.

Unsere Arbeit unter jungen Leuten hatte sich in den letzten Monaten auch auf lokale Schulen wie die San Augustin-Schule in Castillejos ausgedehnt, die von einer Reihe von Kindern aus der Nachbarschaft des Rehas besucht wurde. Es handelte sich um eine staatliche Schule, die sowohl Grund- als auch Sekundarstufe umfaßte. An staatlichen Schulen auf den Philippinen gibt es keine tägliche gemeinsame Schulandacht, deshalb hielten wir für die Grundschüler eine Bibelklasse nach dem offiziellen Schulschluß ab, während wir die höheren Klassen innerhalb ihres Stundenplans in Bibelkunde unterrichten durften. Von den jungen Leuten, die sich aufgrund unserer evangelistischen Arbeit dort zu Jesus bekehrt haben, stehen heute mehrere im Pastorendienst verschiedener Gemeinden bzw. sind als Lobpreisleiter engagiert.

Freda arbeitete einige Monate mit uns zusammen, und wir wurden während dieser Zeit gute Freunde. Der Altersunterschied fiel durch ihre Herzlichkeit und ihren Sinn für Humor kaum ins Gewicht. Es machte Spaß, mit ihr zusammen zu sein, und sie war ein großer Gewinn für unsere Kinderevangelisationen. Im Lauf der Zeit nahm ihre Vision für Kinderarbeit zu, und sie kam auf den Gedanken, ein Heim für die Straßenkinder in Olongapo zu eröffnen; diese Idee konnte sie später im gleichen Jahr, als ich auf Heimaturlaub in England war, in die Tat umsetzen. Das von ihr gegründete Heim besteht immer noch, und viele Kinder haben dadurch eine helle, neue Zukunft bekommen.

Auf meinem Rückflug zu den Philippinen war ich erstaunt, ein junges Mädchen auf der anderen Seite der Maschine zu sehen, das eifrig in dem Buch *Arise and Reap* (»Steh auf und ernte«) las. Ich wußte, daß dieses Buch von einer Christin geschrieben worden war, die als Missionarin auf die Philippinen gegangen war. Bei einer Zwischenlandung in Dubai stiegen wir beide gleichzeitig in den Flughafenbus ein.

»Ich habe vorhin zufällig gesehen, was für ein Buch Sie lasen«, sagte ich zu ihr. »Sind Sie etwa auf dem Weg nach den Philippinen?«

»Ja, so ist es.«

»Ich auch. Was werden Sie dort machen?«

»Ich werde als Missionarin arbeiten.«

»Ich bin ebenfalls Missionarin! Wo werden Sie arbeiten?«

»In Subic.«

Das Mädchen hieß Julie und hatte soeben die Bibelschule in Peterhead, Fredas Heimatstadt, abgeschlossen. Sie fühlte sich von Gott auf die Philippinen berufen, aber da sie noch nicht wußte, wo oder in welcher Eigenschaft sie dort arbeiten sollte, hatte die Schulleitung dafür gesorgt, daß sie zunächst einige Zeit bei Freda verbringen konnte, um mit Land und Leuten vertraut zu werden, während sie betete und Gott um weitere Führung bat.

Durch einen unglücklichen Zufall war Freda nicht da, als wir in Manila landeten, aber Gott hatte dafür gesorgt, daß ich zur Stelle war und wir gemeinsam nach Subic reisen konnten. Da wir sehr spät ankamen, bot ich Julie an, bei mir zu übernachten. Tatsächlich wohnte sie dann während ihres gesamten Aufenthalts bei mir, weil das Häuschen, das Freda gemietet hatte, eigentlich nicht groß genug für eine zusätzliche Person war.

Inzwischen platzte das Haus in Castillejos, in dem das Rehazentrum untergebracht war, buchstäblich aus allen Nähten. Nings Schwester war zu uns gekommen, und die Bewohnerzahl schwoll beträchtlich an, als Freddie und Peter, ehemalige Gefangene von Camp Maquinaya, bei uns einzogen; Peter brachte nämlich auch seine Frau und vier Kinder mit, und das fünfte wurde im Reha geboren. Ich hatte von Anfang an gewußt, daß dieses Gebäude nur eine Übergangslösung war; nun sah es tatsächlich so aus, als würde der Herr uns bald weiterführen.

Eine weitere Folge der Neuzugänge im Reha war die Schwierigkeit, alle Bewohner sonntags in den Gottesdienst zu transportieren. Mein alter VW-Käfer schien seine Jahre zu spüren und wehrte sich gegen die ständige Überladung während der 40minütigen Fahrt zur Gemeinde. Mit öffentlichen Verkehrsmitteln würde die Reise eine ganze Stunde dauern, wozu auf der Rückfahrt eine weitere Stunde Wartezeit kommen konnte, da der Bus erst von Olongapo abfuhr, wenn er voll war.

Konnte es sein, daß die zweite Phase meiner Vision sich zu erfüllen begann? War Gottes Zeit gekommen, mit einer Gemeinde für die Reha-Mitglieder zu beginnen? Dondie und ich fingen an, den Herrn im Gebet zu suchen, und er gab uns beiden unabhängig voneinander die Bestätigung, daß wir die Pläne für die Philippine Outreach-Christengemeinde vorantreiben sollten.

Wir hatten vor, uns zunächst in meinem Haus in Pamatawan zu versammeln. Rückblickend kommt es mir sonderbar vor, daß ich nicht eine Sekunde daran dachte, das Reha-Gebäude in Castillejos zu benutzen, das sich ja äußerlich wegen seiner Größe eher als Versammlungsort geeignet hätte. Doch die Entscheidung war ohne Zweifel von Gott gewirkt, der mir die ursprüngliche Vision in und für Subic gegeben hatte. Am nördlichen Ende von Subic gelegen, in etwa der gleichen Entfernung zur Stadtmitte wie nach Castillejos, bot mein Haus sich als Versammlungsort an, weil es sowohl mit der

Vision übereinstimmte als in günstiger Nähe zum Rehazentrum lag. Auch daß es so klein war, bedeutete kein unüberwindliches Problem: Wenn wir sonntags einfach alle Möbel nach draußen räumten und dafür Bänke aufstellten, mußte es unserer Ansicht nach gehen. Ein in Pamatawan ansässiger Mann zimmerte die Bänke für uns, und wir konnten loslegen.

Am Sonntagmorgen, dem 2. November 1986, hielten wir unseren ersten Gottesdienst ab – bei vollem Haus. Alle Reha-Bewohner waren da, und Joy, die natürlich aus Pamatawan gekommen war, hatte etliche Leute aus ihrer Verwandtschaft mitgebracht. Einige Besucher aus der Nachbarschaft, die wir nicht kannten, waren ebenfalls anwesend. Während ich sie begrüßte und willkommen hieß, mischte sich in meine Freude ein Anflug von Nervosität. Als Gott mir die Vision gab, eine Gemeinde zu gründen, hatte ich nicht daran gedacht, ihr Pastor zu sein, und nun mußte ich in wenigen Minuten den Anwesenden Gottes Wort verkünden. Ich wußte zwar, daß er mir die Fähigkeit zu predigen geschenkt hatte, und war bereit, diese Gabe im Gehorsam zu praktizieren, aber in dieser Situation kam ich mir als Frau trotzdem irgendwie merkwürdig vor. Dondie hatte noch nicht viel Predigterfahrung, aber seine Fähigkeiten als Bibellehrer würden für die Erwachsenen-Sonntagsschule, die normalerweise dem Gottesdienst voranging, von unschätzbarem Wert sein. Zusammen besaßen wir alle notwendigen Voraussetzungen, um für die Bedürfnisse der Gemeindeglieder zu sorgen.

Nach dem ersten Teil des Gottesdienstes mit Gesang, Gebet und Schriftlesung stand ich auf und fing an, von Dondie übersetzt, die frohe Botschaft vom Heil durch Jesus Christus zu verkünden. Der Heilige Geist war unter uns, und etliche der Nichtbekehrten übergaben an diesem Vormittag Jesus ihr Leben. Ich erinnere mich lebhaft an eine Frau aus der Nachbarschaft, die heiße Tränen der Buße vergoß und gleichzeitig versuchte, ihren dreijährigen Jungen zu trösten, der vor Bestürzung über die Tränen seiner Mutter ebenfalls zu weinen begonnen hatte. Die Neubekehrten waren sehr darauf bedacht, mehr aus Gottes Wort zu lernen, und bald fingen wir mit wöchentlichen Bibel- und Gebetsstunden an, die genauso gut besucht waren wie die Sonntagsgottesdienste.

Ein weiterer unserer ersten Neubekehrten war Joseph. Ich lud ihn in unsere Gemeinde ein, als er gegen Kaution aus Camp Maquinaya entlassen wurde, wo er wegen Drogenbesitz und Drogenhandel eingesessen hatte. Obwohl er sich zunächst sträubte zu kommen, und sein erster Besuch alles andere als vielversprechend war – wir hatten gerade Gebetsstunde, und er war total betrunken –, konnte kein Zweifel an der Echtheit der Lebensübergabe bestehen, die er bei seinem zweiten Besuch vornahm. Die Veränderung in seinem Leben und die Entschlossenheit, nie wieder etwas mit Drogen zu tun zu haben, waren der beste Beweis dafür.

Wir nahmen ihn ins Rehazentrum auf, und ich suchte, wie ich das oft für die Gefangenen tat, den zuständigen Richter auf, um zu erfahren, wann die Verhandlung voraussichtlich stattfinden würde. Diese Gelegenheit nahm ich wahr, um dem Richter über die Veränderung in Josephs Leben zu berichten und ihm zu sagen, daß er freiwillig ins Reha eingezogen sei. Als der Prozeßtag kam, war es Joseph klar, daß er u.U. zu zehn Jahren Gefängnis oder mehr verurteilt werden konnte. Wie groß war seine Dankbarkeit Gott gegenüber, als er den Urteilsspruch hörte: Sechs Jahre auf Bewährung, während der er sich regelmäßig bei seinem Bewährungshelfer melden mußte. In diesem Augenblick wurde mir klar, daß Gott das Gebet von David Chaudhary, mir »Gnade vor den Behörden zu geben«, erhört hatte.

Obwohl wir glücklich waren, Joseph im Rehazentrum aufnehmen zu können, wurde das Problem mit der »Übergangslösung« dadurch noch dringender. Wenn die Arbeit weiter wachsen sollte, mußten wir unbedingt eine andere Bleibe finden.

Eines Tages Ende November machten Julie und Joy einen Spaziergang, wobei sie Teile von Subic erkundeten, die Julie noch nicht kannte. Als sie zurückkam, konnte sie sich vor Begeisterung kaum zügeln. »Chrissy«, rief sie, »wir haben eben ein Gebäude in Calapandayan gesehen, das genau das Richtige für uns sein könnte – ein altes, leerstehendes Krankenhaus, einfach riesig! Kommst du mit und siehst es dir an?«

Ich wohnte seit drei Jahren in Subic und hatte noch nicht einmal gehört, daß solch ein Gebäude im *Barangay* Calapandayan existierte. Ich hatte keine Ahnung, was da auf mich zukam, aber ich war bereit, jede Möglichkeit zu sondieren, also holte ich das Auto aus der Garage und fuhr mit Julie dorthin. Das Krankenhaus lag oben auf einem steilen Hügel; wir ließen unser Auto unten stehen und kletterten hinauf.

Sobald ich das Gebäude sah, rief ich: »Das ist es! Das ist die Vision, die Gott mir gegeben hat!« Ich blickte ins Tal hinunter, genau ins Rotlichtviertel von Subic, und erinnerte mich an meine ersten Monate auf den Philippinen, als ich total schockiert gewesen war, spärlich bekleidete Mädchen auf der Straße hinter amerikanischen Soldaten herlaufen zu sehen, die sie in eine der anrüchigen Bars hineinzuziehen versuchten. Mir kam ein Bibelvers in den Sinn: »Ihr seid das Licht der Welt; eine Stadt, die oben auf einem Berg liegt, kann nicht verborgen sein« (Matthäus 5,14). Ich betete zum Herrn, daß unser Licht in diesen dunklen Ort, wo die Not so groß war, hineinleuchten möge.

Bei näherem Zusehen erwies sich das Krankenhaus tatsächlich als riesig – noch größer als das allgemeine Krankenhaus in Olongapo. Es hatte drei Stockwerke und nach unserer Schätzung an die einhundert Zimmer. Direkt gegenüber lag ein einstöckiges Gebäude in der Form eines flachen »L«, die ehemalige Krankenpflegeschule. Es ist erstaunlich, wie unterschiedlich einem Dinge erscheinen, wenn man sie mit Glaubensaugen betrachtet. Mir kamen diese Gebäude direkt schön vor, obwohl sie in Wirklichkeit seit mehreren Jahren leer standen und völlig vernachlässigt waren; Wind und Wetter – einschließlich vieler heftiger Taifune – hatten unübersehbare Spuren hinterlassen. Es würde buchstäblich Tausende von Pesos kosten, um sie wenigstens einigermaßen instand zu setzen.

Als wir weggingen, trafen wir einen Mann, der in der Nähe wohnte, und fragten ihn, ob er wisse, wem das Anwesen gehörte. Er hatte gehört, daß es wieder in den Besitz einer örtlichen Bank übergegangen sei, und ich machte mich sofort auf den Weg dorthin, mußte aber feststellen, daß die Information falsch gewesen war. Die Bank war nicht der Eigentümer der Gebäude, und keiner von den Angestellten wußte, wem sie gehörten. Sie wußten nur, daß der Besitzer eine Hypothek aufgenommen hatte und monatliche Rückzahlungen an die SSS leistete. (SSS bedeutet Social Security System = Sozialversicherungssystem, eine Einrichtung, die sich nicht nur mit Rentensachen beschäftigt, sondern ihren Mitgliedern auch Kredite gewährt.) Folglich mußte ich mich an das SSS-Büro in Manila wenden.

Weil Dondie sich in Manila besser auskannte als ich, kam er mit, und wir fanden tatsächlich das SSS-Gebäude. Die Angestellten sahen in ihren Unterlagen nach und nannten uns dann den Namen des

Grundstücksverwalters, der mit der Liegenschaft befaßt war. Als wir die Geschäftsstelle aufsuchten, stellten wir fest, daß der Verwalter, ein Herr Cruz, gleichzeitig der Besitzer des Krankenhauses war. Welch eine Erleichterung! Wir baten um ein Gespräch mit ihm, worauf es hieß, wir sollten warten. Was wir in der Zwischenzeit erlebten, gab uns reichlich Stoff zum Nachdenken. Von Zeit zu Zeit betrat einer der Angestellten das Büro von Herrn Cruz und erschien kurze Zeit später wieder mit völlig verstörter Miene und Schweißperlen auf der Stirn vor der Tür.

Satan flüsterte mir ins Ohr: »Siehst du, Chrissy? Du hast es hier mit einem glasharten Geschäftsmann zu tun. Ganz bestimmt bist du an der falschen Adresse!« Gerade kam wieder ein Mann aus der Tür, der ebenfalls fix und fertig zu sein schien. »Willst du wirklich mit ihm über den Kauf des Gebäudes reden, obwohl du gar kein Geld hast? Du bist ja verrückt!«

»Gibst du denn nie auf?« entgegnete ich. »Der Herr kann mir geben, was ich brauche.«

Selbst Dondie war nervös. »Was machen wir, wenn er uns rauswirft?«

»Na, wenn schon! Was haben wir zu verlieren? Wir büßen doch nicht gerade unseren besten Freund ein, oder? Und überhaupt, wenn Gott für uns ist, wer kann wider uns sein?«

Endlich wurden wir hineingeführt und machten uns mit dem furchterregenden Herrn Cruz bekannt. Nachdem wir ein paar Minuten über dies und das geplaudert hatten – hauptsächlich über England, das Herr Cruz, der in ganz Europa geschäftliche Verbindungen zu haben schien, schon oft besucht hatte –, forderte er uns auf, ihm den Zweck unseres Besuches mitzuteilen. Da es sich hierbei um meine Vision handelte, überließ Dondie mir das Reden, und ich fing an, Herrn Cruz etwas über die Arbeit des Philippine Outreach Centre zu erzählen.

»Schön, schön«, unterbrach er mich, »das ist ja alles sehr nett, aber was hat es mit mir zu tun?«

»Wir sind auf der Suche nach größeren Räumlichkeiten«, erklärte ich ihm. »Zufällig sind wir auf Ihr Krankenhaus in Calapandayan gestoßen. Ich bin hier, um Sie zu fragen, zu welchem Preis Sie das Gebäude verkaufen wollen.«

»Wieviel bieten Sie?«

»Nun, also – im Moment habe ich kein Geld, ich ...«

Meine Worte gingen in Herrn Cruz' dröhnendem Gelächter unter. »Sie wollen doch nicht sagen, daß Sie hierhergekommen sind, um das Haus ohne Geld zu kaufen? Wer soll es denn dann bezahlen? Etwa die Königin von England?«

»Nein, Herr Cruz, der König der Könige.«

»Sie sind mir eine!« sagte er, eher verdutzt als sarkastisch, »kommen hierher und wollen ein Haus ohne Geld kaufen! Sie sind mir eine!«

Ich schickte heimlich ein Dankgebet zu Gott empor. Hier saß ich einem Millionär gegenüber, und er sagte, ich sei jemand. Natürlich war ich nichts in mir selber, aber ich hatte bereits vor langer Zeit gelernt, daß unser Gott sich mit Vorliebe unseres Nichts' bedient, um alles zu tun, indem er dieses Nichts nimmt und mit sich selbst erfüllt, damit die Mächtigen dieser Welt sehen, daß wir in ihm tatsächlich »jemand« sind.

»Ich will Ihnen mal was sagen«, fuhr er nach kurzem Nachdenken fort. »In Anbetracht der Tatsache, daß Sie kein Geld haben, wollen wir das Krankenhaus erst einmal aus dem Spiel lassen. Gegenüber befindet sich ja noch die Krankenpflegeschule. Die können Sie als erstes benutzen. Um die Gebäude herum sind 33 Hektar Land, die Sie für Ihre Schweine, den Gemüseanbau und was Sie sonst noch zu Ihrem Lebensunterhalt brauchen, verwenden können. Es bleibt Ihnen selbst überlassen, ob Sie das Gebäude renovieren wollen. Über das Krankenhaus reden wir später.«

Bis jetzt war noch kein Wort über einen Miet- oder Pachtvertrag gefallen, ohne den wir natürlich keine Sicherheit hatten. Gott zu vertrauen, bedeutet nicht, daß wir den Verstand, den er uns gegeben hat, ausschalten sollen; deshalb fragte ich, wie hoch die Miete sein würde.

»Soviel, wie Sie jetzt für Ihr Haus und das Rehabilitationszentrum zusammen bezahlen. Wenn Sie alle in die Krankenpflegeschule ziehen, haben Sie ja keine zusätzlichen Kosten. Kommen Sie in ein paar Tagen wieder, um die Anzahlung zu leisten und den Mietvertrag zu unterschreiben.«

»Ich persönlich kann aber nicht im Rehabilitationszentrum wohnen«, wandte ich ein.

»Nun«, meinte er leichthin, »Sie können eines meiner Häuser am Strand von La Sirena haben. Schauen Sie sich dort einmal um und suchen Sie aus, was Ihnen am besten gefällt. Mir gehört das gesamte Feriendorf. Sagen Sie einfach meiner Sekretärin in La Sirena Bescheid, wenn Sie sich entschieden haben; sie wird sich um alles Weitere kümmern.«

War das wirklich derselbe Mann, der seine Angestellten zur Schnecke machte? Gott war offensichtlich auf unserer Seite. Doch kurz bevor wir gingen, bekamen wir einen kleinen Eindruck von dem glasharten Geschäftsmann, dessen Skrupellosigkeit bis jetzt im Gespräch nicht hervorgetreten war. »Ich muß Sie darauf hinweisen«, sagte er, »daß ich Ihr bester Freund oder aber Ihr schlimmster Feind sein kann.« Das glaubte ich unbesehen, doch ich setzte mein Vertrauen allein auf Gott.

Voll ehrfürchtigem Staunen verließ ich das Büro von Herrn Cruz. Meine Absicht war lediglich gewesen herauszufinden, für wieviel Geld wir beten mußten. Statt dessen war bereits alles geregelt, daß wir in die Krankenpflegeschule einziehen konnten.

Das Feriendorf am Strand von La Sirena bestand aus einem Hotel, einem Restaurant, verschiedenen Sportanlagen und einer Reihe hübscher Ferienbungalows, die Ähnlichkeit mit meinem Häuschen hatten. Aber es war zu weit von dem Krankenhaus entfernt. Als ich dies gegenüber der Sekretärin von Herrn Cruz erwähnte, sagte sie mir, daß er auch der Eigentümer mehrerer Häuser am Fuß des Hügels sei, direkt unterhalb des Krankenhauses. Vielleicht könnte ich davon eins bekommen.

Einige Tage später suchte ich Herrn Cruz erneut auf, um den Mietvertrag zu unterschreiben. Durch den Erfolg bei unserer ersten Unterredung ermutigt, erklärte ich ihm, daß ich zwar genug Geld für die Anzahlung hätte, wir aber alle verfügbaren Mittel zur Renovierung des Gebäudes benötigten. Ohne Zögern erklärte er sich bereit, auf die Anzahlung zu verzichten. Die Sekretärin, die die Schreibarbeiten erledigte, war so überrascht, daß sie ihren Chef fragte, ob das tatsächlich alles so in Ordnung sei. »So etwas hat er noch nie gemacht«, sagte sie zu mir. »Unsere Regel ist es, auf mindestens zwei Monatsmieten im voraus zu bestehen.«

Bevor ich ging, fragte Herr Cruz, ganz und gar Leutseligkeit: »Brauchen Sie sonst noch etwas?«

»Also, da wäre noch eine Sache«, erwiderte ich und kam mir ein wenig vor wie Oliver Twist, »die Häuser in La Sirena sind ja sehr schön, aber es ist zu weit vom Krankenhaus entfernt. Ich brauchte eigentlich etwas mehr in der Nähe.«

Ehe ich weiterreden konnte, unterbrach er mich mit den Worten: »Am Fuß des Hügels stehen mehrere Häuser, die alle mir gehören. Suchen Sie sich eins davon aus.«

Ich verließ das Büro wie auf Wolken schwebend.

Die Vorbereitungen zum Umzug begannen sofort, darauf hatte Herr Cruz bestanden. Julie verpaßte leider dieses aufregende Ereignis; sie war nach Manila gefahren, um David Nellist zu besuchen und einige Zeit mit ihm zusammenzuarbeiten, ehe sie wieder nach Hause flog. Als ich über Julie nachdachte, ließ ich im Geist nochmals die Ereignisse an mir vorüberziehen, die uns zu dem neuen Rehazentrum geführt hatten: Anstelle von Redemia, die uns verlassen hatte, war Freda nach Subic gekommen, durch diese wiederum Julie, die das leerstehende Krankenhaus gefunden hatte. Alles einzelne Fäden in Gottes Gesamtplan.

Für mich war nur schmerzlich, mein hübsches Häuschen in Pamatawan verlassen zu müssen, mit dem Garten voller bunter Blumen, die Redemia gepflanzt und sorgfältig gepflegt hatte. Mein neues Heim, das ich mit Joy teilen würde, befand sich in einem traurigen, halbverfallenen Zustand, ohne Glas in den Fenstern, ohne Strom und fließendes Wasser. Ich mußte mir die Ermahnung des Apostels Paulus ins Gedächtnis rufen: »Sinnt auf das, was droben ist, nicht auf das, was auf der Erde ist« (Kolosser 3,2). Diese Art Selbstdisziplin ist in der Zeit, in der wir leben, besonders notwendig, denn noch nie sind die Freuden dieser Welt eine größere Versuchung für die Christen gewesen. Ohne ständige Wachsamkeit können wir allzuleicht von unserer Berufung, für Gott zu leben, fortgelockt werden und der Genußsucht erliegen. Natürlich kann materieller Wohlstand, wenn er als von Gott anvertrautes Gut betrachtet wird, um für ihn gebraucht zu werden, ein großer Segen sein; nur müssen wir darauf achten, den Segen Gottes nicht in einen Fluch zu verwandeln.

Indem ich meine Gedanken also bewußt auf die Vision richtete, die der Herr mir gegeben hatte, konnte ich der Bequemlichkeit und Sicherheit meines Hauses den Rücken kehren. Der Verlust nahm bis zur Bedeutungslosigkeit ab, wenn man ihn im Zusammenhang mit all dem betrachtete, was im neuen Rehazentrum zu tun war. Daß Herr Cruz darauf bestanden hatte, wir müßten das Gebäude umgehend beziehen, stellte uns vor enorme Probleme, denn das Haus war vollkommen unbewohnbar – von den großen, häßlichen Eidechsen, den Moskitos und den Kakerlaken einmal abgesehen, die sich dort häuslich niedergelassen hatten, als es leer stand. Das Innere mußte total neu aufgebaut werden, weil die Termiten jeden Zentimeter Holz aufgefressen hatten. Der Zementfußboden lag unter einer dikken Schicht aus Erde und Schlamm begraben, die in jeder Regenzeit vom Berghang hereingespült worden waren. In Anbetracht der Tatsache, daß das Haus über 400 qm Wohnfläche hatte, würden wir enorm viel Dreck beseitigen müssen. Die Fenster waren unverglast, und so lange, bis alle elektrischen Leitungen erneuert waren, gab es auch keinen Strom. Vor allem würde es sehr viel Arbeit kosten, eine Wasserleitung ins Haus zu legen, weil es so weit von der städtischen Hauptwasserleitung entfernt lag.

Dagegen ließ sich mein neues Heim, obwohl es sehr reparaturbedürftig war, im Notfall ziemlich schnell bewohnbar machen. Außerdem gab es in der Nähe einen natürlichen Brunnen, in dem man nach Wasser bohren konnte, das dann mittels einer Handpumpe heraufgeholt werden konnte. Bis wir im neuen Rehazentrum Wasser hatten, mußten sich also, auch wenn dies eine alles andere als ideale Regelung war, die meisten Reha-Bewohner mit Joy und mir in unser kleines Haus quetschen, außer einigen von den jungen Männern, die im Rehazentrum selbst kampierten.

Eine Woche lang wurde gebohrt, bis wir den Wasserspiegel erreicht hatten und die Handpumpe installieren konnten. Wir schlossen einen Schlauch an die Pumpe an, dessen anderes Ende durch das Badezimmerfenster in einen großen Eimer geführt wurde, und nach zehn Minuten Pumpen war es möglich, ein »Bad« zu nehmen. Leider war das Wasser nicht sehr sauber und wimmelte von langen, dünnen Würmern, was das Baden zu einer ziemlich kitzeligen Angelegenheit machte.

So primitiv das Ganze auch war, bedeutete es doch eine unaussprechliche Erleichterung nach einer Woche, in der ich jedesmal, wenn ich mich waschen wollte, querfeldein zu einer in der Nähe gelegenen Quelle gehen mußte. Es war auch keine einsame, malerische Quelle wie die, aus der Hänsel und Gretel vielleicht einen Eimer Wasser geschöpft hätten. Es war einfach eine Stelle, wo Wasser aus der Erde sprudelte, direkt neben mehreren Häusern gelegen. Man konnte es den Dorfbewohnern wirklich nicht verdenken, wenn sie das ungewöhnliche Schauspiel einer weißen Frau, die sich vollbekleidet an der Quelle wusch, genossen. Dazu brauchte man fast die Gewandtheit eines Schlangenmenschen, und es war für mich eine absolut peinliche Sache. Da waren mir die Würmer weitaus lieber! Natürlich war das Wasser im Haus nicht zum Trinken geeignet, aber einige freundliche Nachbarn, deren Brunnen sauberes Wasser hatten, ließen uns dort Wasser holen.

Während wir noch überlegten, was wir hinsichtlich der Elektrizität machen sollten, ergab es sich, daß Rex, einer der Gefangenen in Iba, gegen Kaution freigelassen wurde. Rex war von Beruf Elektriker und erklärte sich sofort bereit, die elektrischen Leitungen zu legen. In bemerkenswert kurzer Zeit verfügte mein Haus über den Luxus von elektrischem Strom, und Rex fing mit der Arbeit am Rehazentrum an. Ronnie Castillo war eine weitere Gebetserhörung für uns, als er ebenfalls aus Iba entlassen wurde. Man hatte ihn von einer Mordanklage freigesprochen, nachdem er mit mehreren anderen in einen Streit verwickelt gewesen war, bei dem ein Mensch getötet wurde. Ronnie hatte bis jetzt kein großes Interesse am Evangelium gezeigt, aber er wollte unbedingt Arbeit finden, und als Tischler war er genau der Mann, den wir suchten. Die gesamten Holzverschalungen im Reha mußten erneuert werden, so wie wir die Mittel dafür hatten, doch Ronnie begann damit, daß er einiges noch verwendbare Sperrholz von der Decke nahm und daraus ein paar provisorische Schlafzimmerwände baute. In eines der Zimmer zog er selber mit seiner Frau und drei Kindern ein, nachdem er ungefähr eine Woche nach Arbeitsbeginn darum gebeten hatte, in unser Haus aufgenommen zu werden.

Mit all der Arbeit im Reha und den Besuchen in Iba und Camp Maquinaya waren wir noch nie im Leben so beschäftigt gewesen, dennoch nahmen wir uns immer genügend Zeit für unsere Bibel- und Gebetsstunden mit den Reha-Bewohnern. Obwohl die meisten von ihnen bezeugt hatten, an Jesus zu glauben, war ihr Bibelwissen bestenfalls bruchstückhaft und ihr Eifer, mehr zu lernen, herzerquickend. Meine Freude über ihr geistliches Wachstum wurde nur durch die Tatsache getrübt, daß keiner der ehemaligen Gefängnisinsassen, im Gegensatz zu einigen anderen Gemeindegliedern, bisher die Taufe im Heiligen Geist erlebt hatte und anscheinend auch überhaupt keine Notwendigkeit dafür sah. Eingedenk meiner eigenen Unfähigkeit, vor der Erfüllung mit dem Geist Gottes ein wirkliches Christenleben zu führen, war ich mir nur zu gut der Kämpfe bewußt, die ihnen in der Auseinandersetzung mit der Sünde bevorstanden. Dabei kam ich jedoch nie auf den Gedanken, daß ein besonders schwerwiegender Fall von Versagen in Kürze eine Bedrohung für mich persönlich darstellen würde.

Es konnte keinen Zweifel geben, daß der Glaube der Reha-Bewohner durch die verschwenderische Art, wie Gott während dieser Zeit unsere Gebete erhörte, stark wuchs. Die Kosten für Renovierung und Baumaterial beanspruchten unseren Glauben manchmal bis zum Anschlag, aber der Herr sorgte immer rechtzeitig für die notwendigen Mittel. Das Netz meiner Unterstützer in der Heimat vergrößerte sich ständig, so daß Papa vor kurzem beschlossen hatte, einen gemeinnützigen Verein zu gründen, durch den die Spendengelder verwaltet werden konnten. Durch die großzügigen und immer rechtzeitig eintreffenden Gaben unserer Missionsfreunde schenkte Gott uns jedes einzelne Stück, um das wir gebetet hatten, und wir hatten überdies genug Geld, um all unseren Arbeitern einen angemessenen Lohn zu zahlen.

Im Rückblick auf die gesamte Renovierungszeit muß ich allerdings sagen, daß das vielleicht ungewöhnlichste Geschenk aufgrund von Mamas Bemühungen zustande kam. Mein geschäftstüchtiger Vater war mehr als überrascht, als Mama einen Verkaufsstand auf dem Markt in Salford mietete und anfing, Gebrauchtkleider zu verkaufen, um Geld für die Mission zu beschaffen. Unermüdlich wie eh und je, baute sie jedesmal eigenhändig die schweren Kleiderstangen ab und auf. Der Gewinn, den sie erzielte, reichte schließlich aus, um einen Jeepney zu kaufen, der uns unschätzbare Dienste beim Transport von Baumaterial den Berg hinauf zum Rehazentrum leistete und noch für Jahre danach unser treuer Begleiter blieb.

Im Augenblick fehlte es allerdings keinem von uns an Arbeit. Freddie, Peter und Joseph waren alle vollauf beschäftigt, und Rhey kletterte ohne Murren bergauf, bergab, um Wasser für die Bauarbeiten zu besorgen, bis wir in der Lage waren, eine elektrische Pumpe für das Rehazentrum anzuschaffen. Eine Stützmauer gegen Überschwemmungen während der Regenzeit errichten; neue Schweineställe bauen; einen Wassertank anfertigen und installieren, groß genug, um mindestens einen Tagesbedarf zu fassen; einen provisorischen Waschraum vor dem Haus errichten, bis wir uns etwas Besseres leisten konnten – das waren nur einige der Arbeiten, die wir erledigen mußten, um das Gebäude benutzbar zu machen.

Doch während wir noch mit all dem beschäftigt waren, mußte unsere Gemeinde, die Philippine Outreach-Christengemeinde, schon einmal ins Rehazentrum einziehen.

Kapitel 13

»In deiner Hand sind meine Zeiten«

Weil ziemlich viele unserer Gemeindeglieder aus Pamatawan selbst kamen, hatten die Gottesdienste, als wir in unser neues Rehazentrum zogen, dort weiterhin stattgefunden, und zwar zunächst im Haus eines Gemeindegliedes und dann, als das zu klein wurde, unter freiem Himmel. Doch kurz nach unserer Gemeindegründung hatte eine andere Kirche in der Nachbarschaft ebenfalls mit Gottesdiensten begonnen. Obwohl sie in Lehre und Praxis absolut biblisch war, bedeutete ihre Existenz ein Problem für uns. Viele von den Einheimischen dachten, daß zwei verschiedene Gemeinden so dicht nebeneinander zwei rivalisierende Lehrauffassungen vertreten müßten. Eine solche Verwirrung mußte zwangsläufig die Verkündigung des Evangeliums behindern, deshalb lag es nahe, daß einer von uns woanders hinging. Da wir zuerst in Pamatawan gewesen waren, bestand meine natürliche Reaktion zunächst darin, mich gegen einen Wegzug zu sträuben. Doch als wir über die Sache beteten, machte Gott uns klar, daß wir tatsächlich gehen sollten.

So fingen wir an, einen Raum im Rehazentrum als Versammlungsstätte einzurichten, und ich versuchte, den Gemeindemitgliedern in Pamatawan unsere Entscheidung zu erklären. Ich sagte ihnen, sie dürften sich frei fühlen, in die andere Gemeinde zu gehen, da das für sie bequemer sei. Doch zu unserer Überraschung entschieden sich die meisten dafür, bei uns zu bleiben.

Unsere neuen Nachbarn in Calapandayan reagierten auf unsere Anwesenheit längst nicht so positiv wie die Leute in Pamatawan. Das lag einerseits daran, daß sie Angst vor den ehemaligen Gefängnisinsassen hatten, andererseits aber daran, daß sie wußten, wir waren »wiedergeboren«. In den protestantischen Denominationen des Landes war seit einiger Zeit so etwas wie eine Erweckung im Gang, und die vielen Bekehrungen wurden von der römisch-katholischen Kirche als Bedrohung empfunden. Ihr philippinischer Führer, Kardinal Sin, hatte erst kürzlich eine energische Kampagne gegen die

»Wiedergeborenen« gestartet, mit dem Ergebnis, daß unsere Nachbarn das Von-neuem-geboren-Sein nicht als eine lebensverändernde Erfahrung mit dem Herrn Jesus Christus betrachteten, sondern als eine neue Religion, die ihrem eigenen Glauben feindlich gesinnt war. Wir konnten nur beten, daß wir mit der Zeit ihren Argwohn und ihr Mißtrauen durch die Liebe Jesu überwinden würden.

Nach einem Jahr randvoll mit vielen umwälzenden Ereignissen war ich mir eines Gefühls der Einsamkeit zunehmend schmerzlich bewußt, die trotz aller äußeren Geschäftigkeit an meinem Herzen nagte. Meine Arbeit in den Gefängnissen und im Rehazentrum brachte mir nach wie vor Erfüllung, und es war faszinierend, zu sehen, wie meine Vision langsam Gestalt annahm. Doch obwohl ich wußte, daß die Menschen um mich herum mich gern hatten und wirklich achteten, hatte ich keinen engen Freund, dem ich mich vorbehaltlos anvertrauen konnte. Dondie war der einzige, mit dem ich mich ungezwungen unterhalten konnte, aber unsere Beziehung wurde dadurch erschwert, daß das Problem hinsichtlich Stuart noch immer nicht gelöst war. Dondie hatte mich zwar in dieser Sache nie gedrängt, aber trotzdem keinen Zweifel daran gelassen, daß er mich heiraten wollte, während ich in bezug auf den Willen Gottes so unsicher war wie eh und je. Dann geschah etwas, was mir half, den toten Punkt zu überwinden.

Eines Morgens gegen 4 Uhr wurde ich jäh aus dem Schlaf gerissen und merkte, daß jemand unter das Moskitonetz gekrochen und zu mir ins Bett gestiegen war. Als ich instinktiv den Mund aufmachte, um zu schreien, preßte sich eine rauhe Hand auf meinen Mund. Es war Freddie. Ich versuchte krampfhaft, ihn wegzustoßen, doch obwohl klein von Gestalt, war er sehr stark – viel zu stark für mich. Joy, die das Zimmer mit mir teilte, schlief seelenruhig weiter, während ich mit wachsender Angst um mich trat und mich mit aller Kraft zu wehren versuchte. Die Minuten wurden mir zu Stunden, und ich hatte das Gefühl, von einem wilden Tier in der Falle des Moskitonetzes gefangen zu sein. Schließlich lockerte Freddie bei dem Versuch, mich näher an sich zu ziehen, ein wenig seinen Griff. Ich stieß einen schrillen Schrei aus, der das gesamte Haus auf die Beine brachte. Freddie machte einen Satz in Richtung Tür, wurde aber von Dondie und den anderen Männern gepackt und aus dem Haus geworfen.

Das Ganze war eigentlich sehr schnell vorbei, und oberflächlich betrachtet, war mir nichts Schlimmes passiert. Doch für eine längere Zeit konnte ich mich einer panischen Angst nicht erwehren, durch die Satan in meinem Leben Fuß fassen konnte, und er quälte mich mit ständig wiederkehrenden Gedanken, was passiert wäre, wenn ich nicht geschrien hätte. Dann wieder gab ich der Versuchung nach, im Selbstmitleid zu versinken. Wie hatte Freddie mir so etwas antun können, nachdem ich ihm nur Gutes erwiesen hatte? Ich hatte ihm ein Heim geboten, ihm eine Arbeitsstelle, ja, sogar die Kleider, die er auf dem Leib trug, besorgt, und zum Dank dafür hatte er versucht, mich zu vergewaltigen.

Ich zog mich in mich selbst zurück, hatte Angst, allein nach draußen zu gehen, und neigte zu plötzlichen Panikattacken, wenn die Erinnerung an das Gefangensein unter dem Moskitonetz über mich hereinbrach. Dann wurde aus der Angst Zorn. Ich hatte so viel aufgegeben, um hierherzukommen, und dies war der Dank. Bestimmt wäre es besser, wieder nach Hause zu gehen, als meine Zeit mit Leuten zu vergeuden, die es nicht wert waren. In Gedanken schmiedete ich bereits Pläne, nach England zurückzukehren und jemanden zu finden, der meine Arbeit weiterführen konnte. Doch an diesem Punkt hatte Satan sich selbst überschätzt.

»Aha, du willst aufgeben und heimfahren. Es war also doch zu schwer für dich, nicht wahr?«

Plötzlich wachte ich auf und erkannte, daß ich der List des Teufels durch meinen Zorn und mein Selbstmitleid beinahe zum Opfer gefallen wäre. Was würde ihm größere Freude bereiten, als daß ich aufgab? Ich spürte, wie der Glaube in mir wieder erstarkte und mir die Gewißheit gab, daß nicht ich, sondern Satan den kürzeren ziehen würde. In Gottes Händen wurde die Falle, die der Teufel mir gestellt hatte, zu dem Werkzeug, das mich zum Sieg führte. Die Angst fiel von mir ab, und ich war wieder bereit, an vorderster Front zu kämpfen.

Freddie kam, um mich um Verzeihung zu bitten und um die Erlaubnis, wieder im Rehazentrum zu wohnen. Obwohl ich keine Angst mehr vor ihm hatte, gefiel mir der Gedanke, in nächster Nähe eines Mannes zu leben, der mich hatte vergewaltigen wollen, überhaupt nicht; gleichzeitig wußte ich aber, daß ich unmöglich weiter über Vergebung predigen konnte, wenn ich sie nicht selber praktizierte. So durfte Freddie zurückkommen, aber ich sagte ihm klipp und klar, daß er meine Vergebung nicht als stillschweigendes Einverständnis seines Verhaltens betrachten dürfe. Falls er jemals allein mit einer Frau oder einem Kind in einem der Schlafräume erwischt würde, würde ich persönlich dafür sorgen, daß er ins Gefängnis käme. Die Sicherheit der übrigen Bewohner, insbesondere der Kinder, dürfe seinetwegen nicht aufs Spiel gesetzt werden.

Vielleicht bedeutete die Entdeckung einer bis jetzt nicht vermuteten Strenge in meinem Wesen für Freddie eine besondere Herausforderung. Jedenfalls schloß er sich wenige Tage später absichtlich mit einem der Kinder, einem 7jährigen Mädchen, in einem der Schlafzimmer ein. Er tat ihr zwar nichts zuleide, und sie hatte nicht einmal Angst vor ihm, aber der weitere ungestörte Betrieb des Rehazentrums hing entscheidend davon ab, daß nicht nur Freddie, sondern alle Bewohner verstanden, daß ich nicht zum Scherz Dinge androhte.

Inzwischen war die Feindseligkeit der Polizei von Subic, durch mein Eingreifen in Dannys Fall verursacht, verflogen. Weil ich mit Leutnant Santos wieder auf gutem Fuß stand, ging ich direkt ins Rathaus, um ihn um Hilfe zu bitten. Ich wolle keine Anklage gegen Freddie erheben, erklärte ich ihm, sondern ihm nur eine Lektion erteilen, daß er sich nicht straflos über die Regeln hinwegsetzen könne. Leutnant Santos dachte eine Weile nach und fragte dann: »Hat er irgendwelche Tätowierungen an seinem Körper? Die meisten Häftlinge tätowieren sich im Gefängnis, um zu zeigen, zu welcher Gang sie gehören. Diese Gangs sind jedoch illegal, und wir könnten ihn dann für ein paar Wochen ohne einen Haftbefehl einsperren.«

So wurde Freddie von der Polizei abgeholt und ins Gefängnis gebracht. Wir besuchten ihn dort und brachten ihm Essen mit, aber als er entlassen wurde, weigerte ich mich, ihn wieder aufzunehmen. Er habe seine Chancen verspielt, erklärte ich ihm. Das Wohl der Kinder stehe an erster Stelle.

Mit Freddies Weggang war dieses Kapitel abgeschlossen. Was blieb, wenn ich rückblickend über die Sache nachdachte, war ein Gefühl tiefer Dankbarkeit für Gottes Bewahrung. Benommen und noch halb im Schlaf, hätte Freddie mich leicht überwältigen können, doch Gott hatte es nicht zugelassen. »Ich bin bei euch alle Tage«, hat Jesus gesagt (Matthäus 28,20). Ich konnte mit David antworten: »Ich vertraue auf dich, Herr; ich sage: Du bist mein Gott! In deiner Hand sind meine Zeiten« (Psalm 31,15-16).

Diese Begebenheit zwang mich aber auch, darüber nachzudenken, wie ich damit fertig geworden wäre, wenn ich mit Stuart verheiratet gewesen wäre, als es passierte. Wenn die Dinge so laufen würden, wie er vorgeschlagen hatte, würde ich monatelang hier auf den Philippinen sein und er viele tausend Kilometer entfernt in England. Ich besaß kein Telefon (selbst wenn ich eins gehabt hätte, waren Gespräche nach Übersee praktisch nicht möglich), und es dauerte immer einen ganzen Monat, bis ein Antwortbrief eintraf. Das war natürlich kein Ersatz für umgehenden Trost und unverzügliche Anteilnahme, wie ich sie in einem derartigen Fall brauchte. Auch wenn ich nie wieder einem Vergewaltigungsversuch begegnen mochte, war die Arbeit unter ehemaligen Strafgefangenen immer mit Schwierigkeiten und Enttäuschungen verbunden. Konnte eine Ehe wirklich gutgehen, bei der der Mann gar nicht präsent war, um die Sorgen seiner Frau mitzutragen und ihr in Krisenzeiten beizustehen? Je länger ich darüber nachdachte, um so unrealistischer erschien es mir, und ich verspürte stärker als je das Bedürfnis, den Willen Gottes wirklich zu kennen, bevor ich mich auf eine Ehe einließ. Eines war mir jedoch schon jetzt klar: So wie die Dinge standen, wäre es verkehrt, wenn ich in eine Verlobung einwilligen würde.

Als ich kurz darauf, im Mai 1987, nach England auf Heimaturlaub flog, gab ich Stuart den Ring zurück, den ich niemals getragen hatte. Es war ein wunderschöner Ring – so schön, wie der Traum, den er verkörperte, unwirklich war.

Nachdem ich verschiedene Gemeinden in England besucht und dort über das Philippine Outreach Centre berichtet hatte, sollte ich für einen Monat in die Vereinigten Staaten reisen. Eine befreundete Missionarin, die ich kennengelernt hatte, als ich mit Dorothy und Linda zusammen in einem Haus wohnte, hatte sich angeboten, einen Vortragstermin auf der Konferenz zum 4. Juli, dem amerikanischen Unabhängigkeitstag, im Pinecrest-Bibelinstitut in Syracuse/New York für mich zu arrangieren. Ein Freund meines Vaters wollte für die restliche Zeit meines Aufenthalts in den U.S.A. eine Vortragsreise organisieren. Ich wußte praktisch nichts über die Menschen und Orte, die ich besuchen würde, was an sich schon beängstigend genug war, doch nur wenige Tage bevor ich nach New York fliegen sollte, erhielt ich Briefe von einigen der Leute, die Papas Freund kontaktiert hatte, in denen sie mir mitteilten, ein Besuch meinerseits sei im Augenblick leider nicht möglich. Dadurch blieben nur noch zwei Stellen in Pennsylvanien und das Bibelinstitut in Syracuse übrig. Bei dem Gedanken, einen ganzen Monat in Amerika zu verbringen und dabei nur dreimal sprechen zu können, hätte ich die Reise am liebsten abgesagt, hatte aber irgendwie das Gefühl, es sei Gottes Absicht, daß ich hinfuhr.

Mit so wenigen definitiven Plänen und genausowenig Geld in der Tasche war ich nicht gerade in bester Stimmung, als ich spätabends auf dem Kennedy-Flughafen in New York landete. Ich hatte zwar nicht unbedingt erwartet, mit Spruchbändern und Blumengirlanden willkommen geheißen zu werden, aber ich verlor noch mehr den Mut, als ich merkte, daß überhaupt niemand gekommen war, um mich abzuholen. Ein schrecklicher Gedanke formte sich in meinem Kopf, der durch einen Anruf im Pinecrest-Institut bestätigt wurde: Man hatte gar nicht mit mir gerechnet. Der Sohn des Schulleiters, der meinen Anruf entgegennahm, erklärte mir, die befreundete Missionarin habe es versäumt, Einzelheiten meines Besuches festzulegen. Ich tat ihm offensichtlich leid, und er versicherte mir, ich dürfe natürlich trotzdem gerne an der Konferenz teilnehmen. Das bedeutete, daß ich die gut 300 km nach Syracuse fliegen mußte, und als ich mich nach dem nächsten erschwinglichen Flug erkundigte, stellte ich fest, daß dieser erst am nächsten Morgen ging. Der Sohn des Schulleiters sagte zu, mich am folgenden Tag vom Flughafen in Syracuse abzuholen.

Seufzend hängte ich den Hörer ein. Selbst für jemand wie mich, deren Reisen stets von irgendwelchen Komplikationen wie zuviel Gepäck oder einem verlorenen Paß begleitet zu sein schienen, sah es so aus, als berge diese Reise noch mehr als die übliche Anzahl an Problemen. Da ich mir kein Hotel leisten konnte, verbrachte ich die Nacht auf einem Stuhl im Flughafengebäude.

Als ich schließlich im Bibelinstitut ankam, waren sie alle sehr freundlich zu mir. Doch in ihrem Blick entdeckte ich einen Ausdruck, den ich über die Jahre zu definieren gelernt hatte – es war ein Blick, der soviel besagte wie: »Wer ist denn dieses kleine Mädchen?« Davon ließ ich mich jedoch schon längst nicht mehr einschüchtern, und das war auch gut so, wie sich bald herausstellen sollte. Die für den Samstagabend getroffenen Terminplanungen waren ins Wasser gefallen, und nun hatten sie keinen Redner. Daraufhin forderte der Schulleiter, Wade Taylor, mich auf zu sprechen. »In deiner Hand steht meine Zeit, Herr«, dachte ich.

Es war in mancher Hinsicht die imponierendste Zuhörerschaft, die ich je erlebt hatte: Studenten, Bibelschulabsolventen, Pastoren und Akademiker, von denen viele anerkannte theologische Werke verfaßt hatten. Ich konnte nicht anders, als festzustellen, daß die meisten über 1,80 Meter groß waren – gegenüber meinen 1,55 Meter. Als ich vor ihnen stand, konnte ich mitempfinden, was Petrus gefühlt haben muß, als er seinen Blick von Jesus abwandte und anfing, in den sturmgepeitschten Wellen zu versinken. Aber der Herr antwortete auf meinen Hilferuf, und seine Salbung gab mir Kraft, meine Predigt mit Zuversicht und Überzeugung weiterzugeben. Ich sprach darüber, wie wichtig und notwendig es ist, daß wir ins Territorium des Feindes vordringen, um das zurückzuerobern, was Gott gehört, anstatt ständig in der Defensive zu verharren. Der Heilige Geist wirkte an jenem Abend mächtig an den Herzen, und ich glaube, daß viele der Zuhörer neu herausgefordert wurden.

Noch heute denke ich mit Freuden an die Zeit auf dem Pinecrest-Bibelinstitut zurück. Es gab noch mehr Gelegenheiten zu predigen und viele gewinnbringende Stunden der Gemeinschaft mit anderen Konferenzteilnehmern – unter ihnen Leute, die bei Teen Challenge oder in der Bronx in New York arbeiteten. Ich lernte auch etliche Bibelschüler und -schülerinnen kennen, und eine von ihnen, Renee, wurde eine gute Freundin. Als sie erfuhr, daß meine beiden restlichen Vortragstermine in Allenton und Bethlehem im Staat Pennsylvanien, in der Nähe ihres Heimatortes, stattfinden sollten, bestand sie darauf, den Schulleiter zu bitten, sie für einige Tage vom Unterricht zu befreien, damit sie mich dorthin bringen konnte. Für mich bedeutete dies eine gewaltige Erleichterung, denn ich hatte festgestellt, daß es keine Busverbindung zu den beiden Städten gab, und wußte nicht, wie ich die 300 km lange Strecke bewältigen sollte.

An eine Begebenheit in Pinecrest erinnere ich mich besonders gut. Ich war ganz allein in meinem Zimmer, als der Herr plötzlich zu mir sprach; es waren nur vier Wörter, mit leiser Stimme in mein Herz hineingesprochen: »Dondie ist der Richtige.«

Ich wartete auf mehr. Ich wollte eine ausführliche Erklärung haben, wollte genau wissen, warum Dondie der Richtige war, nicht

Stuart. Ich wollte ein Zeichen haben, irgend etwas Aufregendes, als Bestätigung für diese Entscheidung, die ja immerhin eine der wichtigsten meines gesamten Lebens sein würde. »Ist das alles, Herr?« fragte ich. »Soll ich Dondie aufgrund dieses Eindrucks: ›Dondie ist der Richtige‹ heiraten?«

Es kam nicht mehr. Alles, was ich verspürte, war eine tiefe Stille, undurchdringlich, aber nicht inhaltlos, so, als wollte Gott sagen: »Es ist genug. Ich habe dir gesagt, was du wissen wolltest.«

Gott hatte mir in den vergangenen Monaten Beweise genug dafür geliefert, daß ich ihm wirklich vertrauen konnte. Ja, es war genug. Meine Zeiten – Vergangenheit, Gegenwart und Zukunft – waren in seiner Hand. Zum ersten Mal seit über einem Jahr hatte ich inneren Frieden in bezug auf die Zukunft und wußte, daß Dondie tatsächlich der Richtige war. Bis jetzt hatte ich mich noch nie getraut, jemandem zu sagen, ich wüßte, wen ich einmal heiraten würde, doch am nächsten Morgen erzählte ich Renee, daß Dondie der mir von Gott zugedachte Ehemann sei.

Dann schrieb ich an Dondie.

Kapitel 14

Die Family Band

Es wurde schließlich doch noch eine sehr ausgefüllte Zeit in den U.S.A. mit vielen Predigtdiensten. Renees Eltern nahmen mich freundlich bei sich auf; sie behandelten mich wie ihre eigene Tochter, und Gott öffnete viele Türen zum Dienst, so daß ich durchschnittlich jeden zweiten Tag irgendwo predigte. So vergingen die Wochen wie im Flug.

Nach England zurückgekehrt, erzählte ich meinen Eltern, was Gott in bezug auf Dondie zu mir gesagt hatte. Sie reagierten mit Bestürzung auf die Nachricht meiner bevorstehenden Verlobung. Zum einen hatten sie Dondie noch nie gesehen, und zum anderen würde eine Heirat mit ihm bedeuten, daß ich nie wieder auf Dauer nach England zurückkehren würde. Es war für sie schon schwer genug gewesen, mich auf unbestimmte Zeit aufs Missionsfeld ziehen zu lassen, aber nun würde die Trennung endgültig sein. Ich konnte nur hoffen, daß ihre Befürchtungen wenigstens zum Teil gemildert wurden, wenn sie Dondie kennenlernten, und wir einigten uns darauf, daß sie uns im kommenden Januar auf den Philippinen besuchen kämen. Oma Jean war die einzige aus der Familie, die keine Einwände hatte.

Dondie und mir war klar, daß wir von den Philippinen aus, was die Hochzeitsvorbereitungen betraf, nur sehr wenig tun konnten. Deshalb kamen wir überein, daß ich soviel wie möglich erledigen sollte, solange ich noch in England war. Eines Tages, als ich mit Oma Jean in Manchester zum Einkaufen war, fanden wir in einem Geschäft das perfekte Hochzeitskleid. Die hellrosa Stickerei ringsum am Saum des weiten Reifrocks aus weißem Taft verlieh dem ansonsten traditionellen englischen Schnitt des Kleides ein philippinisches Aussehen. Das wurde durch die kurzen Puffärmel unterstrichen, die für die Feiertagskleidung auf den Philippinen charakteristisch sind. Papa, durch ein eiliges Telefonat aus seinem Büro gerufen, erklärte sich, wenn auch nach einigem Zögern, bereit, das Kleid zu kaufen. Er sah keine Notwendigkeit, irgendwas zu übereilen. Es war noch ein ganzes Jahr bis zur Hochzeit, und er hoffte wohl insgeheim, daß ich es mir noch einmal überlegen würde.

Im September 1987 kehrte ich auf die Philippinen zurück, und einen Monat später verlobten Dondie und ich uns offiziell.

Die Renovierung des Rehazentrums war immer noch nicht ganz abgeschlossen, obwohl es natürlich längst bewohnbar war. Anfang Dezember, als wir beinahe ein Jahr darin waren, bekam Ronnie Castillo, unser Tischler, überraschend Besuch – und zwar von seinem Bruder Alex, der wegen derselben Mordanklage im Gefängnis gesessen hatte, von der man Ronnie freigesprochen hatte. Alex und Ronnie waren mit noch etlichen anderen um Tausende von Pesos betrogen worden – von einem Mann, der vorgab, im Auftrag einer Vermittlungsagentur für philippinische Arbeitskräfte im Ausland Arbeitsplätze zu beschaffen. Nachdem er die Vermittlungsgebühr eingestrichen hatte, verschwand er still und heimlich mit dem Geld. Seine Opfer spürten ihn auf, und bei der nachfolgenden Schlägerei wurde der Mann getötet.

Ronnie war hocherfreut, als Alex ihm erzählte, er sei soeben aus dem Gefängnis in Manila entlassen worden und hoffe nun, eine Zeitlang bei seinem Bruder bleiben zu können. Als er ein paar Tage bei uns war, fragte Alex an, ob er mit seiner Frau Marie und seiner Familie eventuell für längere Zeit im Zentrum wohnen könne, und nachdem ich ihm etliche Fragen gestellt hatte, sagte ich zu. Erst danach erfuhr ich, daß er fünf Kinder und Stiefkinder hatte und außerdem für seine Schwägerin Norma und einen seiner Neffen sorgen mußte. Trotzdem hatten wir für alle Platz und waren im nachhinein sehr froh, daß wir sie aufgenommen hatten. Ronnie war, nachdem er zu uns ins Rehazentrum gekommen war, bereits Christ geworden, und Alex nahm nun ebenfalls Jesus als seinen Herrn und Erlöser an.

Wenige Tage später wurde der Frieden im Haus schon im Morgengrauen durch einen Jeep zerstört, der den Berg heraufgedonnert kam und vor dem Eingang hielt. Es war die Polizei von Subic, die gekommen war, um Alex zu verhaften; er war, wie die Beamten sagten, gar nicht aus dem Gefängnis entlassen worden, sondern einfach ausgebrochen, noch ehe ihm der Prozeß gemacht werden konnte. In der Annahme, daß er seinen Bruder aufsuchen würde, war man seiner Spur bis zum Rehazentrum gefolgt. Ronnie wurde gleich mitverhaftet, weil er einem Ausbrecher geholfen und ihn versteckt hatte.

Als ich sie in ihren Zellen auf der Polizeistation besuchte, versicherte Ronnie mir, er habe nichts von Alex' Ausbruch gewußt, und ich glaubte ihm. Ich versprach, mein Bestes zu tun, damit er wieder freigelassen würde. Zuallererst entschuldigte ich mich aber bei Leutnant Santos, weil ich es versäumt hatte, mir Alex' Entlassungspapiere zeigen zu lassen, was ich gewöhnlich bei den Gefangenen, die ich persönlich kannte, tat. Es war das erste Mal gewesen, daß wir jemand bei uns aufgenommen hatten, der sich außerhalb unseres eigenen Arbeitsbereiches befand.

Der Beamte aus Manila, der gekommen war, um Alex abzuholen, entpuppte sich als gläubiger Christ. Als er hörte, daß Alex inzwischen zum Glauben gekommen war, versprach er, alles zu tun, damit sein Fall bald zum Abschluß käme. Zugunsten des Angeklagten sprach die Tatsache, daß er sich seiner Festnahme nicht widersetzt und man ihn in einer christlichen Rehabilitationseinrichtung angetroffen hatte, in die er aus eigenem Antrieb eingetreten war. Als der Beamte mit Alex fort war, gelang es mir, Leutnant Santos zu bewegen, daß er Ronnie freiließ.

Alex' Familie beschloß, im Rehazentrum zu bleiben, bis sein Verfahren abgeschlossen war, und in jeder Gebetsstunde beteten wir, daß Gott die Familie rechtzeitig zu Weihnachten wieder zusammenführen möge. Das Weihnachtsfest stand vor der Tür, als wir eines Abends während des Gebets draußen Geräusche hörten, gefolgt von Maries lautem Jubelgeschrei: Es war Alex, versehen mit den offiziellen Entlassungspapieren, die seinen Freispruch dokumentierten. Das wochenlange, angstvolle Warten auf sein Gerichtsurteil hatte ihn gelehrt, was Gottvertrauen bedeutet, und von dieser Zeit an war eine deutliche Veränderung in seinem Wesen zu erkennen.

Es dauerte nicht lange, bis wir einen weiteren Castillo auflasen. Jim, der ebenfalls im Gefängnis gesessen hatte, kam zu uns ins Rehazentrum und fragte, ob er bleiben dürfe. Er blieb für etliche Monate, traf aber im Gegensatz zu seinen Brüdern keine Entscheidung für Christus. Zwar gab er sich große Mühe, sich unserem Lebensstil anzupassen, aber es fiel ihm offensichtlich schwer und war schlußendlich zum Scheitern verurteilt. Es kam der Moment, wo Alex, erbost über die Tatsache, daß Jim einer verheirateten Frau im Rehazentrum gegenüber zudringlich geworden war, seinen Bruder zur Rede stellte, und ihr Streit artete in eine Schlägerei aus, bei der Alex sich an einer Glasscherbe stark verletzte.

Es war eine haarsträubende Szene. Überall war Blut, Jim warf mit schlimmen Drohungen und unflätigen Ausdrücken um sich, und die meisten Reha-Bewohner, insbesondere die Kinder, waren zu Tode erschrocken. Meine eigenen Gefühle drückten eher Zorn als Angst aus – Zorn darüber, daß Jim solche Ausdrücke in einem Haus, das dem Herrn geweiht war, benutzte. Ich verbot ihm seine ordinäre Ausdrucksweise und forderte ihn auf, unser Haus auf der Stelle zu verlassen. Ich hatte keinerlei Gewissensbisse dabei, denn ich wußte, daß sein Verhalten keine einmalige Entgleisung war, sondern der Ausdruck seines nicht wiedergeborenen Wesens. Er hatte viele Gelegenheiten gehabt, sein Leben mit Gott in Ordnung zu bringen, hatte aber nie Gebrauch davon gemacht und ganz offensichtlich auch nicht die Absicht, es zu tun. Schließlich verließ er still das Haus, und der Frieden war wiederhergestellt.

Während wir mit Jim einen Reinfall erlebten, war Rhey eine beständige Quelle der Ermutigung. Er war im Glauben stetig gewachsen und hatte nun den Eindruck, es sei an der Zeit, daß er und Ning auf eigenen Füßen ständen. Als sie uns um Erlaubnis baten, das Rehazentrum verlassen zu dürfen, gaben wir gern unsere Einwilligung und schenkten ihnen zum Abschied etliches Baumaterial, damit sie sich ein eigenes Haus bauen konnten. Ihre Plätze wurden bald durch Helen Gerez und ihre vier kleinen Töchter eingenommen. Helen, die ihr fünftes Kind erwartete, war zum zweiten Mal von ihrem Mann, einem ehemaligen Gefangenen, den ich seit Jahren kannte, verlassen worden. Ihr Haus war vor kurzem abgebrannt, und Helen hatte von einem Freund Geld geborgt, um sich ein neues Haus zu bauen. Da sie sich kein richtiges Baugrundstück leisten konnte, war ihr neues Heim am Flußufer gelegen – ein wackelig aussehendes Gebilde, das gefährlich hoch auf Pfählen saß.

Als ich Helen das erste Mal besuchen wollte, sah ich keine Spur von ihr, nur die kleine zweijährige Clara, die mit laufender Nase, schmutzigem Gesichtchen und ungekämmten Haaren dabei war, die dünnen Sprossen der Leiter zu erklimmen, um ins Haus zu gelangen. Von den Nachbarn erfuhr ich, daß Helen jeden Morgen um 6 Uhr zur Arbeit ging, um das geliehene Geld zurückzuzahlen. Ehe sie das Haus verließ, bereitete sie für die vier Mädchen Frühstück und Mittagessen vor und kam dann abends um 6 Uhr nach Hause. Die drei älteren Mädchen waren den größten Teil des Tages in der Schule, aber Clara, auf die eigentlich eine Nachbarin aufpassen sollte, war oft sich selbst überlassen. Ich empfand tiefes Mitleid mit dem kleinen, verwahrlosten Mädchen und mit der armen Helen. Wie um alles in der Welt sollte sie mit noch einem Baby zurechtkommen? Die einzige Lösung war, sie in unser Haus einzuladen. So kam es, daß Helen und ihre Kinder bei uns einzogen, kurz nachdem Rhey und seine Familie ausgezogen waren. Es gab wirklich nur selten eine Verschnaufpause bei uns im Rehazentrum.

Doch all dies lag zum größten Teil noch in der Zukunft, als meine Eltern kurz vor Neujahr auf den Philippinen landeten. Papa konnte nur drei Wochen bleiben, aber Mama wollte uns bis Ende Februar Gesellschaft leisten. Ich hatte mir lange Zeit den Kopf zerbrochen, wo ich sie unterbringen sollte, besonders wegen Papa. Mama war bereits einmal in Subic gewesen und kam mit den Lebensumständen besser klar, aber für Papa war es der erste Besuch auf den Philippinen, und ich wollte nicht, daß es sein letzter wäre. Weder mein eigenes Haus noch das Rehazentrum hatten in bezug auf Komfort viel zu bieten, und jemand wie Papa würde bei der großen Hitze eingehen wie eine Primel, wenn keine Klimaanlage im Zimmer war. So überredete ich meine Eltern, zumindest für die Dauer von Papas Besuch im White Rock-Hotel in Subic zu übernachten. Daß ich gerade dieses Hotel aussuchte, lag daran, daß es das beste in der ganzen Gegend war und oft von amerikanischen Soldaten benutzt wurde, um deren Besucher und Neuankömmlinge zu beherbergen; ich ahnte nicht, daß meine Wahl weitreichende Folgen für das Philippine Outreach Centre haben sollte.

Zu meiner großen Erleichterung verstanden sich Mama und Papa auf Anhieb gut mit Dondie, und je besser sie ihn kennenlernten, um so mehr schmolzen ihre Zweifel im Blick auf unsere Heirat dahin. Trotzdem war es natürlich immer noch schwer für sie zu wissen, daß ich dann permanent auf den Philippinen stationiert sein würde. Jeden Tag fuhren sie mit uns zu den verschiedenen missionarischen Kindereinsätzen bzw. Gefängnis- oder Schulbesuchen, um abends in ihr Hotel zurückzukehren, wo sie im Restaurant zu Abend aßen. Gewöhnlich leistete ich ihnen dabei Gesellschaft, so daß es auch für mich eine Art Urlaub war.

Gemäß philippinischer Sitte gab es im Restaurant immer Live-Unterhaltung für die Gäste. Dabei fiel uns auf, daß eine der professionellen Musikgruppen, die »Family Band«, manchmal auch Evangeliumslieder mit im Programm hatte. Eigentlich überraschte mich das nicht, da die Hotelbesitzerin, Veronica Lorenzana (»Schwester Onie«), die ich flüchtig kannte, selbst Christin war und der »White Stone Christian Fellowship« in Olongapo vorstand. Die Family Band bestand aus zwei Männern und drei Frauen. Einer der Männer war offensichtlich der Vater, deshalb nahmen wir an, daß eine der Frauen seine Ehefrau sein mußte, obwohl die drei eigentlich mehr wie Schwestern aussahen. In einer Vortragspause luden wir sie an unseren Tisch ein, und Romy Del Monte stellte uns seine Frau Lourdes, seinen Sohn Luis und seine beiden Töchter Roselyn und Jane vor, zwei junge Mädchen Anfang Zwanzig.

Sie waren alle Christen und lebten zu der Zeit, als wir sie kennenlernten, in Olongapo, obwohl Romy und Lourdes, professionelle Unterhaltungsmusiker, bereits in Japan und Vietnam gearbeitet hatten und hofften, in Zukunft noch mehr im Ausland tätig sein zu können. Roselyn träumte davon, Zahnärztin zu werden. Sie sang zusammen mit ihren Eltern, um sich das notwendige Geld für ihr Studium zu verdienen.

Während ihres dreiwöchigen Aufenthalts im Hotel freundeten sich meine Eltern ein wenig mit den Del Montes an, und Mama lud sie ein, einen Lobpreisabend in unserer Gemeinde zu veranstalten. Dabei stellte sich heraus, daß Romy und Lourdes sieben Kinder hatten, die alle, einschließlich des dreijährigen Nesthäkchens, gemeinsam sangen. Ich mußte unwillkürlich an die Trapp-Familie im Film *The Sound of Music* denken.

Wir hatten unterdessen eifrig am Ausbau eines Zimmers im Rehazentrum gearbeitet, und als Papa nach drei Wochen abflog, hatte ich das befriedigende Gefühl, daß Mama sich darin wohl fühlen würde. Es besaß einen gebohnerten Zementfußboden, einige verhältnismäßig gute Gebrauchtmöbel, und die Fenster waren, im Gegensatz zu meinem Haus, mit Fliegendraht versehen. Ich zog mit Mama ins gleiche Zimmer, und wir verbrachten die restlichen Wochen gemeinsam. Joy fand eine neue Zimmergenossin in Leonalyn, einem jungen Mädchen, das wir auf Bitten ihres Vaters, der in Camp Maquinaya inhaftiert war, bei uns aufgenommen hatten.

In den nächsten Wochen sahen wir Romy und Lourdes sehr oft. Sie nahmen unsere Einladung an, im Gefängnis von Iba zu singen, und fügten sich so natürlich in die Arbeit ein, daß man kaum glauben konnte, daß sie noch nie zuvor ein Gefängnis besucht hatten. Die Leichtigkeit, mit der wir alle zusammenarbeiteten, und ihre offensichtliche Freude an dieser neuen Möglichkeit, dem Herrn zu dienen, veranlaßte uns, sie zu fragen, ob sie eventuell ihren Weg darin sehen könnten, im Philippine Outreach Centre mitzuarbeiten.

Während wir auf ihre Entscheidung warteten, fiel mir ein, daß es im Fall ihrer Zusage einfacher wäre, wenn sie in der Nähe des Rehazentrums wohnen würden. Zudem war ihr Haus in Olongapo direkt am Fluß gelegen und wurde während der Regenzeit immer wieder überflutet, während mein eigenes Haus, seit ich zu Mama gezogen war, leer stand. Herr Cruz, dessen Freundlichkeit anscheinend keine Grenzen kannte, gab bereitwillig meiner Bitte statt, das Haus weiter als Personalwohnung unseres Werkes benutzen zu dürfen.

Romy und Lourdes hatten beschlossen, zu uns zu kommen. Sie wollten zwar weiter im Hotel »White Rock« arbeiten, aber weil davon nur die Abende betroffen waren, hatten sie tagsüber Zeit, ihre Begabung für Gott einzusetzen. Innerhalb von wenigen Wochen war die ganze neunköpfige Familie in ihr neues Heim eingezogen.

Nun war Roselyn an der Reihe. »Schwester Chrissy«, sagte sie, »ich möchte auch gerne bei euch mitarbeiten. Was braucht ihr?«

»Nun«, erwiderte ich, »wenn du so fragst – wir brauchten dringend eine Lehrerin, damit wir hier im Rehazentrum mit einem Kindergarten beginnen können.«

Mama und ich hatten uns schon seit einiger Zeit Gedanken über die kleineren Kinder im Reha gemacht, die noch nicht zur Schule gingen. Die Kinder von Marie und Alex beispielsweise, die erst vor kurzem von Manila hierhergezogen waren, konnten erst zu Beginn des kommenden Schuljahres die örtliche Schule besuchen, und es gab andere in ähnlicher Lage. Im Augenblick tendierten sie dazu, den ganzen Tag ziellos durch die Gegend zu streifen, doch wenn wir eine Vorschule oder zumindest einen Kindergarten einrichten könnten, wären sie sinnvoll beschäftigt und könnten bereits anfangen, ihre Lernfähigkeit zu entwickeln. Bis jetzt war dies allerdings nur ein Gedanke gewesen, denn wir hatten keinen, der sie unterrichten konnte.

Roselyn versprach, über die Angelegenheit zu beten, und kam nach ein paar Tagen mit der Auskunft wieder, daß sie den Eindruck habe, im Kindergarten unterrichten zu sollen. Ich mußte ihr sagen, daß wir zwar unser Bestes tun würden, um sie finanziell zu unterstützen, ihr aber kein großes Gehalt versprechen könnten. »Weißt du, Schwester Chrissy«, entgegnete sie, »ich erwarte auch kein großes Gehalt. Aber wenn ich eine kleine finanzielle Unterstützung hätte, könnte ich einen Abendkurs in Pädagogik belegen. Dann hätte ich später auch die erforderliche Qualifikation, um die Kinder zu lehren.«

So einfach gab Roselyn ihren Wunschtraum, Zahnärztin zu werden, auf, um dem Herrn zu dienen.

Einige Frauen aus unserer Gemeinde boten sich freiwillig an, Roselyn beim Unterrichten zu helfen, und was sie in der Abendschule lernte, wollte sie an ihre Kolleginnen weitergeben. Gemeinsam machten sie sich daran, einen Lehrplan zu erstellen; der Unterricht sollte sowohl in Englisch als auch Tagalog abgehalten werden, obwohl die Kinder natürlich am Anfang noch kein Englisch konnten. Unterrichtet werden sollte im Rehazentrum, und zwar in dem Raum, in dem unsere Gottesdienste stattfanden. Wir würden jedes Kind mit einer Uniform versorgen, hergestellt aus einem großen Ballen gelben Stoffs, den uns unsere Freunde vom Marinestützpunkt freundlicherweise gespendet hatten. So hatte Mama bis zum Ende ihres Besuchs reichlich Arbeit an der Nähmaschine.

Der ursprüngliche Zweck des Kindergartens war, für unsere eigenen Kinder zu sorgen, doch als wir anfingen, konkrete Pläne zu machen, hatte ich mehr und mehr den Eindruck, daß wir uns der Not der Kinder aus der Nachbarschaft nicht einfach verschließen dürften. Es gab viele arme Familien, die es sich nicht leisten konnten, ihre Kinder zur Schule zu schicken; andere waren in noch größerer Not – die Kinder von Prostituierten und Zuhältern, die in den Bars, in denen ihre Eltern arbeiteten, groß wurden. Wir waren uns alle einig, daß diese Kinder unseren Kindergarten kostenlos besuchen durften.

Doch trotz der Tatsache, daß es zu der Zeit keine kostenlose Schulbildung auf den Philippinen gab (was sich heute unter Präsident Ramos langsam ändert), hegten viele Leute immer noch feindselige Gefühle gegen uns und wollten ihre Kinder nur ungern den zweifelhaften »Wiedergeborenen« anvertrauen. Das hatte zur Folge, daß wir bei der ersten Aufnahme insgesamt nur zwanzig Kinder hatten. Zunächst ernteten wir wenig Dank von denen, die tatsächlich ihre Kinder zu uns schickten, merkten aber mit der Zeit, wie die harte Haltung der Einheimischen aufgeweicht wurde und hier und da die ersten schwachen Anzeichen von Anerkennung sichtbar wurden.

Die Del Montes wurden zu einem unentbehrlichen Teil unserer Arbeit. Romy und Lourdes gaben schon bald jeden Gedanken an eine Verlängerung ihres Auslandsvertrages auf und stürzten sich mit aller Kraft in die Gefängnisarbeit und die Gemeindemitarbeit. Roselyn war natürlich das Herzstück des Kindergartens, und als Jane erkannte, daß ihrer Schwester die ganze Büroarbeit zuviel wurde, bot sie sich an, diese zu übernehmen, und belegte einen Sekretärinnenkurs am Abendcollege. Beide Mädchen stellten sich mir als Übersetzerinnen für die missionarische Kinderarbeit zur Verfügung, als Joy uns kurze Zeit später verlassen mußte.

Bis zum heutigen Tag sind sie alle mit dem gleichen Eifer dabei, und wir danken Gott immer wieder für jene erste, scheinbar zufällige Begegnung mit der Family Band.

Kapitel 15

Hochzeitspläne

Mama wollte vor ihrer Heimreise noch ein ernstes Wörtchen mit mir reden. Sie mochte Dondie, aber wir beide gingen ihrer Meinung nach bei weitem nicht so liebevoll miteinander um, wie sich das für Verlobte gehörte, und sie befürchtete, daß etwas zwischen uns nicht in Ordnung war. In aller Eile versuchte ich, eine Erklärung über die strengen Verhaltensmaßstäbe, die die Beziehungen zwischen den Geschlechtern auf den Philippinen regeln, zu formulieren, aber so weit kam ich nicht. Statt dessen brach ich in Tränen aus und bekannte meiner Mutter, daß ich mir ebenfalls große Sorgen machte.

Die kulturellen Unterschiede waren durchaus real. Besonders in ländlichen Gebieten mißbilligte man jeden öffentlichen Austausch von Zärtlichkeiten, speziell zwischen unverheirateten Paaren. Ich hatte sogar gehört, daß Männer von den Eltern ihrer Freundin gezwungen worden waren, das Mädchen zu heiraten, nur weil die beiden in der Öffentlichkeit Händchen gehalten hatten. Dondie und ich, als Christen in pastoraler Verantwortung, konnten leicht zum Hindernis für andere werden, wenn wir gegen die traditionellen Anstandsregeln verstießen.

Vom Verstand her war mir das alles klar, aber emotional sah die Sache ganz anders aus. Ich war in einer völlig anderen Kultur aufgewachsen, und es fiel mir schwer, die Notwendigkeit von soviel Diskretion zu akzeptieren. Bevor wir offiziell verlobt waren, hatte Dondie mich nicht einmal seiner Mutter vorstellen wollen, denn das wäre für sie einer Heiratsankündigung gleichgekommen. Dagegen hatten mich meine Freunde in England immer bei der erstbesten Gelegenheit mit nach Hause genommen.

Auch nach unserer offiziellen Verlobung schien sich diesbezüglich nicht viel geändert zu haben. War es denn nicht natürlich – besonders nachdem wir so lange darauf gewartet hatten, daß Dinge klar wurden –, wenn ich von Dondie erwartete, daß er gerne aller Welt zeigte, wie lieb er mich hatte und wie stolz er auf mich war? Ich wünschte mir so sehr, daß er sich zu unserer Beziehung stellte, indem er vielleicht meine Hand nahm, mir ein nettes Kompliment machte oder mich zumindest mit einem Blick oder einem Lächeln bedachte, das ganz allein mir galt. Als er mich statt dessen behandelte, als gebe es zwischen uns beiden nichts Besonderes, fühlte ich mich abgelehnt und unsicher. Ich konnte die Furcht nicht unterdrükken, daß die kulturellen Sitten nur eine Ausrede bildeten und Dondie sich in Wirklichkeit schämte, mit einer Engländerin händchenhaltend gesehen zu werden – oder, was noch schlimmer wäre, daß seine Gefühle für mich sich geändert hatten.

Wenn wir, was nicht oft vorkam, einmal allein waren, sprach ich ihn darauf an, doch er wollte nichts davon wissen und versuchte immer, mir seine Liebe zu beteuern. Trotzdem ließ er sich durch nichts von der Notwendigkeit, an den kulturell bedingten Beschränkungen festzuhalten, abbringen, während ich mich immer nach greifbaren Liebesbeweisen sehnte und mich an den Gegebenheiten innerlich wundrieb.

Ich versuchte, Mama klarzumachen, daß Dondie und ich gewiß lernen würden, uns auf die kulturellen Unterschiede einzustellen, aber ich bin sicher, sie merkte, daß ich mich selber genauso zu überzeugen versuchte wie sie.

Die andersartige Kultur war indessen nicht der einzige Faktor meines Unglücklichseins. Ich mußte auch der Tatsache ins Auge sehen, daß es Dondie von Natur aus nicht gegeben war, seine Gefühle offen zu zeigen oder romantische Gesten, wie ich sie von Stuart kannte, auszuteilen. Als Mama fort war, fing ich an, mehr und mehr Vergleiche zwischen den beiden Männern anzustellen. Ich erinnerte mich daran, wie gut Stuart eine intime Atmosphäre von Romantik um uns her hatte schaffen können, in der »unser Restaurant« oder »unser Lied« eine ganz private Bedeutung hatte, und wie ein am Strand aufgelesener Kieselstein zu einer bleibenden Erinnerung an einen besonderen Tag wurde. Er liebte es, mich zu überraschen, und wenn er mich zum Essen oder ins Theater ausführte, gelang es ihm immer, mir das Gefühl einer Märchenprinzessin zu vermitteln. Ich erwartete gar nicht, daß Dondie mich mit teuren Geschenken und Ausflügen überhäufte, aber ich sehnte mich danach, wenigstens ab und zu ein kleines Zeichen von Zärtlichkeit – wie ein paar liebe Zeilen oder ein heimliches Lächeln – von ihm zu erhalten.

Ich merkte, daß das unlogisch war. Dondie war eben nicht Stuart, er war eine eigenständige Persönlichkeit mit eigenem Wesen und Charakter, und es war nutzlos, Vergleiche anzustellen. Es hatte keinen Sinn, einer Fata Morgana nachzujagen, die nicht in der Realität begründet war. Und ich konnte nicht daran zweifeln, daß Gott an jenem Abend in Pinecrest deutlich zu mir gesprochen hatte.

Unser Hochzeitstag wurde auf den 17. Juli festgesetzt, und im Mai flog ich nach England, um die letzten Vorbereitungen zu treffen. Dondie wollte einen Monat später nachkommen. Bei unserem Abschied auf dem Flughafen war ich in Tränen aufgelöst bei dem Gedanken, ihn einige Wochen lang nicht zu sehen, aber er hatte seine Gefühle total unter Kontrolle. Während ich den Augenblick der Trennung so lange wie möglich hinauszuzögern suchte, schien er darauf bedacht zu sein, mich möglichst schnell in den Abflugbereich zu bugsieren und die Sache hinter sich zu bringen. Von neuem überfielen mich Zweifel, und in dieser trüben Stimmung trat ich die Reise zur Vorbereitung unserer Hochzeit an.

Das Kleid, das ich mir vor einem Jahr ausgesucht hatte, war, bis auf die letzte Anprobe, fertig, aber es gab genügend andere Dinge zu tun. Schweren Herzens nahm ich die Vorbereitungen in Angriff, obwohl ich mich nach außen hin fröhlich gab. David Chaudhary sollte den Gottesdienst halten, und David Greenow, der Gründer von International Gospel Outreach, und seine Frau Emily erklärten sich bereit, für Dondies Eltern einzuspringen, da seine verwitwete Mutter zu schwach für die weite Reise war. Renee, meine Freundin aus Pinecrest, wollte aus Amerika kommen, um meine erste Brautjungfer zu sein. Einladungen wurden gedruckt und der Raum für den Empfang gebucht. Alles war bereit – nur ich nicht.

Je näher der Hochzeitstermin rückte, um so stärker wurden meine Zweifel. Ich liebte Dondie, aber wenn er seine Zuneigung nicht zeigen wollte oder konnte, ehe wir verheiratet waren, wie konnte ich sicher sein, daß er es hinterher tun würde? Zudem nahm das Problem, in einer fremden Kultur leben zu müssen, neue, furchterregende Ausmaße an. Nach fünf Jahren Philippinenaufenthalt hatte ich gemeint, mich recht gut dort eingelebt zu haben, doch nun war ich mit der Tatsache konfrontiert, daß dieser Zustand permanent sein würde. Die Philippinen würden für den Rest meines Lebens mein Zuhause sein. Meine Kinder würden dort zur Welt kommen und aufwachsen, viele tausend Kilometer von meiner Familie entfernt und unter Umständen, die so unterschiedlich von dem Komfort und den Annehmlichkeiten westlichen Lebensstils, wie ich sie als Kind gekannt hatte, waren wie Tag und Nacht. Als junges Mädchen hatte ich davon geträumt, mit meinem Mann und meinen Kindern in einem schönen Haus zu wohnen, meinen eigenen Haushalt zu versorgen und mein eigenes Brot zu backen, Freunde zum Essen einzuladen und in den Sommerferien ins Ausland zu reisen. Nun würde nichts davon Realität werden.

Eines Tages, als ich ungefähr eine Woche in England war, ging ich in die Stadt und traf ganz unerwartet mit Stuart zusammen. Wir sprachen über dies und das, und nach ein paar Minuten sagte er: »Was hältst du davon, wenn wir eine Tasse Kaffee zusammen trinken – in Erinnerung an alte Zeiten?«

»Okay, warum nicht?« entgegnete ich. »Es ist wahrscheinlich unsere letzte Gelegenheit!«

Im Restaurant unterhielten wir uns ungezwungen. Trotz zwei geplatzten Verlobungen verstanden wir uns immer noch gut und waren gern zusammen. Nachdem die Tassen leer waren, blieben wir noch sitzen, und ich versuchte gegen ein Gefühl von Trauer um das, was hätte sein können, anzukämpfen.

»Nach allem, was wir hinter uns haben«, sagte Stuart, »ist es eigentlich eine Schande, daß wir nicht doch noch ein Paar werden können. Das hätte bestimmt einen großartigen Roman abgegeben, ungefähr so wie die *Love Story.*«

In meinem gegenwärtigen Zustand emotionaler Verwirrung wollte ich mich nicht auf ein derartiges Gespräch einlassen, darum sagte ich entschieden: »Es tut mir leid. Dich loszulassen, bedeutet für mich ein wirkliches Opfer, aber das ist es, was der Herr von mir verlangt.« Die Erinnerung an jenen Abend in Pinecrest war so lebendig wie eh und je.

Doch meine Worte hatten auf Stuart genau die gegenteilige Wirkung dessen, was ich beabsichtigt hatte. Ich konnte förmlich sehen, wie seine Gedanken rotierten, dann flog ein Hoffnungsschimmer über seine Züge.

»Vielleicht ist es ja so wie bei Abraham – wenn der Herr sieht, daß du bereit bist, mich aufzugeben, darfst du mich schließlich doch noch heiraten, so wie Abraham seinen Isaak behalten durfte.«

Ich gab keine Antwort, aber als ich später allein war, machte ich mir meine Gedanken. Hatte Stuart recht? Ging es mir so wie Abraham? Würde Gott mich am Ende doch Stuart heiraten lassen? Ich hatte eigentlich erwartet, daß alles glatt gehen würde, nachdem der

Herr mir deutlich gesagt hatte, wen ich heiraten sollte, aber ich hätte den Teufel gut genug kennen müssen, um zu wissen, daß er mich nicht so einfach in Ruhe lassen würde. Meine Ängste und Zweifel, in Verbindung mit dem unbefriedigenden Abschied von Dondie, machten mich anfällig für seine bösen Pläne, mit denen er mich von Gottes Willen fortlocken wollte.

Aus der Überlegung, ob Stuart vielleicht doch der Richtige sein könnte, wurde die Hoffnung, daß es so wäre. Von neuem fing ich an, von einem Heim in England zu träumen und davon, nur ab und zu die Philippinen zu besuchen. Immer wieder kamen mir Gedanken an vergangene Zeiten – an die romantischen Spaziergänge mit Stuart und die Abendessen für zwei bei Kerzenlicht. »Ist es denn so verkehrt, Herr, mir das zu wünschen?« Aber Gott schien weit entfernt zu sein und gab mir keine Antwort.

Es war nun nicht mehr möglich, meine Gedanken vor meinen Eltern zu verbergen. Papa reagierte sehr entschieden: »Chrissy, du kannst Dondie nicht heiraten, wenn du solche Gefühle gegenüber einem anderen Mann hegst!«

»Aber was ist mit dem, was der Herr zu mir gesagt hat?«

»Also, wenn du so fühlst, wie du sagst, mußt du dich verhört haben! Ich kann dir auf keinen Fall erlauben, Dondie zu heiraten, wenn du derart unsicher bist. Die Hochzeit wird abgesagt. Heiraten ist kein Opfer!«

Das war mir klar. Das Opfer, das von mir verlangt wurde, war nicht die Heirat mit Dondie, sondern das Loslassen von Stuart und den Träumen, die er verkörperte. Wenn Gott gesagt hatte: »Dondie ist der Richtige«, mußte ich mich damit zufriedengeben, daß er wußte, wo und auf welche Weise ich wirklich glücklich werden würde. Und egal, was Papa sagte, verhört hatte ich mich nicht! »Die Schafe folgen ihm, weil sie seine Stimme kennen« (Johannes 10,4). Die Frage war nur, ob ich, nachdem ich Gottes Stimme gehört hatte, ihm folgen wollte oder lieber meinen eigenen Gefühlen.

Doch in einem hatte Papa recht: Die Hochzeit konnte nicht stattfinden, solange ich mich in diesem Zustand befand. Ich schrieb Dondie einen Brief, in dem ich ihm die Situation schilderte und ihn wissen ließ, die Hochzeit sei abgeblasen. Da sein Flug jedoch bereits gebucht und auch bezahlt war, überließ ich es ihm, ob er nach England kommen wolle oder nicht. Ich wußte selber nicht, was mir lieber war. Kam er nicht, dann hatte er bestimmt akzeptiert, daß unsere Verlobung beendet war, und ich war frei, Stuart zu heiraten. Doch ein anderer Teil von mir klammerte sich an die Überzeugung, daß bestimmt alles ins Lot kommen würde, sobald ich Dondie wiedersah, und die Gewißheit wiederkehren würde, daß es richtig war, ihn zu heiraten.

Während ich auf seine Antwort wartete, schwankte ich weiter hin und her. Stuart und ich trafen uns sogar zum Fasten und Gebet, um zu sehen, ob Gott nochmals reden würde.

»Es ist alles okay«, sagte Stuart. »Der Herr ist für uns.«

»Das glaube ich nicht«, weinte ich. »Gott hat seine Meinung nicht geändert.«

Wie leicht wäre es gewesen, so zu tun, als ob Gott sich eines Besseren besonnen hätte. Viele Leute aus unserer Gemeinde waren inzwischen der Meinung, Stuart und ich gäben ein ideales Paar ab. Sie machten sich dafür stark, daß wir heirateten. Und Mama und Papa würden sich freuen, wenn ich in England bliebe. Alle würden sie diesen Schritt gutheißen – nur Gott nicht. Weil er es sich nicht anders überlegt hatte, bat ich ihn, die Worte, die er in Pinecrest gesprochen hatte, zu wiederholen. Er gab keine Antwort, aber sein Schweigen schien mir eine deutliche Zurechtweisung zu enthalten: »Chrissy, ich habe es dir gesagt. Ich brauche mich nicht zu wiederholen. Du mußt entscheiden, ob du mir vertrauen und gehorchen willst oder nicht.«

Dondies Antwortbrief war ein Schock und eine Erleichterung zugleich: »Jawohl, ich komme wie geplant nach England.« Ohne ihn hätte ich wahrscheinlich meinen Gefühlen nachgegeben und Stuart geheiratet. Einen oder zwei Tage bevor Dondie ankam, ging ich zu einer Evangelisationsveranstaltung in Warrington, und der Prediger legte mit verblüffender Genauigkeit meine Situation dar, als ob er jede Einzelheit meiner Umstände kennen würde. In der Predigt ging es darum, der Stimme des Herrn zu gehorchen, und mir wurde unmißverständlich klar, daß es bei meinen inneren Kämpfen nicht darum ging, daß ich den Willen Gottes nicht kannte, sondern daß ich nicht bereit war, seinen Anweisungen zu folgen.

Ich kannte Gott gut genug, um zu wissen, daß, wenn er mich aufforderte, meine eigenen Träume zu begraben, er etwas viel Besseres mit mir im Sinn hatte. »Denn ich kenne die Pläne, die ich für euch habe, spricht der Herr, Pläne des Friedens und nicht zum Unheil, um euch Zukunft und Hoffnung zu gewähren« (Jeremia

29,11). Das hatte ich die ganze Zeit gewußt; es war nur das alte Problem, das Wissen in die Tat umzusetzen und den emotionalen Aufruhr, der nicht nur mir, sondern auch Stuart und meiner ganzen Familie schadete, ein für allemal zu beenden. Das Leben zu Hause war seit Wochen von Spannungen und Schwierigkeiten geprägt, und von dieser Atmosphäre wurde Dondie empfangen, als er ankam, einen Monat vor dem ursprünglich geplanten Hochzeitstermin.

Man stelle sich meine Bestürzung vor, als sich herausstellte, daß Dondie die Situation überhaupt nicht begriffen hatte. In der Meinung, die Hochzeit sei lediglich verschoben worden – obwohl er keine Ahnung hatte, warum –, hatte er beschlossen, wie geplant nach England zu fliegen. Wenn er die Wahrheit gewußt hätte, hätte er die Reise ganz bestimmt abgesagt. Ich erwartete, daß er schrecklich böse sein würde. Für einen Filipino bedeutet eine Entlobung einen gewaltigen Skandal, und er hätte allen Grund gehabt, sich gedemütigt zu fühlen. Doch sobald der erste Schock vorüber war, reagierte er mit einer für mich erstaunlichen Gelassenheit. Er, der von uns allen am meisten Grund gehabt hätte, verstimmt zu sein, war in Wirklichkeit am wenigsten beunruhigt.

In den nächsten Wochen verbrachte Dondie, der bei meinem Bruder untergebracht war, die meiste Zeit mit uns im Haus meiner Eltern, was für beide Teile nicht ganz einfach war. Besonders Mama neigte dazu, ihn genau unter die Lupe zu nehmen, da sie so ihre Zweifel hatte, ob er mich überhaupt liebe. Doch er versuchte nie, sich einzuschmeicheln oder zu verteidigen, noch mich unter Druck zu setzen. »Wenn es Gottes Wille ist, wird es zustande kommen«, war sein einziger Kommentar. Offensichtlich gefiel ihm die Ungewißheit auch nicht, aber er versuchte nie, die Situation in einen Konkurrenzkampf zwischen sich und Stuart ausarten zu lassen. Als die beiden sich begegneten – was natürlich in der Gemeinde unvermeidlich war –, ließ er sich nichts davon anmerken, daß ihn der Gedanke an einen Nebenbuhler störte, obgleich ihm bewußt sein mußte, daß Stuart mir, zumindest in materieller Hinsicht, wesentlich mehr zu bieten hatte.

Auch Dondie war schließlich nur ein Mensch, und ich bin sicher, daß er manche inneren Kämpfe ausfocht, aber nach außen hin zeigte er nichts davon. Ich war verblüfft über seine Gemütsruhe; es war, als besäße er eine geheime Quelle des Friedens.

Obwohl er es nicht darauf angelegt hatte, Eindruck zu machen, mußte sein Verhalten sich einfach positiv auf meine Familie auswirken. Es verriet mehr über seinen Charakter, als sie unter normalen Umständen in Jahren gelernt hätten. Auch bei mir trat eine Veränderung ein. Seine Weigerung, mich durch Überredungskunst zu gewinnen, so daß ich statt dessen persönlich den Herrn fragen mußte, bestätigte mir, daß er tatsächlich der Richtige für mich war, und auf einmal konnte ich Stuart innerlich loslassen. Augenblicklich leuchtete meine Liebe zu Dondie, die so lange verborgen gewesen war, wieder hervor, und alle Zweifel bezüglich seiner Liebe zu mir verschwanden. Als ich schließlich imstande war, ihm zu sagen, daß meine Furcht und Unsicherheit verschwunden seien und Gottes Wille nun auch der meine sei, gab es natürlich, wie bei Dondie nicht anders zu erwarten, keinen großen Freudenausbruch. Doch sein Lächeln schien zu sagen, daß er immer gewußt habe, ich würde einmal an diesen Punkt kommen.

Das einzig Enttäuschende war, daß die überstandene Prüfung uns um die Hochzeit gebracht hatte, die in wenigen Tagen hätte stattfinden sollen. Nun, da der Kampf vorüber war, fiel es uns schwer, die Sache aufschieben zu müssen. Wenn wir erst wieder auf den Philippinen wären, würde es mindestens ein Jahr, wenn nicht länger, dauern, bevor wir nach England zurückkommen könnten. Da saßen wir, mit einem Stapel vorbereiteter Einladungen und Programmen für den Traugottesdienst, mit Brautkleid und Brautjungfernkleidern fix und fertig – nur gab es keine Hochzeit.

Nachdem Dondie und ich darüber gesprochen hatten, beschlossen wir, Mama und Papa zum Essen ins Restaurant einzuladen und sie zu fragen, ob sie damit einverstanden wären, wenn wir vor unserer Rückreise heiraten würden. Die Chancen, ihr Ja zu erhalten, standen zugegebenermaßen nicht besonders gut, denn trotz des guten Eindrucks, den sie von Dondie bekommen hatten, hielten sie immer noch große Stücke auf Stuart und wußten, daß er mich unbedingt heiraten wollte. Wenn kein Wunder geschah, würden sie ganz gewiß darauf bestehen, daß wir zumindest ein Jahr mit der Hochzeit warteten.

Nachdem die Mahlzeit beendet war, legten wir ihnen unseren Plan vor und waren innerlich auf ein Kreuzverhör vorbereitet, aber die erwarteten Fragen blieben aus. Statt dessen billigten sie unseren Plan ohne jeden Einwand – ein größeres Wunder, als wir je zu hoffen gewagt hatten. Das Hochzeitsdatum wurde auf den 21. August, einen Sonntag, festgesetzt.

Wir hatten uns bewußt für einen Sonntag entschieden als Zeichen, daß die ganze Angelegenheit Gott geweiht war; doch im nachhinein erwies sich diese Entscheidung als von ungeheurem praktischen Nutzen. Es wäre wahrscheinlich gar nicht möglich gewesen, so kurzfristig einen geeigneten Raum für den Hochzeitsempfang sowie die Hochzeitsautos und den Fotografen für einen Samstag zu bekommen. Diesmal bereitete mir der ganze Trubel mit den Vorbereitungen direkt Freude, doch meine Freude wurde erst richtig besiegelt, als Dondie mir endlich seine Seite der Geschichte mitteilte.

Als er sich am Anfang zu mir hingezogen fühlte, hatte er gezögert, mir etwas zu sagen, weil er zu viele Hindernisse für eine Beziehung voraussah. Er hatte etliche Jahre in Amerika zugebracht, wo zwei seiner Schwestern sich niedergelassen hatten, und war sich der hohen Erwartungen von Frauen in der westlichen Welt nur zu gut bewußt. Er wußte auch, daß ich von England her einen besseren Lebensstandard gewohnt war. Zudem befürchtete er, wir könnten als gemischtrassiges Ehepaar diskriminiert werden, ganz zu schweigen von der grundlegenden Frage, ob zwei willensstarke Persönlichkeiten überhaupt fähig waren, eine erfolgreiche Ehe zu führen.

Während er das alles noch bei sich selbst überlegte, sprach Gott zu ihm: »Chrissy wird deine Frau, nicht weil ihr so gut zusammenpaßt, auch nicht, weil du sie liebhast, sondern weil ich für euch beide eine große gemeinsame Aufgabe habe.« Mein Brief aus Pinecrest war für ihn lediglich eine Bestätigung dessen gewesen, was der Herr ihm bereits gesagt hatte. Weil er sich absolut sicher war, im Willen Gottes zu sein, hatte er so gelassen auf meine Verwirrung reagieren können. Was mich besonders faszinierte, war die Tatsache, daß er mir bis jetzt nie verraten hatte, woher seine absolute Zuversichtlichkeit kam; er hatte nie versucht, sie als Waffe zu benutzen, um dadurch Druck auf mich auszuüben, daß ich ihn heiraten sollte.

David Chaudhary stand auch für den neuen Termin zur Verfügung, um die Trauzeremonie zu leiten, und David und Emily würden wie geplant Dondies Eltern vertreten. Sogar meine Freundin Renee rief aus Amerika an und sagte zu, als Brautjungfer zu fungieren, obwohl ihre Schwester wenige Tage später heiraten wollte.

Nach einer kalten, verregneten Woche wachte ich am Hochzeitsmorgen auf und wurde von einem leicht bewölkten Himmel und hellem Sonnenschein begrüßt. Die Trauung sollte in der schönen, alten Kirche stattfinden, die unsere Gemeinde, längst aus dem ursprünglichen »Obersaal« herausgewachsen, gekauft und mit viel Liebe restauriert hatte. Als ich mit Papa dort ankam, rechnete ich fast damit, daß viele Leute einfach nicht erschienen wären. Die Verschiebung der Hochzeit hatte ziemlich viel Staub aufgewirbelt, und viele waren der Meinung, ich hätte lieber Stuart heiraten sollen. Doch als ich an Papas Arm den Gang hinunterschritt, hinter der Hochzeitsgesellschaft her, wie sich das für eine Filipinobraut gehört, konnte ich mich der Tränen nicht erwehren. Ich hatte die Kirche noch nie so voll gesehen. Alle waren sie da, um mir den Rücken zu stärken und am schönsten Tag meines Lebens dabeizusein.

Das einzige, was wir wirklich verpaßten, waren unsere Flitterwochen. Wir hatten nur vier kurze Tage im Ferienhaus meiner Eltern in Wales, dann waren wir bereits wieder auf Reisen, um über unsere Arbeit zu berichten. Unseren ersten Vortrag als Herr und Frau Perillo hielten wir im Gefängnis von Northallerton, und im September kehrten wir auf die Philippinen zurück.

Einige Jahre später fand Stuart die Frau, die Gott ihm zugedacht hatte, und ist nun ebenfalls glücklich verheiratet.

Kapitel 16

»Laßt uns nicht müde werden«

Nach unserer Rückkehr zogen Dondie und ich in ein Zimmer im Rehazentrum ein, und binnen drei Wochen hatten wir unser erstes Kind. Der Gedanke an eine Adoption hatte mich schon immer gereizt: Selbst wenn ich nicht die Probleme aller ungeliebten Kinder auf der Erde lösen konnte, konnte ich zumindest einem Kind ein liebevolles Zuhause geben. Ich hatte vor unserer Hochzeit mit Dondie über diese Sache gesprochen, aber seine Reaktion war negativ ausgefallen; er glaubte nicht, daß er ein fremdes Kind jemals so würde lieben können wie seine eigenen. Das änderte sich jedoch, als seine Mutter ihm über Carlo berichtete.

Ich lernte Dondies Mutter erst nach unserer offiziellen Verlobung kennen, aber als er mir ein Foto von ihr zeigte, erkannte ich in ihr sofort ein Mitglied der Assemblies of God-Gemeinde in Olongapo, die ich zusammen mit Dorothy und Linda besucht hatte, als ich auf die Philippinen gekommen war. Einige von Dondies Verwandten lebten noch in ihrer Heimatprovinz Bicol im Süden der Insel Luzon; andere waren in den Norden nach Olongapo gezogen, um Arbeit zu finden. Seine Mutter war vor kurzem zu ihrer Familie in den Süden zurückgekehrt, und eines Tages, noch während unserer Verlobungszeit, erhielt er einen Brief von ihr, in dem sie ihm von Carlo berichtete, dem Sohn seiner Schwester Carmen.

Aus verschiedenen Gründen war Carmen gezwungen gewesen, ihren vierjährigen Jungen Dondies Mutter zur Betreuung zu überlassen, und obwohl Carlo dort sehr glücklich war, machte Dondie sich große Sorgen. »Mama ist schon alt und recht hinfällig«, sagte er zu mir. »Das ist einem so kleinen Jungen gegenüber nicht fair.«

»Nun, willst du nicht an deine Schwester schreiben und sie fragen, ob er zu uns kommen kann? Wenn wir dann verheiratet sind, gibt sie vielleicht sogar ihre Einwilligung, daß wir ihn adoptieren können.«

Ordnungsgemäß schrieb Dondie an seine Schwester und an seine Mutter, und beide erklärten sich damit einverstanden, daß Carlo, wenn wir verheiratet wären, zu uns kommen und permanent bei uns leben dürfe. So kam es, daß ich innerhalb von zwei Monaten nach unserer Hochzeit bereits einen vierjährigen Sohn hatte. Carlo machte uns überhaupt keine Schwierigkeiten. Er lebte sich sehr schnell im Rehazentrum ein, wo er fröhlich sein Zimmer mit einem der anderen Kinder teilte. Er liebte es, in unserem Jeepney mitzufahren und viele verschiedene Spielsachen zu haben, und nach wenigen Wochen nannte er Dondie und mich bereits Papa und Mama.

Wir hatten darauf gedrungen, Carlo sobald wie möglich zu adoptieren, damit er einen festen Platz in der Familie hatte, wenn wir selber Kinder bekamen, und von den anderen gleich als Bruder akzeptiert wurde. Es war gut, daß er so bald zu uns kommen konnte, denn ungefähr eine Woche später stellte ich fest, daß ich schwanger war. Die Filipinos halten viel von großen Familien, aber bei uns war es selbst für sie ungewöhnlich schnell gegangen: seit drei Monaten verheiratet, mit einem vierjährigen Sohn und einem Baby, das unterwegs war!

Ich hatte zu Beginn der Schwangerschaft viel unter morgendlicher Übelkeit zu leiden und wäre oft gerne einen Tag zu Hause geblieben, aber ich durfte den Gefängnisdienst nicht vernachlässigen. Romy und Lourdes standen mir zwar treu zur Seite, ebenso Romys Bruder Bill, der als Jeepneyfahrer zu uns gekommen war, aber keiner von ihnen war schon so weit, daß er predigen und lehren konnte. Somit war niemand da, der meinen Platz einnehmen konnte; ich mußte einfach weitermachen und dem Herrn vertrauen, daß er mir die nötige Kraft geben würde, um sein Werk zu tun, egal, wie ich mich fühlte.

Einer unserer Besuche in Camp Maquinaya während jener Zeit ragt in meiner Erinnerung als besonders bedeutsam hervor. Er sollte den Anstoß zu einer weiteren Erfüllung meiner ursprünglichen Vision für das Philippine Outreach Centre geben. Der Gottesdienst fand im Freien statt, und wir fingen an, Gott zu preisen, wobei Lourdes den Gesang leitete, Romy auf seiner tragbaren Orgel spielte und ich auf der Gitarre. Während die Männer sich um uns scharten, wurde mein Blick auf die ungewöhnlich große Zahl der anwesenden Kinder gelenkt. Natürlich hatte es immer Kinder gegeben, die bei ihren Eltern im Gefängnis lebten, um nicht auf der Straße verhungern zu müssen, aber heute schienen es viel mehr als normal zu sein. Es mag allerdings sein, daß dieser Eindruck weniger mit der tatsächlichen Zahl der Kinder zu tun hatte, als vielmehr mit dem Umstand, daß Gott mich auf sie aufmerksam machte.

Obwohl ich weiter sang und spielte, muß ich bekennen, daß ich in Gedanken nicht mit Anbetung und Lobpreis beschäftigt war, sondern mit der Not dieser Kinder. Viele von ihnen waren alt genug, in den Kindergarten zu gehen, wenn nicht bereits zur Schule; stattdessen waren sie im Gefängnis eingesperrt und lebten auf engstem Raum mit den Gefangenen zusammen, von denen zumindest einige sich schlimmer Delikte wie Mord, Vergewaltigung, Drogenhandel und Drogenmißbrauch strafbar gemacht hatten.

Während ich die Kinder beobachtete, hörte ich Gott zu meinem Herzen reden: »Chrissy, es ist jetzt an der Zeit, daß du diese Kinder hier herausholst.«

»Aber, Herr, wir sind doch noch gar nicht soweit. Wir haben weder das nötige Geld noch das Personal dafür. Wir haben nicht einmal genug Betten und andere Dinge, die wir brauchen, um für sie zu sorgen.«

»Sieh dich einmal um. Hast du ihnen nicht mehr zu bieten als dies?«

Ich sah mich um, und meine Entschuldigungen kamen mir plötzlich wie faule Ausreden vor, obwohl ich mich der Verantwortung für die Kinder wirklich nicht hatte entziehen wollen. Ich wollte ihnen von Herzen gern helfen, aber alles, was ich über unsere begrenzten Möglichkeiten gesagt hatte, entsprach der Wahrheit, und Dondie hatte mich oft gewarnt, daß wir in der Gefahr ständen, uns zu übernehmen.

Gott beruft Menschen auf unterschiedliche Weise in eine Arbeit. Es gibt manche (und ich verstehe ihre Gedankengänge nur zu gut), die zuerst darauf warten, daß Gott ihnen die notwendigen Mittel und Möglichkeiten zur Verfügung stellt, bevor sie mit einem Projekt beginnen. Um ganz ehrlich zu sein: das wäre mir persönlich auch am liebsten. Es würde mir innerlich viel weniger abverlangen. (Seit dem Tag im Jahr 1985, an dem wir unser erstes Rehazentrum eröffneten, mußten wir jeden Monat allein für die Lebensmittel Glauben praktizieren.) In meinem Fall war es jedoch grundsätzlich so, daß der Ruf, etwas für die Notleidenden zu tun, zuerst kam und ich einfach dem Herrn vertrauen mußte, uns die notwendigen Mittel zu geben, damit wir für sie sorgen konnten.

Ich schaute wieder zu den Männern hinüber – alles harte Burschen, mit Tätowierungen übersät, die Köpfe kahlgeschoren und gierig an ihrer Zigarette ziehend. Im Geist sah ich die Zellen vor mir – kahl, ohne Betten, Bettzeug oder Badezimmer. In der Tat, schlimmer als hier konnte es nirgendwo sein!

»Okay, Herr, aber du mußt mit Dondie reden. Jetzt, wo ich verheiratet bin, kann ich nicht einfach machen, was ich will. Wenn Dondie einverstanden ist, dann sage ich ja.«

Diese Bedingung war nicht zu unterschätzen, denn Dondie war von Natur aus dagegen, etwas Neues zu beginnen, ohne gründlich darauf vorbereitet und dafür ausgerüstet zu sein. Es war zu erwarten, daß meine Schwangerschaft und die zusätzliche Verantwortung für Carlo ihn in seinem Widerstreben noch bestärken würden. Ich hatte nicht viel Hoffnung, seine Zustimmung zu finden, als ich ihm beim Nachhausekommen haarklein berichtete, wie es gewesen war und was der Herr zu mir gesagt hatte. Mein Mann verblüffte mich total, indem er sofort zustimmte, die Kinder aufzunehmen, vorausgesetzt, die Frauen im Reha würden ihren Teil dazu beitragen und für sie sorgen.

Es war überhaupt nicht schwer, Alex' Frau Marie, Ronnies Frau Norma, Helen Gerez und die übrigen Frauen zur Mitarbeit zu bewegen. Alle waren bereit zu helfen und genauso begeistert von dem Plan wie ich selber. Romy und Lourdes sagten ihre Unterstützung zu, und Roselyn beteuerte, daß sie glücklich sei, irgendwelche neuen Kinder im Kindergarten aufzunehmen.

Nun lag es nur noch an den Gefangenen selbst, ob sie unsere Pläne akzeptieren würden. Besonders von den Frauen konnte man nicht erwarten, daß sie uns ihre Kinder, und sei es nur vorübergehend, ohne gründliche Gewissenserforschung überlassen würden. Einige der Mütter waren die Ehefrauen der Häftlinge, die mit ihren Männern im Gefängnis lebten, weil sie ihre Familien draußen nicht alleine durchbringen konnten. Andere gehörten zu den wenigen weiblichen Gefangenen, die außerhalb des Gefängnisbezirks in einem eigenen Zellenblock untergebracht waren. Darin hatten bis zu zwanzig Frauen Platz, doch die eigentliche Zahl war nie höher als zehn.

Ich wußte im voraus nicht, wie unser Vorschlag aufgenommen werden würde, doch tatsächlich reagierten viele Gefangene spontan positiv. Die Gefängnisbeamten waren so von der Idee angetan, daß sie uns einen bewaffneten Geleitschutz anboten, damit die Eltern das Rehazentrum besichtigen konnten, ehe sie eine Entscheidung trafen. Einige Mütter nutzten das Angebot aus, und ich war froh über die unerwartete Gelegenheit, ihnen zu zeigen, daß sie uns ohne Schwierigkeiten finden könnten, falls sie ihre Kinder wiederholen wollten.

Es war eine schweigsame Gesellschaft, die uns auf unserem Rundgang durch das Rehazentrum folgte. In ihrer Sorge, ob die Kinder sich bei uns auch wirklich wohl fühlen würden, inspizierten die Mütter alles aufs genaueste. Die Entscheidung fiel ihnen offensichtlich nicht leicht, egal, wie schlimm die Verhältnisse im Gefängnis waren, und sie mußten sich vergewissern, daß wir dem Standard, den sie sich in ihrem Kopf gesetzt hatten, auch wirklich entsprachen. Als wir zu den Klassenzimmern und dann zu den Schlafräumen kamen, mit ihren Stockbetten und richtigen Matratzen, bemerkte ich zum erstenmal einen Anflug von Anerkennung in ihrem Blick, obwohl sie noch immer kein Wort sprachen und die Tour genauso schweigsam beendeten, wie sie sie begonnen hatten.

Als wir anschließend bei einer kleinen Erfrischung zusammensaßen, äußerten sie endlich ihre Meinung. Der Beschluß war einstimmig, und der Schlafsaal für die Kinder erhielt mit einem Schlag acht neue Bewohner, die bei uns einzogen, sobald wir genügend Betten anfertigen lassen konnten. Von den acht konnte sich nur die dreijährige Kristy nicht eingewöhnen und mußte ins Gefängnis zurückgebracht werden. Die Vierjährigen dagegen, Marilyn, Jennalyn und Angelica, machten uns überhaupt keine Schwierigkeiten; sie schliefen und aßen gut und freuten sich über ihre erste Begegnung mit dem Lernen genauso wie Jon, Joey, Sherley und Jefferson.

In späteren Jahren nahmen wir noch Kinder von anderen Gefangenen bei uns auf, von denen uns nur ganz wenige verließen, als ihre Eltern entlassen wurden und woanders hinzogen. Doch keiner von allen machte mir mehr Freude als Carlito, der Sohn von Eddie Lazaro.

Nach Eddies tragischem Tod im Jahr 1983 war ich immer mit seiner Mutter Grace in Verbindung geblieben. Weil ich wußte, wie schwer es ihr fiel, ihrer Tochter eine höhere Schulbildung zu ermöglichen, bot ich ihr wiederholt an, Carlito bei uns im Rehazentrum wohnen zu lassen. Grace war verwitwet und stockte das kleine Einkommen aus ihrer Putzstelle dadurch auf, daß sie für verschiedene

Freunde Gemüse und Fisch verkaufte und dafür eine Provision erhielt. Meine Hilfsangebote wies sie konsequent zurück, denn sie war selbst eine strenggläubige Katholikin und wollte, daß Carlito ebenfalls katholisch erzogen würde. Obwohl ich darüber enttäuscht war, konnte ich nicht anders, als ihre Entschiedenheit zu bewundern.

Grace schaffte es, Carlito eine Ausbildung auf einer katholischen Privatschule zu ermöglichen, die er vom Kindergarten bis zur letzten Klasse der Grundschule besuchte. Doch dann wuchsen ihr die finanziellen Probleme über den Kopf, und sie war gezwungen, mich um Hilfe zu bitten.

»Schwester Chrissy, Carlito soll in diesem Monat seine Abschlußprüfung machen, aber die Nonnen in seiner Schule haben mir gesagt, wenn ich das ausstehende Schulgeld nicht bezahle, wird er nicht zugelassen. Carlito sagt, er würde gern bei euch im Rehabilitationszentrum leben, und wenn ihr für seine Ausbildung aufkommen wollt, sind wir euch wirklich dankbar.«

Mein Herz hüpfte vor Freude. Ich wußte, daß Carlito inzwischen ein ziemlich quirliger Teenager war, aber ich hatte die ganzen Jahre über an der Hoffnung festgehalten, daß ich um Eddies willen seinem Sohn etwas Gutes tun könnte. Das ausstehende Schulgeld zu bezahlen, würde zwar unser Budget bis an die Grenzen strapazieren, aber ich war zuversichtlich, daß der Herr uns die notwendigen Mittel geben würde. Da ich den Leuten aus Prinzip immer noch kein Geld in die Hand gab, vereinbarte ich einen Termin mit Grace, an dem wir gemeinsam die Schule besuchen und ihre Schulden bezahlen würden.

Als das geschehen war, lud sie mich zu sich nach Hause ein. Sie wohnte mittlerweile in einem Stadtteil von Olongapo und wies warnend darauf hin, daß wir einen ziemlich steilen Berg hinaufklettern müßten, um zu ihrem Haus zu gelangen. Während wir den schmalen, von vielen Füßen ausgetretenen Pfad hinaufstiegen – eine richtige Straße gab es nicht –, überlegte ich, wie man wohl während der Regenzeit klarkam. Sogar bei Trockenheit war der Weg glatt und tückisch, aber Grace, eine Großmutter weit über Fünfzig, kletterte ohne ein Wort der Klage flink bis nach oben.

Das Haus lag mit noch drei anderen am Hang, und obwohl es sich nur um ein *Kubo* (typisches Filipino-Haus) mit einem Lehmfußboden handelte, war Grace sehr stolz darauf. Carlito erwartete uns bereits, aufgeregt wie immer, wenn ich sie besuchte, und konnte es kaum erwarten, sich mit mir zu unterhalten. Doch zuerst mußte er auf Geheiß seiner Großmutter die Schuluniform ausziehen und ordentlich auf einen Kleiderbügel hängen. »Seife ist im *Tindahan* (Geschäft an der Ecke) furchtbar teuer«, erklärte sie mir, »aber in Olongapo bekommt man sie günstiger. Wenn man eine ganze Stange kauft, bekommt man ein Stück umsonst, deshalb versuche ich, auf Seife zu verzichten, bis ich eine ganze Stange kaufen kann. Carlito weiß, wie er seine Uniform sauberhält, damit sie nicht jeden Tag gewaschen werden muß.«

Wenn man Carlito ansah, hätte man nie geglaubt, daß seine Kleidung nicht täglich gewaschen wurde; er war genauso gut gekleidet wie die anderen Kinder in seiner Privatschule. Ich bekam einen kleinen Eindruck von der Sparsamkeit, die das Leben dieser tapferen Frau geprägt hatte, so daß sie in der Lage gewesen war, nicht nur selber zu überleben, sondern noch dazu ihre Familie für so viele Jahre durchzubringen. Wie viele Leute in England würden sich den Kopf darüber zerbrechen, ob sie eine ganze Stange Seife kaufen können oder nicht? Doch auf den Philippinen bedeutet diese Frage für viele eine unausweichliche Tatsache in ihrem täglichen Leben. Seife zum Wäschewaschen wird in langen Stangen verkauft, die man in vier kleinere Stücke auseinanderbrechen kann. Weil es viele arme Leute gibt, die sich keine ganze Stange leisten können, verkaufen die kleinen Geschäfte jedes Stück einzeln. Genauso kann man einen einzelnen Brühwürfel statt einer ganzen Packung kaufen, und Dinge wie Shampoo oder Zahnpasta werden gewöhnlich in kleinen Säckchen verkauft, weil eine ganze Flasche oder Tube für die Armen einfach unerschwinglich ist.

Grace hatte sich durch die Tatsache, ihr Leben lang hart sparen zu müssen, nicht verbittern lassen, sondern bezeugte dankbar, daß Gott sie stets mit allem Nötigen versorgt habe. Einmal war sie mit leerem Portemonnaie und ebenso leerer Vorratskammer auf dem Heimweg gewesen. Unterwegs hatte sie überlegt, was sie wohl an diesem Abend essen sollten. Als sie zufällig nach unten blickte, sah sie eine 500-Peso-Note direkt vor ihren Füßen liegen. Mit Dank zu Gott hatte sie sie aufgehoben und das Notwendige eingekauft.

So kam Carlito schlußendlich doch zu uns ins Rehazentrum. Er war ausgelassen wie eh und je, aber ich bin heute noch glücklich darüber, daß wir ihm helfen durften, Jesus als seinen persönlichen Herrn und Erlöser anzunehmen.

Als die Kinder von Camp Maquinaya zu uns kamen, waren wir bereits seit beinahe zwei Jahren in unserem neuen Rehazentrum. Die lange Renovierungsphase ging langsam ihrem Ende entgegen, und wir fingen an, über eine offizielle Eröffnung nachzudenken. In wenigen Monaten erwartete ich eine ganze Reihe von Gästen: Jonathan und Rodney, zwei von unseren Kuratoriumsmitgliedern, wollten zusammen mit einigen Missionsfreunden die Philippinen besuchen und im Januar bei uns hereinschauen; Nick, der mir damals die ersten Lektionen über Evangelisationsarbeit erteilt hatte, würde zur gleichen Zeit im Lande sein. Aber das Beste war, daß Oma Jean ebenfalls kommen wollte. Ich hätte nie gedacht, daß sie dazu in der Lage sein würde, denn sie war bereits weit über siebzig. Aber ihr Wunsch, die Arbeit, für die sie so lange gebetet und gespendet hatte, mit eigenen Augen zu sehen, war so groß, daß sie bereit war, die anstrengende Reise zu wagen. Es schien der ideale Zeitpunkt für die Eröffnung zu sein, und wir setzten den 7. Januar 1989 als Termin fest.

Wir verschickten Einladungen an befreundete Missionare und lokale Gemeinden und machten uns dann an die Arbeit, das Rehazentrum für die Augen der Öffentlichkeit bereitzumachen. Es gab noch sehr viel anzustreichen, aber am kostspieligsten war die Fertigstellung der Fenster, die bis jetzt zwar mit Fliegendraht versehen, aber noch ohne Glas waren. Jeden Tag brachten wir bei der Morgenandacht diese Not vor den Herrn, und ein paar Tage vor dem Eröffnungsdatum kam die Erhörung in Form einer außergewöhnlich großen Geldspende von unseren Missionsfreunden in England.

Endlich war der große Tag gekommen. Während ich unseren Gästen aus Europa die Gefängnis- und Kinderarbeit zeigte, waren die Männer mit den restlichen Malerarbeiten im Reha beschäftigt. Außerdem stellten sie eine Bühne für den Eröffnungsgottesdienst auf unserem Gelände auf, die mit einem Zeltdach überspannt wurde, um Schutz vor der sengenden Sonne zu bieten. Die Frauen putzten derweil das Haus und trafen Vorbereitungen für das gemeinsame Essen, das auf den Gottesdienst folgen sollte. In Erwartung so vieler Gäste mußten fünf Schweine geschlachtet werden, von denen drei nach traditioneller Filipinositte am Spieß über offenem Feuer gebraten wurden.

Wie eine Braut an ihrem Hochzeitstag, befand ich mich in einem Zustand glückseliger Verwirrung, während die Ereignisse mit verblüffender Geschwindigkeit an mir vorbeirauschten. Obgleich der Gottesdienst wie auch das Essen planmäßig verliefen, kann ich mich nur ganz verschwommen daran erinnern. So viele Freunde waren da: Geschwister aus verschiedenen Kirchen in Olongapo freuten sich mit uns, und Romys anderer Bruder, der Pastor in Olongapo war, hatte seine gesamte Gemeinde mitgebracht. Papa Pederson, der die Stelle von Papa Houghton eingenommen hatte, kam von der amerikanischen Militärmission, und verschiedene Missionarskollegen waren von Norden und Süden angereist, um an unserer Feier teilzunehmen.

Doch das Allerschönste war, daß viele von unseren ungläubigen Nachbarn, die uns, seit wir in diese Gegend gezogen waren, stets ablehnend gegenübergestanden hatten, an diesem Tag gekommen waren, um die Zeugnisse der ehemaligen Gefangenen und die Verkündigung des Wortes Gottes zu hören. Seit zwei Jahren hatten wir darum gebetet, daß der Herr die Barrieren niederreißen möge, und dies war nur der Vorgeschmack kommender Dinge. Bestimmt hatte die Aussicht auf ein gutes Essen mit dazu beigetragen, sie zum Kommen zu bewegen, aber Gottes Wort wird nie vergebens ausgeteilt, und der heute gesäte Same würde eines Tages aufgehen und Frucht bringen, wenn wir geduldig darauf warteten. »Laßt uns im Gutestun nicht müde werden«, schreibt Paulus an die Galater, »denn zur bestimmten Zeit werden wir ernten, wenn wir den Mut nicht verlieren« (Galater 6,9).

Kapitel 17

Der Weg zum Erfolg

Mit tränenfeuchten Augen blickte ich staunend auf meine süße, kleine Tochter, die soeben geboren war.

Dondie hatte nicht mitkommen können, als ich nach England flog, um unser Baby zu bekommen, weil er im Reha gebraucht wurde. Deshalb war nicht er, sondern Mama an meiner Seite, als Monique am 6. Juni 1989 das Licht der Welt erblickte. Es war schwer, für mehrere Monate von meinem Mann getrennt zu sein, nachdem wir noch nicht einmal ein Jahr verheiratet waren. Und wie die meisten Frauen, hätte auch ich mir gewünscht, ihn bei mir zu haben, als unser erstes Kind zur Welt kam. Erst beim Betrachten von Monique, die die Hebamme neben mich aufs Kissen gelegt hatte, versiegten die Tränen, die ich nicht mehr hatte zurückhalten können, als Mama gegangen war.

Ich hatte auch gehofft, Carlo sofort mit seinem neuen Bruder oder seiner Schwester bekannt machen zu können. Wenn es nicht zu Verzögerungen beim Ausstellen seiner Adoptionspapiere und Visadokumente gekommen wäre, wäre er mit mir geflogen. So aber hatte er bei Dondie auf den Philippinen bleiben müssen, und ich würde beide erst im September wiedersehen. Natürlich tat es weh, von Mann und Kind getrennt zu sein, aber ich beschloß, dennoch die Gelegenheit, mit meinen Lieben in England zusammen zu sein, nach Kräften auszunutzen, da ich sie wahrscheinlich für längere Zeit nicht wiedersehen würde. Es wurde mir immer deutlicher bewußt, daß Reisen in die Heimat seltener werden würden, je mehr unsere Familie wuchs, weil die Flüge einfach zu teuer waren.

Kurz nach Moniques Geburt war ich bereits wieder unterwegs zu meiner üblichen Vortragstour, und die langen Fahrten wurden nun zusätzlich erschwert durch ständiges Füttern und Windelwechseln, wie es das Leben mit einem kleinen Baby nun einmal mit sich bringt. Vor jedem Vortrag mußte ich mich eine Zeitlang zurückziehen, um Monique zu stillen, ehe ich sie in die Obhut ihrer Oma gab. Es war nicht einfach, mußte aber sein, um meinen Verpflichtungen,

Spenden für das Philippine Outreach Centre zu sammeln, nachzukommen.

Glücklicherweise hatte ich Hilfe, als ich im September zurückflog. Vanessa war zwanzig Jahre alt und hatte auf einem Missionswochenende in Hollybush Gottes Ruf verspürt, ihm eine Zeitlang auf den Philippinen zu dienen. Sie sprach mit Jonathan, einem der Hollybush-Mitarbeiter, der auch zu unserem Kuratorium gehörte, über die Sache. Jonathan wußte, daß wir dringend Hilfe brauchten, und schlug vor, daß ich mich mit Vanessa und dem Missionsleiter ihrer Gemeinde in Leeds treffen solle. Ich merkte sofort, daß sie wirklich einen Ruf hatte, Gott zu dienen, und die Ältesten ihrer Gemeinde bestätigten ihre Treue und ihren missionarischen Eifer; so einigten wir uns darauf, daß sie zunächst für ein Jahr bei uns mitarbeiten sollte.

Vanessa lebte sich ohne Probleme im Missionsland ein. Sie freundete sich schnell mit den jungen Leuten aus unserer Gemeinde an, und da sie einen Kursus in Vorschulerziehung absolviert hatte, war sie eine große Hilfe im Kindergarten, wo sie und Roselyn ihre Begabungen zusammenwerfen und gegenseitig aus ihren Erfahrungen lernen konnten. Vanessa liebte ihre Schüler, und diese liebten sie. Sie hatte die Gabe, auf leichte und natürliche Art mit Menschen zu kommunizieren; besonders hatte sie Albert ins Herz geschlossen, den Bruder eines unserer Jugendlichen. Albert war mongoloid und hatte trotz seiner 19 Jahre nie eine Schule besucht, da es zu jener Zeit noch keine Sonderschulen in unserer Gegend gab. Er hing sehr an Vanessa, und als er dahinterkam, daß sie im Kindergarten unterrichtete, gab er keine Ruhe, bis er als Schüler aufgenommen wurde. Er versäumte praktisch keinen Tag bis zum Ende der Kindergartenzeit und besuchte anschließend die örtliche Grundschule.

Der Kindergarten lief außerordentlich gut. Unsere Nachbarn hatten ihr anfängliches Mißtrauen größtenteils fallenlassen und Vertrauen gewonnen, daß wir ihnen keine fremde Religion aufschwatzen wollten. Das Resultat war, daß mehr und mehr von ihnen ihre Kinder zu uns schickten. Genauso erfreulich war es zu hören, daß die Lehrer der Grundschule voll des Lobes über die Fähigkeiten der Kinder waren, die aus unserem Kindergarten zu ihnen überwechselten.

Auch im Reha schien alles in bester Ordnung zu sein. Die Bewohner machten gute Fortschritte im Glauben, und keiner versäumte selbst die Gebetsversammlungen um 6 Uhr morgens, obwohl wir sie nie zur Pflicht gemacht hatten. Besonders erfreulich, um nicht zu sagen spektakulär, waren Josephs Fortschritte zu nennen. Kurz nach jenem unglücklichen Anfang, als er stockbetrunken in unserer Gebetsstunde auftauchte, hatte er Jesus sein Herz geschenkt, und die Veränderung in seinem Leben war so gewaltig, daß wir uns gerne bereit erklärten, ihm den Besuch einer Bibelschule zu ermöglichen.

Wir sonnten uns in der Wärme dieser »Erfolge« und waren total unvorbereitet auf den heftigen Tumult, der das Reha bis in seine Grundfesten erschüttern sollte. Inzwischen war es November geworden, und ich war gerade im Büro mit Weihnachtsvorbereitungen beschäftigt, als die nachmittägliche Stille von schrillen Schreien und lautem Schimpfen zerrissen wurde. Ich stürzte nach draußen und fand Maria Castillo, Alex' Stieftochter, im Mittelpunkt der Aufregung stehen. Noch nie in meinem Leben hatte ich so viel Blut gesehen; ihre Schuluniform war buchstäblich blutdurchtränkt. Während Bill Del Monte forteilte, um den Jeepney in Gang zu setzen und sie ins Krankenhaus zu fahren, versuchte ich, mir ein Bild zu machen über das, was passiert war.

Es stellte sich heraus, daß Maria in der Schule plötzlich innerlich zu bluten begonnen hatte, woraufhin die Lehrerin sie einfach nach Hause schickte. In diesem Zustand war Maria ganz allein den Berg hinauf ins Reha gegangen. Marie, Marias Mutter, und ihre Tante Norma fuhren mit uns im Jeepney, und während der dreißigminütigen Fahrt ins staatliche Krankenhaus von San Marcelino, nördlich von Castillejos, sprach keiner von uns ein Wort. Mir persönlich gingen sehr unwillkommene Gedanken durch den Kopf.

Maria hatte in ihrem kurzen Leben schon viel Schweres erlebt. Ehe sie zu uns ins Reha zogen, hatte ihre Mutter sie oft nicht zur Schule geschickt, weil sie auf ihre jüngeren Geschwister aufpassen sollte, so daß sie mit ihren nunmehr 15 Jahren immer noch die Grundschule besuchte. Als kleines Mädchen hatte sie ihr linkes Auge verloren, weil ihr kleiner Bruder es mit einem Stock durchstochen hatte. Durch den Unfall war die Iris zerstört worden, was ihr ein groteskes Aussehen verlieh, so daß die Kinder sich vor ihr fürchteten. Wir hatten uns an eine Mission auf dem amerikanischen Marinestützpunkt um Hilfe gewandt, und obwohl man nichts tun konnte, um ihr das Augenlicht wiederzugeben, hatte man ihr zumindest eine Kontaktlinse besorgt. Kosmetisch war diese von großem Vorteil, und Maria wußte, daß sie nun für ihre Klassenkameraden normal aussah.

Doch jetzt war eine weitaus größere Not über sie hereingebrochen. Gott hatte mir, ohne daß ich ihn darum gebeten hatte, gezeigt, was mit Maria passiert war, und dieses Wissen erschreckte mich.

Das Krankenhaus in San Marcelino war zwar ruhiger und auch billiger als das staatliche in Olongapo, aber von der Einrichtung her kein bißchen besser, und wir mußten lange warten, bis jemand kam, um nach Maria zu sehen. Als endlich ein paar Schwestern auftauchten, behandelten sie das Mädchen sehr rauh und ohne jedes Mitgefühl. »Wer ist der Junge?« wollte eine Schwester barsch wissen. Als Maria keine Antwort gab, wiederholte sie ungeduldig: »Na los, sag's schon! Wer ist der Junge? Einer aus deiner Schule?«

»Nein, nein!«

»Jemand muß es gewesen sein. Wer?«

Es war eine ausgesprochen peinliche Szene. Die arme Maria schüttelte entsetzt den Kopf über die von den Krankenschwestern erhobenen Vorwürfe; diese wiederum verachteten das Mädchen, da sie es verdächtigten, eine Fehlgeburt gehabt zu haben, die von einer außerehelichen sexuellen Beziehung herrührte. Sogar Marie wandte sich, anstatt ihre Tochter zu trösten, gegen sie und verlangte: »Maria, sag uns, wer es war!«

Das machte mich wütend, denn ich war mir sicher, daß Marie es bereits wußte. Ich befahl ihnen allen, still zu sein und das Mädchen gefälligst in Ruhe zu lassen; dafür bestand ich auf einem persönlichen Gespräch mit der diensthabenden Ärztin. »Bitte, seien Sie nicht so hart zu ihr«, sagte ich, als wir allein waren. »Es ist nicht ihre Schuld. Ich kenne Maria. Sie kommt jeden Tag sofort nach der Schule heim und geht nie allein aus dem Haus.«

»Warum gibt sie dann keine Antwort?«

»Ich weiß es noch nicht sicher, aber ich glaube, ihr Stiefvater steckt hinter der Sache.«

»Warum sagt sie es dann nicht?«

»Wahrscheinlich hat sie Angst vor ihm. Er hat früher im Gefängnis gesessen, weil er gewalttätig war, und ich nehme an, sie befürchtet, daß er ihr etwas antun könnte.«

Nachdem ich das Versprechen erhalten hatte, man werde sanfter mit Maria umgehen, ging ich wieder zu ihr und versicherte ihr, ohne in sie zu dringen, daß ich für sie da sei, wenn sie mich brauchen sollte. Ich ließ Maria in der Obhut ihrer Mutter und Tante und kehrte ins Rehazentrum zurück.

Ich beschloß, vorerst nichts zu Alex zu sagen. Alles, was ich tat, würde irgendwelche Auswirkungen auf Maria und die anderen fünf Kinder unter seiner Autorität haben, und ich mußte mir als erstes Weisheit von Gott für diese Situation holen. Jetzt war mir auch klar, warum Marias ältere Schwester Jackie das Reha vor etwa einem Jahr ganz plötzlich verlassen hatte. Eines Tages war sie fortgegangen, angeblich, um einzukaufen, und nicht mehr zurückgekommen. Einige Zeit später hatte sie Dondie und mir einen Brief geschrieben und uns gedankt, daß wir so viel für sie getan hätten; sie hatte aber weder ihre Adresse angegeben noch den Grund genannt, weshalb sie gegangen war.

Als wir über Alex' Vergangenheit sprachen, wobei es auch um seine Gewalttätigkeit ging, hatten weder Maria noch die Kinder eine Andeutung gemacht, daß er sie sexuell mißbraucht habe. Nach dem, was für uns ersichtlich war, hatten wir gemeint, allen Grund zu haben, uns über die Fortschritte zu freuen, die Alex gemacht hatte, seit er zu uns gekommen war. Zwar konnte er hin und wieder noch zornig werden, aber das kam nicht sehr oft vor, und er hatte, zumindest zu Anfang, auf manchen anderen Gebieten eine positive Entwicklung genommen. Er schien eine Begabung zum Predigen zu besitzen und hatte uns sogar gebeten, dafür zu beten, daß Gott ihm eine Tür öffnen möge, in seine Heimatstadt zurückzukehren und dort das Evangelium zu verkündigen. Es ließ sich jedoch nicht leugnen, daß, als sein Bruder Jim ins Reha gekommen war, dieser Alex negativ beeinflußt hatte; weil Jim sich weigerte, aus der Gegend fortzuziehen, nachdem wir ihn des Hauses verwiesen hatten, war dieser negative Einfluß geblieben.

Als ich Dondie anvertraute, was Gott mir, wie ich glaubte, geoffenbart hatte, kamen wir überein, nichts zu unternehmen, ehe wir mit Maria gesprochen und festgestellt hatten, was sie zu tun gedachte. Als ich eines Morgens, wenige Tage später, nach San Marcelino fuhr, um Maria zu besuchen, fand ich ihre Tante Norma am Krankenhauseingang sitzen, zutiefst betrübt und mit rot verweinten Augen. Sie konnte vor lauter Kummer kaum sprechen, sondern brachte nur mit Mühe und Not hervor: »Oh, Schwester Chrissy, du wirst es nicht glauben!« bevor sie wieder anfing zu schluchzen.

Ich legte meinen Arm um sie. »Ich weiß es schon. Gott hat mir gezeigt, daß Alex der Schuldige ist. Hat Maria es dir gesagt?«

Immer noch schluchzend, nickte sie bejahend, während wir zusammen zu Marias Zimmer gingen. Ehe wir eintraten, sagte Norma zu mir: »Bitte, sag nichts darüber zu Alex oder Marie. Maria hat es ihrer Mutter noch nicht verraten. Sie hat schreckliche Angst vor dem, was Alex tut, wenn er merkt, daß wir alle Bescheid wissen.«

Ich setzte mich zu Maria ans Bett, und sie bestätigte mir, daß Alex hinter der Sache steckte. Es war passiert, während ich nach Moniques Geburt in England war, und Maria hatte ihr schreckliches Geheimnis bis jetzt ganz allein getragen. Alex hatte seine Tat sorgfältig geplant. Als die Mutterschweine kurz davorstanden zu ferkeln, hatte er sein Moskitonetz genommen und draußen bei den Ställen übernachtet, um rechtzeitig zur Stelle zu sein. Er hatte Maria herausgelockt, indem er verlangte, sie solle ihm seinen Kaffee bringen, und dort bei den Ställen, wo kein Mensch etwas sehen oder hören konnte, hatte er sie vergewaltigt.

Während Norma bei Maria blieb, um sie zu trösten, suchte ich nochmals die Ärztin auf. »Falls das Mädchen ihren Stiefvater verklagen will, werden wir sie unterstützen«, erklärte ich ihr. »Kann ich mich darauf verlassen, daß Sie Beweise dafür liefern, daß Maria vergewaltigt wurde oder wenigstens, daß sie eine Fehlgeburt hatte?«

»Ich habe nie behauptet, daß sie eine Fehlgeburt hatte.« (Das stimmte; man hatte es zwar durchblicken lassen, aber nie offen ausgesprochen.) »Blutungen dieser Art treten manchmal bei unberührten jungen Mädchen auf, obwohl wir nicht wissen, woher sie kommen.«

»Wie können Sie so etwas sagen? Als wir sie ins Krankenhaus brachten, waren Sie sicher, daß ein Junge im Spiel sei, und haben sie deswegen verurteilt. Jetzt, nachdem sie die Wahrheit bekannt hat, wollen Sie die Sache abstreiten.« Ich war richtig wütend. Eine Vergewaltigungsklage war ohne ärztlichen Beweis nicht möglich. Vielleicht hatte die Ärztin Angst vor Repressalien, da sie um Alex' gewalttätige Vergangenheit wußte. Auf jeden Fall ging der wahre Sachverhalt aus den medizinischen Unterlagen nicht hervor. Als ich nachschaute, hieß es darin lediglich: »Normale Blutungen bei einem heranwachsenden Mädchen.«

Trotz der Halsstarrigkeit der Ärztin versicherte ich Maria, daß ich sie unterstützen würde, falls sie eine Klage auf Vergewaltigung einreichen wolle. Sie konnte sich jedoch nicht mit dem Gedanken anfreunden, Alex vor Gericht gegenüberzustehen, und er sollte auch nicht erfahren, daß wir über die Sache Bescheid wußten. Da eine Klage ohne ihre Zustimmung aber nicht möglich war, mußte ich ihre Entscheidung wohl oder übel akzeptieren. Sie erklärte sich jedoch bereit – schon um ihrer neunjährigen Schwester Tina und des Babys Mary Grace willen –, Alex anzuzeigen, falls er je wieder versuchen sollte, ihr etwas anzutun.

Dondie und ich befanden uns nun in einer schwierigen Lage. Wir konnten Alex ohne Marias Zustimmung nicht verklagen und hatten ihr dies im übrigen auch versprochen. Falls wir ihn von uns aus zur Rede stellten, konnte es sein, daß er das Reha verließ und seine Familie mitnahm, wodurch Maria in eine noch schlimmere Situation geraten konnte. Es blieb uns nichts anderes übrig, als so zu tun, als wüßten wir von nichts, während wir weiter um göttliche Leitung beteten.

Zwei Wochen nach Marias Entlassung aus dem Krankenhaus, als Vanessa und ich gerade Weihnachtsstrümpfe für die Kinderstunden füllten, hallte das Reha erneut von wildem Geschrei wider. Es war Maria. Sie war in Panik ausgebrochen, als Alex verlangte, sie solle ihm seinen Kaffee in den Schweinestall bringen. Dondie und ich brachten Maria, Vanessa und Monique in aller Eile in unser Schlafzimmer, schlossen die Tür zu und liefen nach draußen, um nach Alex zu suchen, aber er war spurlos verschwunden. Er wußte nun, daß seine Sünde ans Licht gekommen war.

Einige Stunden später wurden wir durch einen lauten Knall aufgeschreckt, dem kurz darauf ein zweiter folgte. Was war das? Pistolenschüsse? Feuerwerkskörper? Dann war Alex' betrunkene Stimme zu hören, die uns alle in Angst und Schrecken versetzte, ganz besonders seine Familienangehörigen, die aus Erfahrung wußten, wozu Alex fähig war, wenn er zuviel getrunken hatte. Der Lärm kam aus der Küche, und als Dondie und ich hinüberrannten, hörten wir Alex' Stimme: »Wie sieht's aus, Bruder Bill? Du bist ein Mann. Bist du bereit zu kämpfen?«

Wir stürzten ins Zimmer und sahen, daß Alex Bill fest im Griff hatte und ihm ein häßliches, 30 cm langes *Bolo* (Messer) an die Kehle hielt. Ohne zu überlegen, rannte ich zu ihm und schrie:

»Alex, im Namen Jesu, gib mir das Messer!« Er stand wie versteinert. »Alex«, wiederholte ich drängender, »im Namen Jesu, gib es mir!«

Langsam löste er seinen Griff, woraufhin Bill sich blitzschnell in Sicherheit brachte. Nun schwang Alex das Messer in Dondies und meine Richtung. »Wie steht's mit dir, Bruder Dondie?«

Dondie und ich waren davon überzeugt, daß Alex einen von uns beiden töten und dann sich selber umbringen wollte. Wir flehten Gott an, uns Weisheit zu geben, daß er es nicht tat. Alle anderen hatten sich aus dem Staub gemacht und versuchten, Frauen und Kinder aus der Gefahrenzone herauszuhalten, so daß wir ganz allein waren. Gott gab uns Kraft, Alex' Drohungen zu ignorieren und ruhig mit ihm zu sprechen, wobei wir die Weisheit in Salomos Worten entdeckten: »Eine sanfte Antwort wendet Grimm ab, aber ein hartes Wort erregt Zorn« (Sprüche 15,1). Allmählich kühlte sich sein Zorn ab, und er fing an, erste Anzeichen von Reue zu zeigen. »Jetzt gibt es keine Hoffnung mehr für mich. Diesmal bin ich zu weit gegangen«, sagte er.

Wenn er Buße tun würde, erklärten wir ihm, sei Jesus treu und gerecht, ihm seine Sünde zu vergeben – vorausgesetzt, die Buße sei echt. »Wie könnt ihr mir so etwas vergeben?« fragte er, indem er Dondie das Messer reichte.

»Alex, es ist unser größter Wunsch, daß du wieder mit Gott ins reine kommst, nicht daß du verloren gehst.«

Um der Kinder willen hätten wir ihn natürlich nicht im Reha behalten können, aber wir brauchten ihn nicht des Hauses zu verweisen. Er ging ganz von selbst, still und zerbrochen, mit hängendem Kopf. »Ich bin zu weit gegangen«, sagte er leise.

Marie war vor lauter Angst mit Mary Grace geflohen und kam erst am folgenden Tag zurück, nachdem sie die Nacht auf dem Marktplatz verbracht hatte. Als sie hörte, daß Alex gegangen war, beschloß sie, ihm zu folgen. Sie nahm nur Mary Grace mit und ließ die anderen Kinder bei uns. Sie fanden ein Haus in Pamatawan, und Alex ist mittlerweile hin und wieder zum Gottesdienst gekommen, obwohl er, wie Esau, bis jetzt noch keinen Raum zur Buße gefunden hat.

Jackie und Maria sind inzwischen verheiratet und haben selber Kinder, und die anderen Kinder von Alex und Marie, mit Ausnahme eines Jungen, sind immer noch bei uns, auch Mary Grace, die ein

Jahr nach Alex' Weggang wiederkam. Die Zukunft sieht für alle hell und freundlich aus.

Dieser Vorfall war das Schlimmste, was wir bis jetzt im Reha erlebt hatten. Hinterher sprach Bill mir gegenüber seine Zweifel aus: »Siehst du nicht, Schwester Chrissy, daß du es aufgeben solltest, dich um solche Leute zu kümmern? Sie werden sich nie ändern! Du vergeudest nur deine Zeit.«

Ich dachte nach, ehe ich ihm eine Antwort gab. »Bruder Bill, ich bin nicht dazu berufen, Erfolg zu haben; ich bin auch nicht berufen, diese Leute zu verändern. Ich weiß, daß ich niemanden verändern kann. Ich bin nur dazu berufen, gehorsam zu sein. Wir haben das Rehazentrum für Menschen wie Alex eingerichtet, weil Gott uns dazu beauftragt hat, nicht weil wir erfolgreich sein oder etwas Sensationelles tun wollten. Ich kann nicht mit meiner Arbeit aufhören, nur weil etwas schiefgegangen ist.« Ich mußte an mein eigenes Versagen denken, das der Herr wiedergutgemacht hatte, und fuhr fort: »Ich muß einfach gehorsam sein. Wenn Gott uns sagt, daß wir aufhören sollen, dann tun wir es. Wichtig ist, daß wir bereit sind, ihm zu gehorchen.«

Ich kann nicht leugnen, daß ich enttäuscht bin, wenn Menschen vom Weg Gottes abirren, die ich mit aller Kraft versucht habe, darin zu unterweisen. Doch ich versuche stets, mich an eine Lektion zu erinnern, die meine Mutter mich gelehrt hat. Diese Lektion hat sie aus eigenen bitteren Erfahrungen und Enttäuschungen mit den jugendlichen Straftätern gelernt, die damals bei uns im Haus wohnten. Einer der Jungen hatte ihr Portemonnaie gestohlen, das später leer in einer Kneipe am Ort gefunden wurde. Es war für Mama schon schlimm genug gewesen, den Diebstahl zu entdecken, aber dann zu erfahren, daß er das Geld vertrunken hatte, war nicht nur verletzend, sondern auch beleidigend für sie. Sie fühlte sich bitter enttäuscht, nach allem, was sie für diesen jungen Mann getan hatte. Mama erzählte mir: »Und dann habe ich zum Herrn geschrien: ›Was soll ich denn noch für sie tun? Soll ich etwa für sie sterben?‹«

Die Antwort Jesu traf sie bis ins Herz: »Nein, Mary, das habe *ich* getan.«

Ohne es zu merken, hatte sie in sein Hoheitsrecht eingegriffen; sie hatte den Blick dafür verloren, was seine und was ihre Verantwortung war. Ihr Dienst an den Jugendlichen hatte sie dermaßen erfüllt, daß sie die Notwendigkeit für das Eingreifen Gottes praktisch aus den Augen verloren hatte.

Aus Mamas Fehler habe ich eines gelernt: Ich will nie denken, daß ich aus eigener Kraft einen Menschen verändern kann. Ich kann ihn unterweisen, ihm ein gutes Vorbild sein und liebevoll und barmherzig mit ihm umgehen, aber nichts davon wird sein Leben durchgreifend verändern. Nur Gott kann diese Veränderung in einem Menschen bewirken, die bis in Ewigkeit Bestand hat. Nicht einmal sich selbst kann der Mensch aus eigener Willenskraft verändern: »Nicht durch Macht und nicht durch Kraft, sondern durch meinen Geist, spricht der Herr der Heerscharen« (Sacharja 4,6).

Wenn es Erfolge oder Lebensveränderungen durch meinen Dienst gibt, kann ich mir nichts darauf einbilden, »denn Gott ist es, der in euch wirkt sowohl das Wollen als auch das Wirken zu seinem Wohlgefallen« (Philipper 2,13). Genausowenig darf ich mich über Dinge beklagen, die allem Anschein nach schiefgehen; auch diese Dinge hat Gott in der Hand.

Worin besteht denn nun der Erfolg eines Missionars, eines Pastors oder überhaupt eines Gotteskindes? Das Geheimnis des Erfolges liegt meiner Ansicht nach in diesen Worten:

> Dieses Buch des Gesetzes soll nicht von deinem Mund weichen, und du sollst Tag und Nacht darüber nachsinnen, damit du darauf achtest, nach allem zu handeln, was darin geschrieben ist; denn dann wirst du auf deinen Wegen zum Ziel gelangen, und dann wirst du Erfolg haben (Josua 1,8).

Wenn wir durch Gottes Gnade seinem Wort gehorsam sind, gilt auch uns der Bibelvers: »Denn zur bestimmten Zeit werden wir ernten, wenn wir den Mut nicht verlieren« (Galater 6,9).

Kapitel 18

Jimmy

Seit dem Tag ziemlich am Anfang meines Aufenthalts auf den Philippinen, an dem ich Mama und Papa Houghton kennengelernt hatte, war ich mit dem Soldatenheim der amerikanischen Militärmission in Subic in Verbindung geblieben. Es war ein unabhängiges Missionswerk, das zum größten Teil von Freunden in Amerika unterstützt wurde. Gelegentlich beteiligten sich auch die Gemeinden innerhalb des Marinestützpunktes in Olongapo, wo die Houghtons viele Freunde und Bekannte besaßen, finanziell an der Arbeit. Durch dieses Ehepaar hatte ich verschiedentlich Einladungen erhalten, auf dem Stützpunkt zu sprechen, und die Christen dort waren immer äußerst großzügig gewesen, wenn es darum ging, das Philippine Outreach Centre zu unterstützen.

Die Houghtons waren liebe Freunde von mir, die mir in den dunkelsten Tagen meines Lebens beigestanden und mir immer wieder Mut zugesprochen hatten. Ich vermißte sie sehr, als sie in die Vereinigten Staaten zurückkehrten, um dort innerhalb der Assemblies of God-Bewegung weiter zu dienen. An ihrer Stelle kamen die Pedersons, mit denen ich bald ebenfalls Freundschaft schloß, ebenso mit ihrer Tochter und ihrem Schwiegersohn, den Fishers. Die Fishers dienten in der U.S.-Armee und waren, genau wie Dondie und ich, noch nicht lange verheiratet. Sie hatten einen kleinen Sohn, der ein wenig älter war als Monique.

Als die Pedersons aus Krankheitsgründen unerwartet nach Amerika zurückkehren mußten, übergaben sie die Verantwortung für das Soldatenheim an die Fishers, mit denen uns eine enge Freundschaft verband. Besonders für mich war es jedesmal ein Fest, mit Menschen zusammen zu sein, die aus einer Kultur wie der meinen stammten, und wenigstens für ein paar Stunden den westlichen Komfort des Heims zu genießen.

Die Fishers ihrerseits mußten nach einiger Zeit die Philippinen ziemlich plötzlich verlassen, und da sie niemanden hatten, dem sie das Soldatenheim übergeben konnten, baten sie Dondie und mich um Hilfe. Ob wir nicht ihre Stelle einnehmen könnten, wenigstens für ein paar Monate, bis sich eine andere Regelung gefunden hätte?

Dieser Vorschlag war nicht so unmöglich, wie er auf den ersten Blick erscheinen mag. Zum einen beschränkte sich die Arbeit im Heim mehr oder weniger auf die Abendstunden. Das Haus war als Treffpunkt für die Männer von den Schiffen gedacht, die auf dem Stützpunkt ständig kamen und gingen, und wir konnten gewöhnlich ab 19 Uhr mit Besuchern rechnen. Zum anderen war die Zahl der Soldaten, die tatsächlich vorbeikamen, stark zurückgegangen; dies war eine Folge der Restriktionen, die Armeeangehörigen zeitweilig den Zutritt nach Subic verboten. (Seit Präsident Corazon Aquino bei den 1986er Wahlen Ferdinand Marcos besiegt hatte, hatte die NPA [New People's Army = Neue Volksarmee], eine Gruppe von maoistischen Rebellen, die von Marcos skrupellos unterdrückt worden war, immer wieder der U.S.-Armee mit Anschlägen gedroht, und eine Reihe Soldaten wie auch etliche Missionare waren bereits ums Leben gekommen. Jedesmal, wenn neue Unruhen drohten, verhängten die Militärbehörden Ausgangssperren für ihre Soldaten, und die Männer durften Olongapo nicht verlassen.)

Da wir dies wußten und die Aufgabe sowieso nur eine vorübergehende sein sollte, sagten Dondie und ich zu und zogen im Februar 1990 ins Soldatenheim um, das nur fünf Minuten mit dem Auto vom Rehazentrum entfernt und näher am Stadtzentrum von Subic lag. Wir fanden bald unsere Routine, die so aussah, daß Dondie die meiste Zeit im Reha verbrachte, während ich weiterhin mit den Del Montes die Gefängnisse in Camp Maquinaya und Iba besuchte. An den Abenden blieben wir natürlich daheim, in Erwartung der Soldaten, die vorbeikommen würden, und falls nachts etwas Unvorhergesehenes im Reha passieren sollte, hatte Bill, der Jeepney-Fahrer, den Auftrag, uns sofort zu holen.

Unsere Arbeit für die Militärmission führte uns auch häufiger auf den Flottenstützpunkt. Freitags abends nahmen wir dort an einer Bibelstunde teil, wodurch wir Gelegenheit hatten, neue Soldaten kennenzulernen und in unser Heim einzuladen; es führte außerdem dazu, daß ich gebeten wurde, einmal pro Woche in einer Frauengruppe zu sprechen. Jeden Mittwoch besuchten wir das »Chaplains' Luncheon«, ein Mittagessen, bei dem sich Missionare, örtliche Pastoren und Militärgeistliche trafen, und hin und wieder wurden wir eingeladen, in den verschiedenen Kapellen auf dem Stützpunkt über das Soldatenheim und das Philippine Outreach Centre zu berichten.

Für zwei Missionswerke Verantwortung zu tragen, war keine leichte Arbeit. Es gab aber auch manche Entschädigungen, von denen der Zugang zu bestimmten Einrichtungen auf dem Flottenstützpunkt nur eine war. Unser allwöchentlicher Besuch der Wäscherei nach dem gemeinsamen Mittagessen am Mittwoch bedeutete, daß Moniques Babykleidung wunderbar weich aus dem Wäschetrockner kam und unsere Handtücher sich nicht länger wie Wurzelbürsten anfühlten, nachdem sie in der heißen Sonne getrocknet worden waren. Und anstatt Carlo und Monique zum Spielen mit an den Strand zu nehmen, der wirklich nicht sauber zu nennen war, konnten wir mit ihnen zu McDonald's und auf den Kinderspielplatz gehen, was für sie jedesmal ein besonderes Fest war.

Das Soldatenheim selbst war, obwohl man es im Vergleich mit den besseren Häusern in Manila wahrscheinlich als durchschnittlich bezeichnet hätte, direkt luxuriös zu nennen, verglichen mit den Häusern in Subic. Es war geräumig, hatte zwei Stockwerke und einen eigenen großen Garten, in dem sogar noch Platz für das Haus der Köchin Lora war. Das Wohnzimmer besaß einen gebohnerten Holzfußboden und Möbel (von einer Soldatenfamilie gespendet, die versetzt worden war), die besser waren als alles, was es in Olongapo zu kaufen gab. Die kleine, mit Marmor gekachelte Küche entzückte mich, denn sie enthielt, zusätzlich zu einem großen Kühlschrank, den ersten Herd, den ich seit meiner Ankunft auf den Philippinen besessen hatte. Eine imposante, breite Steintreppe führte in den ersten Stock hinauf, wo das Elternschlafzimmer lag, ausgestattet mit einem komfortablen Wasser-Doppelbett (ebenfalls ein Geschenk von einem scheidenden Soldatenehepaar) und – man höre und staune – einem angrenzenden Badezimmer, wo aus der Dusche tatsächlich *heißes* Wasser kam, etwas im Reha völlig Unbekanntes. Eine Tür auf dem Treppenabsatz führte auf einen großen Balkon direkt über dem Wohnzimmer. Das Beste von allem war, daß wir zum erstenmal einen Platz für uns allein als Familie hatten. Es machte mir deshalb auch gar nichts aus, daß ein Monat nach dem anderen verging, ohne daß wir etwas von einem Nachfolger hörten.

Zwischenzeitlich standen die Räder auch im Philippine Outreach Centre nicht still. John Morales, ein bekehrter ehemaliger Häftling, der in Muntinlupa eingesessen und durch Mami Olga von mir gehört hatte, suchte uns auf und fragte, ob er uns bei der Gefängnisarbeit helfen könne. Er hatte bereits Erfahrungen gesammelt, indem er das Gefängnis in San Fernando, der Heimatstadt seiner Frau, besucht hatte. Nachdem wir ihn mehrmals nach Iba mitgenommen hatten, wo sich sehr bald herausstellte, daß er wirklich eine Gabe besaß, mit den Gefangenen zu kommunizieren, luden wir ihn gerne zur Mitarbeit ein. Er zog mit seiner Frau und vier Kindern ins Reha ein, und sie blieben ungefähr ein Jahr bei uns. In dieser Zeit war John uns dabei behilflich, unsere Arbeit auch auf das Gefängnis von San Fernando, etwa 50 km nordöstlich von Subic gelegen, auszudehnen.

Auch in der Gemeinde gab es Veränderungen. Dondie hatte schon seit längerer Zeit gespürt, daß die evangelistische Arbeit effektiver sein würde, wenn unser Versammlungsraum näher am Stadtzentrum wäre. Als wir dann in das Soldatenheim zogen, entdeckten wir, daß ein kleines Restaurant in derselben Straße zu vermieten war. Es war wirklich klein, aber Dondie war überzeugt, daß der Standort günstig für Gemeindearbeit wäre. Diese Überzeugung erwies sich als richtig, und von dem Tag an, als wir dort unsere Gottesdienste abhielten, kamen immer mehr Menschen hinzu.

Doch erst die Begegnung mit Jimmy löste die Vision aus, die mich für die nächsten drei Jahre beschäftigen sollte. Nicht lange nachdem wir in das Soldatenheim gezogen waren, bat mich eine besorgte Mutter, ihren 20jährigen Sohn zu besuchen, der in unserer örtlichen *Barangay*-Station festgehalten wurde (d. i. so etwas wie eine kleine Polizeistation, allerdings mit extra dafür angestellten Zivilisten besetzt, wo Gesetzesübertreter eingesperrt werden können, bis die Polizei informiert und eine offizielle Verhaftung vorgenommen wird). Da das Vergehen des jungen Mannes geringfügig war, würde man ihn in Kürze wieder freilassen, und nachdem ich mich eine Zeitlang mit ihm unterhalten hatte, wandte ich meine Aufmerksamkeit einem zweiten Gefangenen zu. Ich fragte mich, was um alles in der Welt er wohl verbrochen haben konnte. Er sah aus wie ein neunjähriger Junge.

»Wie heißt du?« fragte ich auf Tagalog.

»Jimmy«, erwiderte er schüchtern.

»Und wie alt bist du?«

»Zwölf!«

»Was hat er verbrochen?« fragte ich den Stationsvorsteher.

»Oh, er wurde um Mitternacht auf der Straße aufgegriffen und muß jetzt drei Tage hierbleiben.«

Seine Mutter arbeitete, wie sich herausstellte, in einer nahe gelegenen Bar als Bardame, was ein beschönigender Ausdruck für eine »legale Prostituierte« war. (Es war zwar illegal, Männer auf der Straße anzusprechen, aber Prostitution als in den Bars angebotene Dienstleistung war gesetzlich erlaubt.) Jimmys helle Haut und seine braunen Haare deuteten darauf hin, daß sein Vater Europäer sein mußte; wahrscheinlich handelte es sich um einen amerikanischen Soldaten.

Tiefes Mitleid mit Jimmy erfaßte mich, dessen einziges Verbrechen darin bestand, daß er keinen hatte, der dafür sorgte, daß er rechtzeitig ins Bett kam. Er sagte mir, daß seine Mutter ihn noch nicht besucht hätte, seit er aufgegriffen worden war, und hatte vor lauter Traurigkeit den ganzen Tag nichts gegessen. Ich wandte mich erneut an den Beamten, der über das Philippine Outreach Centre Bescheid wußte, und fragte ihn: »Darf ich Jimmy für eine Zeit mitnehmen? Ich möchte ihm unser Rehazentrum zeigen und ihm etwas zu essen geben und bringe ihn dann in ein paar Stunden wieder.«

»Sicher, das dürfen Sie.«

»Möchtest du mit mir kommen, Jimmy?«

Sein Gesichtchen leuchtete auf, und sein Lächeln war für mich Antwort genug. Fröhlich kletterte er in den alten Kombi, der dem Soldatenheim gehörte, und schaute gespannt aus dem Fenster, ob nicht ein paar seiner Freunde in der Nähe wären und mitbekommen würden, daß er mit einer weißen Frau im Auto fuhr. Um zum Reha zu gelangen, mußten wir an der Rückseite der Bars vorbeifahren, und Jimmy zeigte mir diejenige, in der er mit seiner Mutter und Schwester lebte. Gleichzeitig winkte und rief er seinen Freunden zu und freute sich über ihre vor Verwunderung weit aufgerissenen Augen.

Im Reha angekommen, liefen sofort alle Kinder zusammen, um mit Jimmy bekannt gemacht zu werden. Ich führte ihn durchs Haus, und er sah sich mit stummem Entzücken in den Räumen des Kindergartens um, mit den kleinen roten und grünen Stühlen und farbenfrohen Bildern, die Wände mit Zahlen und Buchstaben geschmückt. Von den Schlafräumen, wo er kaum glauben konnte, daß jedes Kind ein eigenes stabiles Bett hatte, ging es weiter in die Küche. Dort gab ich Jimmy Fisch und Reis zu essen, und er verputzte alles in einer Rekordzeit – trotz der Tatsache, daß die anderen Kinder um ihn herumstanden und ständig auf ihn einredeten, weil sie es nicht erwarten konnten, ihm endlich ihren Fernseher zu zeigen.

Als ich Jimmy fragte, ob ihm das Rehazentrum gefiele, bejahte er entschieden.

»Würdest du gerne hier wohnen, wenn deine Mama das erlaubt?«

»O ja.«

Die zwei Stunden vergingen wie im Flug, und nachdem ich Jimmy wieder auf der Polizei abgeliefert hatte, beschloß ich, seine Mutter aufzusuchen. Die Atmosphäre im Innern der Bar war düster und bedrückend, und im trüben Licht der roten Glühbirnen erkannte ich an den Wänden handgemalte Zeichnungen von halbnackten Frauen. Obwohl die Bars nie ganz geschlossen wurden, war es tagsüber gewöhnlich sehr ruhig. Jimmys Mutter sei draußen hinter dem Haus, sagte man mir, und als ich mit unsicheren Schritten über einen unbeleuchteten Korridor ging, um sie zu suchen, waren meine Gefühle gemischt. Dies war bestimmt nicht der richtige Ort, um Kinder großzuziehen. Ich wußte aber auch, daß viele junge Mädchen von ihren Familien in die Stadt geschickt wurden, um Geld zu verdienen, und da sie wegen ihrer mangelnden Schulbildung kaum Aussicht auf eine anständige Arbeit hatten, landeten viele von ihnen da, wo Jimmys Mutter gelandet war.

Als ich sie endlich fand, war sie dabei, Wäsche zu waschen, und anstatt mein Lächeln zu erwidern, wandte sie sich kühl ab und fuhr mit ihrer Arbeit fort. Sie hatte bereits von den Nachbarn gehört, daß Jimmy im Reha gewesen war, und ich merkte, daß sie das Gefühl hatte, ich würde sie kritisieren. Doch wer war ich, daß ich sie hätte verdammen können? Wenn die Gnade Gottes nicht gewesen wäre, hätte ich mich leicht in der gleichen Situation befinden können. Ich versuchte ihr klarzumachen, daß ich Mitleid mit ihr empfände und sie keineswegs kritisieren wolle. Es gehe mir nur darum, ihr und ihrem Sohn zu helfen. Jimmy dürfe gerne zu uns ins Reha kommen, falls sie nicht in der Lage sei, ihn zu versorgen. Ich wußte, daß Frauen wie sie zur Zeit weniger als üblich verdienten, weil die Ausgangsbeschränkungen die Soldaten von den Bars fernhielten.

Schließlich taute sie etwas mehr auf, wollte aber trotzdem nicht ihre Einwilligung geben, daß Jimmy zu uns kam. Darüber war ich natürlich enttäuscht. Er war so ein lieber Junge, und ich fand den Gedanken schrecklich, daß er im Bordell aufwuchs; doch selbst wenn ich die notwendigen Mittel besessen hätte, konnte ich unmöglich allen Kindern helfen, die mir am Herzen lagen. Sie hatten alle Eltern oder einen Vormund, die sie auf ihre Art liebhatten und sie niemals freiwillig weggeben würden, was ich nun, da ich selber Mutter war, nur zu gut verstand. Ich persönlich würde ebenfalls alles tun, um zu verhindern, daß mir die Kinder fortgenommen wurden. Ich würde sogar Fußböden schrubben oder sonst etwas tun, um sie zu ernähren – wenn ich sie nur behalten konnte.

In diesem Augenblick gab Gott mir die Vision, mit einer christlichen Schule zu beginnen. Wir hatten ja bereits unseren Kindergarten, der sehr gut lief, aber mit sieben Jahren mußten die Kinder dann in die öffentliche Grundschule am Ort überwechseln. Diejenigen, die sonst keinem christlichen Einfluß ausgesetzt waren, vergaßen oft allzuschnell, was wir ihnen im Kindergarten über Gott beigebracht hatten. Wenn wir aber selbst eine Schule hätten, könnten wir die Kinder von drei bis zu sechzehn Jahren im christlichen Glauben erziehen, und selbst wenn ich mich nicht um alle Jimmys in Subic kümmern konnte, so würden doch wenigstens einige von ihnen die Chance einer besseren Zukunft erhalten. Reis und Fisch, die Jimmy von mir bekommen hatte, halfen ihm über einen Tag hinweg, doch ein Kind in einer guten, christlichen Schule zu erziehen, würde bedeuten, daß wir einen positiven Einfluß sowohl in bezug auf seine Ewigkeit als auch auf sein irdisches Leben ausüben konnten.

Jimmy selbst zog ein Jahr später aus unserer Gegend fort, aber ich habe ihn nie vergessen, weil Gott mir durch ihn die Vision für die Philippine Outreach-Akademie gab. Ich ahnte damals nicht, wie lange es dauern würde, bis diese Vision Realität würde, hatte aber mittlerweile gelernt, daß Gott sich nicht hetzen läßt. Er hat für alles einen vollkommenen Zeitplan; er kommt nie zu früh und nie zu spät.

Bis dahin gab es jedoch noch andere Dinge, denen ich mich zuwenden mußte. Meine Vision für eine christliche Schule machte mir bewußt, wie sehr das öffentliche Schulsystem bei den Rehakindern seinen Zweck verfehlte. Zum einen gab es auf der Schule keine Uniform, so daß die Kinder jeden Tag in ihren alten Latschen und zusammengewürfelten Kleidungsstücken loszogen. Sie sahen total heruntergekommen und armselig aus, und ich war sicher, daß dieser Mangel ihr Selbstbewußtsein untergrub. Außerdem schienen sie wenig Enthusiasmus bzw. Motivation fürs Lernen zu besitzen, was auch kaum überraschte, da der Unterricht sehr unregelmäßig stattfand und sie oft einfach nach Hause geschickt wurden, wenn die Lehrer an einer Konferenz teilnehmen mußten. Tatsache war, daß ihre schulischen Leistungen mehr als gering waren.

Da unsere eigene Schule, wie gesagt, noch weit in der Zukunft lag, fing ich an, Erkundigungen über die Aufnahme in eine christliche Privatschule in Olongapo einzuholen. Die Schule mit der Bezeichnung »White Stone Academy« wurde von Schwester Onie, der Besitzerin des White Rock-Hotels in Subic, geleitet und benutzte ein amerikanisches Schulsystem, das als ACE (Accelerated Christian Education) bekannt ist. Leider mußte ich feststellen, daß die Schulgebühren für unsere zwanzig Kinder wesentlich höher waren, als wir im Augenblick aufbringen konnten. Deshalb fingen wir alle an, intensiv dafür zu beten, ganz besonders die Kinder selbst, die von dem Gedanken, eine Privatschule zu besuchen, natürlich restlos begeistert waren.

Mir war das ACE-Programm bereits bekannt, weil meine Eltern früher einmal mit dem Gedanken gespielt hatten, in unserer Gemeinde mit einer Schule zu beginnen. Zudem konnten die Kinder von einem amerikanischen Lehrplan nur profitieren, weil für die meisten Berufe auf den Philippinen gute Englischkenntnisse erforderlich sind. Wenn sie bereits von der Grundschule an in Englisch unterrichtet wurden und nicht in Tagalog, so war das für sie von Vorteil, da der Unterricht auf den höheren Schulen ohnehin ausschließlich in Englisch stattfand.

Der ACE-Lehrplan ist in Einheiten aufgeteilt, die »Schritte« heißen, und es liegt eine starke Betonung auf dem eigenständigen Lernen. Dadurch sollen die Schüler auf jene Eigenverantwortlichkeit vorbereitet werden, die sie bringen müssen, wenn sie später einmal aufs College gehen. Obwohl immer eine Aufsichtsperson zur Verfügung steht, lernt jedes Kind für sich, setzt sich seine eigenen Ziele, kontrolliert und zensiert seine Schularbeiten und testet sich selbst in bezug auf den Inhalt jeder Unterrichtseinheit. Anschließend folgt eine Mini-Prüfung, bei der der Schüler mindestens 90 von 100 Punkten erhalten muß, um mit der nächsten Einheit weiterzumachen. Die Motivation zum Lernen geschieht u. a. dadurch, daß es Preise und bestimmte Privilegien für gutes Betragen und schulische Leistungen gibt, und das Selbststudium wird hier auf den Philippinen noch durch die Gemeinschaftsfächer Musik, Kunst und Sport ergänzt.

Der in ACE-Schulen erreichte Bildungsstand ist sehr hoch, selbst im Vergleich mit anderen Privatschulen, und ich war davon überzeugt, daß unsere Kinder Nutzen aus dem Programm ziehen würden. Das einzige Problem war, wie üblich, das Geld. Obwohl Schwester Onie uns bereits eine sehr großzügige Ermäßigung eingeräumt hatte, überstiegen die Schulgebühren noch immer unsere Möglichkeiten. Bei meiner letzten Englandreise hatte Rodney, ein Mitglied unseres Kuratoriums, den Vorschlag gemacht, mit einem Patenschaftsprogramm zur Finanzierung unserer Arbeit zu beginnen. Viele Missionsfreunde, so sagte er, würden wahrscheinlich lieber Geld für eine bestimmte Person oder ein Projekt geben, als es in den »großen Topf« des Philippine Outreach Centre wandern zu lassen. Bis jetzt war ich noch nicht auf diesen Vorschlag eingegangen, doch nun kam mir der Gedanke, daß viele Leute sicher positiv auf die Bitte, eine Schulpatenschaft zu übernehmen, reagieren würden – vorausgesetzt, wir hätten Zeit, sie diesbezüglich zu fragen. Doch das Anmeldedatum rückte unerbittlich näher, und wir mußten umgehend eine Entscheidung treffen.

Nach viel Gebet erhielt ich die innere Gewißheit, daß genügend Paten gefunden werden würden und wir dem Herrn vertrauen sollten, indem wir die Kinder unverzüglich anmeldeten. Dann ging die Arbeit richtig los. Jeder Schüler brauchte zwei Schuluniformen, eine für jeden Tag und eine für besondere Anlässe, was bedeutete, daß wir vierzig Uniformen bestellen mußten. Ich ließ jedes Kind die Umrisse seiner Füße auf ein Blatt Papier zeichnen, damit ich nach Manila fahren und dort zwanzig Paar Schuhe kaufen konnte. Dazu kamen buchstäblich Hunderte von Notizheften und Dutzende von Bleistiften und Bleistiftspitzern – die Liste war endlos und die Rechnungen alarmierend. Durch unerwartete Spenden und die Hilfe meiner Heimatgemeinde in England sorgte Gott in seiner Gnade für alle diese Ausgaben, und im Juni 1990 waren die Kinder bereit für ihren ersten Schultag in White Stone.

Welch ein Unterschied zu früher, als sie nun voller Begeisterung und Vorfreude in ihren adretten neuen Uniformen loszogen – weiße Blusen und dunkelblaue Faltenröcke für die Mädchen, kurzärmelige weiße Hemden und dunkelblaue lange Hosen für die Jungen. Außerdem richtige Schuhe und saubere weiße Socken. Die Uniformen wurden jeden Tag in der Schule inspiziert, so daß die Kinder von selbst anfingen, auf ihr Äußeres zu achten. Dies wiederum wirkte sich positiv auf ihr Selbstvertrauen aus und übertrug sich auch auf ihre schulischen Leistungen. Obwohl einige zu Anfang eine Klasse niedriger als in der öffentlichen Schule eingestuft worden waren, machten sie gute Fortschritte und hatten den Rückstand bald aufgeholt.

Es war ein echter Glaubensschritt gewesen, die Kinder nach White Stone zu schicken, aber ich hatte nie Grund, ihn zu bedauern. Außer der Tatsache, daß mein Vertrauen in das ACE-Programm gestärkt wurde, war der offensichtliche Nutzen für die Kinder für mich ein zusätzlicher Ansporn, an der Vision, die Gott mir gegeben hatte, festzuhalten und auf den Tag zu warten, an dem wir das Programm in unserer eigenen Schule verwirklichen konnten. Im Lauf des Jahres erklärten sich Kleingruppen, Ehepaare und Einzelpersonen in der Heimat bereit, Schulpatenschaften für unsere Kinder zu übernehmen, wodurch mein Glaube noch mehr gestärkt wurde, daß der Herr ganz gewiß für die notwendigen Mittel sorgen würde, um die Philippine Outreach-Akademie Wirklichkeit werden zu lassen.

Als das Jahr 1991 kam, wohnten Dondie und ich immer noch im Soldatenheim. Aus den »paar Monaten« war mittlerweile ein ganzes Jahr geworden, und es gab bis jetzt keine sicheren Anzeichen für einen Nachfolger. Trotzdem fingen wir an, Pläne zu schmieden, nach denen wir im Sommer dieses Jahres unsere neue Schule eröffnen wollten. Jeder, der eine ACE-Schule leiten oder dabei mitarbeiten möchte – ob Schulleiter, Pastor, Verwalter oder Lehrer, der die Schüler beaufsichtigt –, muß einen kurzen Ausbildungskurs absolvieren, um zu wissen, wie das Programm funktioniert, und im Juni, als ich im dritten Monat mit unserem zweiten Kind schwanger war, sahen wir alle dieser Schulung erwartungsvoll entgegen. Da plötzlich brach der Pinatubo aus, und unsere ganzen schönen Pläne fielen, wie vieles andere auch, wie ein Kartenhaus in sich zusammen.

Kapitel 19

Pinatubo

Dondie und ich betraten einen Schauplatz ungewohnter Verwirrung, als wir am Mittwoch, dem 12. Juni 1991, für das »Chaplains' Luncheon« auf dem Marinestützpunkt in Olongapo eintrafen. Die Besitzer Hunderter von Wagen, die überall, selbst an den unmöglichsten Stellen, parkten, waren damit beschäftigt, ihre Picknickkörbe auszuladen, ihre Hunde spazierenzuführen oder sich in einer der langen Menschenschlangen anzustellen, die darauf warteten, eine Notunterkunft auf dem Gelände zugewiesen zu bekommen.

Es hatte bereits seit mehreren Tagen Gerüchte gegeben, der Clark-Luftwaffenstützpunkt in Angeles City solle geräumt und die Soldaten auf den Marinestützpunkt evakuiert werden. Diese Maßnahme war als Sicherheitsvorkehrung gedacht, nachdem bekannt geworden war, daß der Pinatubo, einer von mehr als dreißig aktiven Vulkanen auf den Philippinen, in Kürze ausbrechen werde. Über die Medien wurden von seiten der Regierung alle, die in einem Umkreis von 20 km um den Pinatubo wohnten, aufgerufen, zu ihrer eigenen Sicherheit ihre Häuser zu verlassen und wegzuziehen. Auch der amerikanische Militärsender strahlte regelmäßig entsprechende Warnungen über das Fernsehen aus. Amerikanische Wissenschaftler überwachten laufend die Tätigkeit des Vulkans, und man versicherte uns, daß in Subic, 50 km westlich des Pinatubo, keine Gefahr drohe.

Am Nachmittag des folgenden Tages fuhr ich mit Dondie von Olongapo zurück, und als wir uns Subic näherten, sahen wir, daß der Marktplatz voller Leute war, die alle gen Himmel schauten und aufgeregt gestikulierten. Eine riesige graue Rauchwolke kam aus der Richtung des Pinatubo gezogen. Wir waren, wie die übrigen, eher von ehrfürchtigem Staunen als von Furcht ergriffen über dieses eindrucksvolle, aber weit entfernte Phänomen. Dondie hatte mir erzählt, daß die Touristen in hellen Scharen in die Provinz Bicol, die Heimat des Vulkans, strömten, besonders wenn er gerade wieder ausbrach, und daß noch nie etwas Schlimmes passiert sei, solange er zurückdenken könne.

Als wir am Freitag morgen aufwachten, sahen wir, daß der Garten des Soldatenheims unter einer dünnen Decke pulveriger hellgrauer Asche lag, die wie frisch gefallener Schnee aussah. Carlo und Monique waren begeistert. Auf den Philippinen schneit es nie, deshalb war dies für sie etwas aufregend Neues. Später fuhr ich zum Mittagessen auf den Stützpunkt, um an einer Abschiedsfeier für eine Freundin teilzunehmen, deren Ehemann an eine andere Stelle versetzt worden war. Am frühen Abend wollten Dondie und ich, bevor wir zur Bibelstunde fuhren, uns in Olongapo nach einem Haus umsehen.

Die Ausgangsbeschränkungen für Soldaten behinderten die Arbeit des Heims so sehr, daß eine Verlegung nach Olongapo, das nicht von dem Verbot betroffen war, der einzige Ausweg zu sein schien. Wir persönlich würden wahrscheinlich nicht sehr lange in dem neuen Heim wohnen, denn wir hatten endlich die Nachricht erhalten, daß die Pedersons hofften, in Kürze zurückzukehren. Lora, die Köchin, wollte jedoch auch in Zukunft für das Soldatenheim arbeiten, und so luden wir sie ein, mitzufahren und das Gebäude zu besichtigen, das wir im Sinn hatten.

Wir fuhren rechtzeitig von Subic los, doch noch ehe wir einen Kilometer gefahren waren, wurde der Himmel plötzlich schwarz, was in der Regenzeit nichts Ungewöhnliches ist. Doch statt des erwarteten Regens fiel Schlamm vom Himmel, der schwer gegen die Windschutzscheibe klatschte. Das einzige, was die Scheibenwischer ausrichteten, war, den Schlamm gleichmäßig über die ganze Scheibe zu verteilen, und Dondie, der praktisch nichts mehr sehen konnte, wendete den Wagen vorsichtig in Richtung Heimat. Der Verkehr war ziemlich rege, und es hätte schlimme Unfälle geben können, wenn die anderen Fahrer nicht die gleiche Vorsicht hätten walten lassen.

Mit Hilfe eines Wasserkanisters, den wir uns von einem nahe gelegenen Haus erbaten, und indem wir alle paar Minuten anhielten, um den Schlamm von der Windschutzscheibe abzuwaschen, schafften wir die 800 Meter bis nach Hause in einer knappen Stunde. Glücklich daheim angekommen, stellten wir fest, daß die Stromversorgung ausgefallen war. Wir hatten keine Batterien für das Radio, also gingen wir zu Bett, ohne zu wissen, was los war oder was unter Umständen alles auf uns zukommen konnte.

Es regnete keinen Schlamm mehr, als wir am Samstag morgen, meinem Geburtstag, aufwachten; dafür war draußen alles mit einer 2 1/2 cm dicken Schicht dunkelgrauer Asche bedeckt. Diesmal konnte ich mich dem Reiz des Anblicks selber nicht entziehen, sondern holte sofort meine Kamera und knipste den Film voll, indem ich Schnappschüsse von der merkwürdig veränderten Landschaft machte. Es gab immer noch keinen Strom, somit blieb auch das Radio stumm.

Wir hatten einen geschäftigen Tag vor uns. Joseph hatte seine Bibelschulausbildung in Angeles City beendet, und wir wollten mit einer Gruppe von Reha-Bewohnern und Gemeindegliedern hinfahren, um die Abschlußfeier mitzuerleben. Doch zuvor, unmittelbar nach dem Frühstück, ging ich mit Lora ins Geschäft, um Nudeln und Mehl für einen Kuchen zu kaufen, da es ihre Gewohnheit war, jedesmal einen Kuchen zu backen, wenn jemand Geburtstag hatte. Es war erst halb neun, doch der Laden war bereits voller aufgeregter Leute, die hastig nach allem griffen, was ihnen in die Quere kam; besonders der Vorrat an Konserven schmolz beängstigend schnell dahin. Die Leute hatten offensichtlich etwas gehört, was uns entgangen war. Erschrocken kauften wir mit unserem wenigen Geld so viele Lebensmittel und Kerzen wie möglich, und ich nahm mir vor, einen weiteren Streifzug zu unternehmen, nachdem ich mich zu Hause mit dem notwendigen Geld eingedeckt hatte.

Noch während wir im Geschäft waren, wurde es draußen plötzlich ganz dunkel, so als ob ein schwarzer Vorhang gefallen wäre; gleichzeitig ging im Laden das Licht aus. Sekunden später regnete es Asche, Schlamm und Steine vom Himmel. In panischer Hast rannten die Leute zum Ausgang, um sich zu Hause in Sicherheit zu bringen. Lora und ich schlossen uns dem Strom der Flüchtenden an und waren bald reichlich bepflastert mit fallendem Schlamm, während wir uns, so schnell wir konnten, einen Weg durch die Dunkelheit bahnten.

Zu Hause angekommen, saßen wir alle beim Schein von Kerzen und einigen für Notfälle gedachten Gaslampen zusammen und warteten darauf, daß es wieder hell würde. Doch nach über einer Stunde saßen wir immer noch, total von der Außenwelt abgeschnitten, auf unserer winzig kleinen Insel des Lichts fest, während die Dunkelheit wie pechschwarze Nacht von außen gegen die Fensterscheiben drückte. Im Lauf des Vormittags gab es dann den ersten von einer

Reihe kleinerer Erdstöße, und bei jedem Stoß durchrieselte mich ein Angstschauer, weil ich unwillkürlich an das schlimme Beben vor weniger als einem Jahr denken mußte, das in Baguio City und Nueva Ecija verheerende Schäden angerichtet und viele Menschen das Leben gekostet hatte. In dem Bemühen, wenigstens halbwegs die Normalität zu erhalten, bereitete Lora das Mittagessen zu (der Herd wurde glücklicherweise mit Propangas betrieben) und backte anschließend sogar einen Geburtstagskuchen für mich. Es war ein tapferer Versuch, der sich aber nicht durchhalten ließ, während die Stunden sich mühsam dahinschleppten.

Es fing an zu donnern; ohrenbetäubende Schläge ließen die Erde erzittern und hüllten uns in eine geschlossene Woge von Geräusch ein, die Carlo und Monique in Angst und Schrecken versetzte. Zwischen den einzelnen Donnerschlägen hörten wir das stetige Bombardement von Steinen, die auf unser Wellblechdach prasselten, und die schwächeren Aufschläge von Asche und Schlamm. Die Asche mußte inzwischen ziemlich hoch draußen liegen, aber wie hoch genau, wußten wir nicht, denn das einzige, was die Dunkelheit durchbrach, waren die Blitze, die wie leuchtend rote Feuerstrahlen über den rabenschwarzen Himmel zuckten.

Ich hatte schon oft Trost in schwierigen Zeiten gefunden, indem ich meine Gedanken schriftlich festhielt, und während der lange Nachmittag sich dem Ende zuneigte, schrieb ich bei Kerzenschein einen Brief an meine Eltern.

> Liebe Mama, lieber Papa,
>
> wie gerne wäre ich jetzt bei Euch! Von allem, was ich bis jetzt hier erlebt habe (und das ist eine ganze Menge!), ist dies das Schlimmste – noch dazu an meinem Geburtstag! Der Vulkan hat den ganzen Tag gespuckt, und die ganze Gegend ist mit einer dicken Schicht schwarzer Vulkanasche bedeckt. Es ist jetzt 17 Uhr, und wir haben seit dem frühen Morgen nicht einmal eine Stunde Tageslicht gehabt. Seit gestern sind wir ohne Strom, und heute ist auch noch die Wasserversorgung ausgefallen. Den ganzen Tag über hat es Vulkanschlamm geregnet, wie nassen Zement, und er liegt bestimmt schon höher als 15 cm im Garten.
>
> Blitz und Donner sind so schlimm, daß sie sogar Dondie erschrecken, und Monique hat solche Angst, daß wir dauernd

Jesuslieder singen müssen, um sie zu beruhigen. Während ich dies schreibe, gibt es immer wieder kleinere Erdstöße, und wir würden am liebsten aus dem Haus laufen, im Fall es einstürzt – aber das geht nicht, weil die Asche so hoch ist und immer noch Steine mit der Asche und dem Schlamm herunterkommen.

Fast alle Bäume im Garten sind unter dem Gewicht des Schlamms zusammengebrochen. Dondie befürchtet, daß das Dach als nächstes nachgeben könnte, aber um etwas dagegen zu unternehmen, müßte man nach draußen gehen, und die Blitze sind so schaurig. Es gibt noch immer keine Spur von Helligkeit – wer weiß, wie lange der Ascheregen noch anhält!

Soeben hat die Erde wieder gebebt. Wenn das schon für uns erschreckend ist, wieviel schlimmer muß es für Menschen sein, die nicht an Gott glauben und sich folglich in solchen Situationen auch nicht an ihn wenden können! Als Mutter erlebt man so etwas ganz anders – ich hätte bestimmt nicht halb so viel Angst, wenn ich nicht an die Kinder denken müßte. Ich möchte sie am liebten keine Sekunde aus den Augen lassen, im Fall, daß ein größeres Erdbeben kommt, muß aber so tun, als machte ich mir überhaupt keine Sorgen, denn wenn Monique Angst hat, will sie sich immer bei mir rückversichern. Ach, Herr, ich wünschte, es wäre schon alles vorüber! Selbst wenn wir das Haus verlassen müßten, wüßten wir nicht, wohin. Das Auto ist unter dem Schlamm begraben und die Asche zu tief, um hindurchzufahren.

Jetzt kommt der Staub auch ins Haus. Alles ist total mit Staub bedeckt. Der einzige staubfreie Raum ist unser Schlafzimmer, aber das liegt im oberen Stock, und dort spürt man die Erdstöße noch viel stärker. Wenn ein richtig schweres Erdbeben käme, würden wir oben in der Falle sitzen. Ich glaube, ich halte es nicht mehr lange aus ...

Es ist jetzt kurz vor 20 Uhr, und wir befinden uns immer noch in totaler Dunkelheit. Monique und Carlo finden das Ganze jetzt anscheinend lustig und kichern ununterbrochen, während Dondie und ich weiter beten. Es ist wirklich das Schlimmste, was ich je erlebt habe. Wasser gibt es immer noch nicht, und es wird auch noch mindestens 24 Stunden dauern, bis der Strom wieder da ist, selbst wenn der Vulkan sich bis zum Morgen beruhigt hat und die Techniker mit ihrer Arbeit beginnen können ...

Lora ist gerade mit ihrem Sohn Christopher aus ihrem Haus herübergekommen. Christopher ist dreizehn. Es ist jetzt kurz nach 1 Uhr nachts, und wir konnten mit Hilfe der Batterien aus Christophers Taschenlampe endlich Radio hören. Es scheint so, als hätten die Erdstöße gar nichts mit dem Vulkanausbruch zu tun. Wir konnten aber nicht lange hören, weil Dondie die Taschenlampe brauchte. Er ist jetzt auf dem Dach und schaufelt die Asche herunter, während Christopher ihm mit der Taschenlampe leuchtet. Wenigstens regnet es jetzt nur Asche und keinen Schlamm mehr. Solange die Asche trocken ist, ist sie viel leichter als der Schlamm, aber wir müssen sie trotzdem beseitigen, denn es könnte ja in der Nacht noch Regen geben. Die Asche liegt schon 50 cm hoch auf der Erde, an manchen Stellen sogar fast einen Meter ...

Monique und Carlo schlafen beide. Ich bin auch sehr müde, wage es aber nicht, mich hinzulegen, aus Angst, es könnte ein stärkeres Erdbeben geben. Es ist jetzt 3 Uhr, und Dondie ist soeben vom Dach heruntergekommen. Er ist zwar noch nicht fertig, aber total erschöpft. Viele Häuser in unserer Nähe sind schon unter dem Gewicht des Schlamms eingestürzt, und wir machen uns Sorgen wegen des Balkons über dem Wohnzimmer, weil dort ebenfalls so viel Schlamm liegt. Die gute Lora versucht, ihn wegzuräumen ...

Dondie ist wieder auf dem Dach. Er ist zwar fix und fertig, aber er arbeitet trotzdem weiter. Jedesmal, wenn er hört, wie wieder ein Haus zusammenkracht, spornt ihn das neu zum Weitermachen an. Und wir haben noch nicht mit Loras Haus angefangen! Es gibt immer noch Erdstöße, aber sie sind nicht mehr ganz so stark, und inzwischen regnet es auch, so daß wir am Morgen vielleicht wieder das Tageslicht sehen.

Nun ist mein Geburtstag vorbei, und ich kann ehrlich sagen, es war der denkwürdigste Geburtstag meines Lebens. Noch nie habe ich soviel Angst ausgestanden. Ich weiß nicht, was ich gemacht hätte, wenn ich nicht beten könnte.

Ich kann es kaum erwarten heimzukommen.

In Liebe, Chrissy

Nach nur wenigen Stunden Schlaf wachten wir am Sonntag morgen im Hellen auf. Endlich! So weit das Auge reichte, war alles dunkelgrau, aber die gleichmäßige Ascheschicht konnte die Verwüstung nicht verbergen, die der Vulkan angerichtet hatte. Es hatte bei ihm kein Ansehen der Person gegeben, und die Häuser von Armen und Reichen, Filipinos und Amerikanern hatten gleichermaßen Schaden gelitten. Überall lagen umgestürzte Bäume herum, und die Straßen waren mit Elektrizitäts- und Telefonleitungen übersät. Vom Balkon aus sahen wir, während wir immer noch mit der Beseitigung der Asche beschäftigt waren, nicht enden wollende Ströme verwirrter Flüchtlinge vorbeiziehen, mit Reissäcken, Propangasflaschen, Betten, Kindern und schweren Taschen beladen. Ein Mann schleppte sich mit einer Leiche ab. Die Asche lag zu hoch, als daß man hätte fahren können, und den Flüchtlingen blieb gar nichts anderes übrig, als zu Fuß zu gehen.

Noch ehe der Balkon wieder frei war, hörten wir, daß unser neuer Gemeindesaal weiter unten in derselben Straße stark beschädigt sei, und Dondie, der befürchtete, die Einrichtung könnte gestohlen werden, rannte sofort los, um nachzusehen, wobei er mir über die Schulter zurief: »Ich mache hier weiter, wenn ich zurückkomme!« Ich blieb auf dem Balkon, und lange bevor Dondie wieder da war, rief mir ein Bekannter im Vorbeigehen zu: »Hast du schon das Neueste gehört, Chrissy? Der Vulkan wird noch einmal ausbrechen, und es wird schlimmer als gestern!«

Ich geriet in Panik. Bis auf Tess, ein 18jähriges Mädchen, das öfter auf unsere Kinder aufpaßte, war niemand im Haus außer den Kindern und mir. Mittlerweile hatte es heftig zu regnen begonnen, und das Wasser auf dem Balkon wurde durch die restliche Asche festgehalten und fing bereits an, ins Haus zu fließen. Schweres Heben konnte meinem ungeborenen Baby schaden, es konnte u.U. sogar zu einer Fehlgeburt kommen – aber wenn ich nichts tat, konnte das Haus Schaden nehmen, und wir wären alle in Gefahr, Carlo und Monique eingeschlossen. »Es nützt nichts, ich muß es selber machen«, dachte ich, nahm den Eimer und begann mit der ermüdenden Arbeit, Asche und Wasser über die Balkonmauer zu wuchten. Beinahe eine Stunde lang blieb ich dabei und betete ununterbrochen um Kraft und um Bewahrung für unser Baby.

Kurz nachdem Dondie mit der Nachricht zurückgekommen war, daß das Kirchengebäude zwar stark beschädigt, die Einrichtung dagegen größtenteils verschont geblieben sei, erblickten wir zwanzig oder mehr unserer Gemeindeglieder aus Pamatawan, die draußen vorbeizogen.

»Wohin wollt ihr denn?« fragten wir sie.

»Nach Manila! Von Pamatawan ist so gut wie nichts übriggeblieben. Kein einziges Haus steht mehr, und wir haben gehört, daß der Vulkan erneut ausbrechen soll.«

An der Undurchführbarkeit dieses Planes ließ sich das Ausmaß der Bestürzung ablesen, in der die Menschen sich befanden: Mit den Kindern und alten Menschen in der Gruppe würde es Wochen dauern, Manila zu Fuß zu erreichen. Dazu kam die Tatsache, daß sie in großer Gefahr sein würden, falls der Vulkan wirklich erneut ausbräche. Es brauchte nicht viel, um sie zu überzeugen, daß sie besser eine Zeitlang bei uns bleiben sollten, was für beide Seiten von Vorteil war, da Dondie mit der Hilfe der Männer Dach und Balkon freischaufeln konnte.

Plötzlich stieß Monique einen lauten Schrei aus. Sie war hingefallen und mit dem Kopf auf eine Ecke der Steintreppe geschlagen. Für mich war dies der Tropfen, der das Faß zum Überlaufen brachte, und ich weinte mit ihr, während ich sie zu trösten versuchte. Als sie sich wieder beruhigt hatte, verschwand ich im Schlafzimmer, um mit dem Herrn allein zu sein. »Herr«, betete ich, »ich kann einfach nicht mehr. Bitte, tu etwas, damit wir das alles nicht noch einmal durchmachen müssen.« Ich schlug meine Bibel auf. Die Katastrophe, die über Subic hereingebrochen war, erinnerte mich an das Schicksal von Sodom und Gomorra, und ich las die Geschichte ihrer Zerstörung in 1. Mose 18 + 19 noch einmal nach. Abraham hatte Gott angefleht, die Gerechten nicht zugleich mit den Gottlosen umkommen zu lassen, und Gott hatte versprochen, die Städte zu verschonen, wenn sich nur zehn Gerechte darin finden würden. »Herr«, betete ich, »hier in Subic gibt es mehr als zehn Gerechte. Bitte, laß die Stadt nicht untergehen – um deiner Kinder willen.« Ich spürte, wie meine Angst langsam verschwand und der Friede Gottes, der höher ist als alle Vernunft, von neuem mein Herz erfüllte.

Die Ankunft von Roy, einem der Rehakinder, und dann der Del Montes brachte uns die willkommene Bestätigung, daß alle Bewohner wohlauf seien, und obwohl das Gebäude ziemlich stark beschädigt war, war es doch zu reparieren. Sie hatten allerdings kaum noch etwas zu essen und überhaupt keinen Reis mehr.

Zu dem gefürchteten zweiten Ausbruch kam es nicht – wenigstens nicht in Subic. Zwar brach der Vulkan erneut aus, aber der Wind hatte sich gedreht und trug die Asche weiter nach Norden. Uns taten natürlich die Menschen leid, die dort wohnten, wußten wir doch aus eigener Erfahrung, was sie durchmachten, aber es war unmöglich, keine Erleichterung darüber zu verspüren, daß Subic von einer Wiederholung der gestrigen Katastrophe verschont geblieben war, die gewiß die gesamte Stadt dem Erdboden gleichgemacht hätte. Wieder verschwand ich im Schlafzimmer, diesmal, um dem Herrn dafür zu danken, daß er uns vor der totalen Vernichtung bewahrt hatte.

Mit den Nachwirkungen der Katastrophe fertig zu werden, fiel uns, die wir Gott dankbar waren, noch am Leben zu sein, wesentlich leichter, und obwohl es manche Probleme gab, war dies ein geringer Preis, den wir für unsere Errettung zu bezahlen hatten.

Auch nachdem der Vulkanausbruch vorbei war, bestand immer noch die Gefahr von in der Asche enthaltenem Schwefel, und wir mußten für längere Zeit tagsüber ein Tuch über Mund und Nase tragen, um unsere Lungen zu schützen. Doch das drückendste Problem waren die Lebensmittel, sowohl für uns und unsere Freunde aus Pamatawan als auch für das Reha, da unser gegenwärtiger Reisvorrat nur noch für wenige Tage reichte. Den gesamten Montagmorgen standen Dondie und ich vor dem Geschäft am Ort Schlange; die Kunden, die ganz vorne in der Reihe standen, mußten draußen warten, während die Angestellten die gewünschten Dinge aus dem Geschäft holten. Dies geschah, um Unruhen und Panikkäufe zu verhindern. Nachdem wir stundenlang gewartet hatten, zogen wir mit einigen wenigen Lebensmitteln von dannen. Der Reispreis war in Subic um ein Drittel gestiegen, und das war bei unserem großen Verbrauch (allein im Rehazentrum wurde alle vier Tage ein Zentnersack benötigt) für uns praktisch nicht zu bezahlen.

Wir beschlossen, das Auto sauberzumachen und zu versuchen, damit bis nach Olongapo zu kommen. Nach kurzem Anschieben und anfänglichem Stottern sprang der Motor an, und wir fuhren die Hauptstraße entlang, die vom philippinischen Militär in den vergangenen 24 Stunden geräumt worden war. Alle Bars in Subic waren eingestürzt, und als wir an den Überresten der Leichenhalle vorbeikamen, sahen wir Stapel von toten Körpern wahllos zwischen den Trümmern liegen. Aus der Menge der umgefallenen Leitungsmasten ließ sich schließen, daß wir voraussichtlich noch für längere Zeit ohne Elektrizität sein würden.

Unterwegs hielten wir an, um eine Frau mitzunehmen, die mit ihrer behinderten Tochter nach Manila wollte, und ihre Beurteilung der Katastrophe warf ein helles Licht auf den entscheidenden Unterschied zwischen der westlichen und der philippinischen Sichtweise derartiger Ereignisse.

»Gott ist wirklich zornig über uns«, sagte sie. »Er will uns offensichtlich zeigen, daß wir unser Leben in Ordnung bringen sollen.« Diese Frau hatte keine persönliche Gottesbeziehung, doch sie erkannte die geistliche Dimension dieser Situation.

Wäre diese Tragödie bei uns im Westen passiert, dann hätten die meisten Leute versucht, es ausschließlich vom Standpunkt naturwissenschaftlicher Gegebenheiten aus zu verstehen. Sie wären den Erklärungen der Vulkanologen und Seismologen gefolgt, ohne auch nur eine Sekunde lang an ihre Beziehung zu Gott zu denken. Die westlichen Nationen haben ihre Gottesfurcht zum großen Teil verloren, während die Filipinos ein eindeutiges Gottesbewußtsein besitzen, und ich glaube, daß Gott dieses benutzen wird, um das Volk zu sich zu rufen, indem er sogar aus einer solchen Katastrophe, wie wir sie soeben erlebt hatten, Gutes entstehen läßt.

Nach einer Stunde Fahrt kamen wir endlich in Olongapo an, das fast genauso schwer betroffen war wie Subic. Kirchen, Schulen, Krankenhäuser und Geschäfte waren, wenn auch nicht völlig zerstört, so doch sehr stark beschädigt und, was für uns im Augenblick noch schlimmer war: alle Banken waren geschlossen. Ohne Geld von unserem Konto abzuheben, konnten wir unseren stark zusammengeschmolzenen Lebensmittelvorrat nicht auffüllen, doch nichts deutete darauf hin, daß die normalen Geschäfte in Kürze wiederaufgenommen werden würden. Das einzige, was wir tun konnten, war, unsere Not vor den Herrn zu bringen, der gesagt hat: »Seid still und erkennt, daß ich Gott bin« (Psalm 46,11).

Die Gebetserhörung kam wenige Tage später, als es befreundeten Missionaren aus San Fernando gelang, mit Nahrungsmitteln und Medikamenten zu uns vorzudringen. Es war mehr als genug, um uns über die augenblickliche Krise hinwegzuhelfen, und wir konnten sogar noch an andere weitergeben, Gemeindeglieder und Nachbarn, die in Not waren.

Auch das Wasser war eine Zeitlang sehr knapp. Das Soldatenheim war zwar an die städtische Wasserleitung angeschlossen, aber das Wasserwerk hatte Probleme mit seinem Generator, den es nur ein paar Stunden täglich laufen lassen konnte; und während der kurzen Zeit, in der das Wasser tatsächlich floß, war der Verbrauch so hoch, daß kein Tropfen bis zu uns gelangte. Immerhin fand Dondie heraus, daß von etwa 2 Uhr nachts an ein langsames, aber stetiges Rinnsal aus dem Wasserschlauch im Garten tröpfelte, und wir beide saßen für etliche Stunden daneben, um das Wasser in Schüsseln und Eimern aufzufangen.

Wir benutzten einen Teil dazu, uns an Ort und Stelle gründlich zu waschen. Unser Haus war voller schlafender Menschen, und wenn wir das Wasser hineingetragen hätten, wären sie unweigerlich gestört worden. Dondie machte es überhaupt nichts aus, aber mir war es schrecklich peinlich, mitten in der Nacht draußen im Garten zu stehen und mich in voller Bekleidung zu waschen, obwohl das ja nicht das erstemal war. Zum Glück war es dunkel – und immer noch besser als gar nichts. Nachdem wir uns gewaschen hatten, schütteten wir das Wasser natürlich nicht weg. Jeder Tropfen wurde zum Hände- und Wäschewaschen gesammelt; es war viel zu kostbar, wenn wir auch nur den geringsten Standard von Hygiene aufrechterhalten wollten. Stellen Sie sich, falls Sie können, bitte unser Problem vor: dreißig Menschen in einem Haus und kein Wasser, um die Toilette zu spülen!

Nach einer Woche schrumpfte unser Haushalt wieder auf die normale Größe zusammen, als die Flüchtlinge nach Pamatawan zurückkehrten, um soviel wie möglich aus den Trümmern zu retten und ihre Häuser und ihr Leben neu aufzubauen. Doch es gab einiges, was für immer fort war. Sobald es nach dem Vulkanausbruch wieder hell geworden war, war das gesamte Militärpersonal mit Schiffen vom Flottenstützpunkt auf die Insel Cebu evakuiert worden, und wir sahen unsere amerikanischen Freunde nie wieder. Die Vereinigten Staaten beschlossen, sich ganz aus Subic zurückzuziehen, und im Jahr darauf wurden alle U.S.-Militärstützpunkte auf den Philippinen geschlossen. Ohne den Stützpunkt hatte auch das Soldatenheim seine Berechtigung verloren, und die Militärmission konzentrierte sich von da an auf ihr Heim in Japan.

Unsere eigene evangelistische Arbeit in Schulen und Gefängnissen kam auf einen Schlag zum Stillstand. Camp Maquinaya war völlig zerstört und die Insassen in andere Gefängnisse verlegt worden; Straßen und Brücken nach Iba und San Fernando waren unpassierbar geworden und würden es wohl noch für längere Zeit sein. Die Schule in San Augustin war ebenfalls total zerstört, und alle anderen Schulen in der Gegend, einschließlich unseres Kindergartens, hatten den Unterricht eingestellt. Da es für mich somit im Augenblick wenig zu tun gab, beschlossen Dondie und ich, daß ich früher als geplant nach England fliegen sollte, um die Kinder in Sicherheit zu bringen. Er würde später nachkommen, rechtzeitig zur Geburt unseres zweiten Kindes, und während seiner Abwesenheit würde Joseph für die Gemeinde und die Del Montes für das Rehazentrum verantwortlich sein.

Obwohl unsere Arbeit in den Schulen und Gefängnissen vorübergehend unterbrochen war, wirkte Gott mächtig in der Gemeinde. Viele Menschen waren durch die Katastrophe geistlich aufgewacht und hatten angefangen, nach Gott zu fragen. Unsere Gottesdienste wurden jetzt außerdem von den Mitgliedern zweier anderer Gemeinden aus der Gegend besucht, deren Pastoren fortgezogen waren und ihre Schäfchen in Dondies Obhut zurückgelassen hatten. Da unser Gemeindehaus ebenfalls zerstört war, versammelten wir uns im Soldatenheim zum Gottesdienst.

Es dauerte noch über einen Monat, bis ich endlich reisen konnte, und zu guter Letzt führte ein Mißverständnis mit dem britischen Konsul dazu, daß Carlo nicht mit mir und Monique fliegen konnte, sondern später mit Dondie nachkommen mußte. Als die Maschine schließlich vom Rollfeld abhob (unser ursprünglicher Flug war wegen eines weiteren kleinen Ausbruchs abgesagt worden), stieß ich einen tiefen Seufzer der Erleichterung aus. Der unwirklich anmutende Alptraum der vergangenen sechs Wochen fiel von mir ab, und ich fing an, mich auf das Wiedersehen mit meiner Familie und auf die vielen Gelegenheiten zu freuen, in der Heimat über unsere Arbeit zu berichten.

Ich nahm Vortragstermine bis zum achten Monat meiner Schwangerschaft an, und als Nathanael am 17. Dezember geboren wurde, war Dondie an meiner Seite – überglücklich, daß sein Herzenswunsch, ein gesunder Junge, vom Herrn erfüllt worden war.

Kapitel 20

Die Philippine Outreach-Akademie

Als ich im Sommer 1992 mit den drei Kindern wieder in Subic ankam (Dondie war schon im März zurückgeflogen), waren die Verwüstungen, die der Pinatubo am Rehazentrum und am Gemeindehaus angerichtet hatte, behoben, und alles ging wieder seinen gewohnten Gang. Aber der Vulkan hatte seine Tätigkeit noch nicht eingestellt. Immer noch floß glühende Lava vom Berg herunter und wurde in der Regenzeit in die Täler und tiefergelegenen Gebiete gespült, wobei sie gewaltige Verwüstungen anrichtete und viele Menschen tötete. Ganz in unserer Nähe, in Castillejos, der Stadt nördlich von Subic, wo wir unser erstes Rehazentrum hatten, kamen vier Bauarbeiter ums Leben, als die Lava sie ganz plötzlich mitten in der Nacht erfaßte. Straßen wurden blockiert oder zerstört, und wir waren für etliche Zeit von den Gefängnissen in San Fernando und Iba abgeschnitten.

Als der Pinatubo im Juni 1991 ausgebrochen war, hatten wir gerade mit der vorbereitenden Schulung zur Eröffnung unserer eigenen ACE-Grundschule beginnen wollen, und ich hatte gezögert, einen neuen Termin festzusetzen. Nicht, daß meine ursprüngliche Vision etwas von ihrer Klarheit eingebüßt hätte. Auch Roselyn, von der als Oberlehrerin unter meiner Leitung als Direktorin so viel abhing, war dem Gedanken der Schule noch genauso verpflichtet wie ich selber. Mein Zögern hatte nur den einen Grund, daß der Direktor von ACE Philippinen gar nicht glücklich über die Tatsache war, daß zu unseren Schülern, die den Kindergarten durchlaufen hatten, auch Kinder von nichtchristlichen Eltern zählen würden. Auch, daß wir kein Schulgeld verlangen wollten, gefiel ihm nicht. Während ich noch die Vorzüge der verschiedenen Unterrichtsmethoden gegeneinander abwog – entweder das ACE-Programm, wie geplant, zu übernehmen oder uns für ein anderes amerikanisches System, von dem ich gehört hatte, zu entscheiden –, lief die Zeit unaufhörlich weiter. Erst nach mehreren langen Gebetsnächten erhielt ich die Gewißheit, daß es Gottes Wille war, uns für das ACE-Programm zu entscheiden. Es blieb uns auch nicht mehr viel Zeit, wenn die Schule wirklich 1993 eröffnet werden sollte, doch genau zu diesem Zeitpunkt wurden wir erneut von einer Katastrophe erschüttert, die in persönlicher Hinsicht genauso heftig und verheerend war, wie der Ausbruch des Pinatubo auf materieller Ebene.

Romy Del Monte war ein liebevoller Vater, wenn er auch manchmal versuchte, besonders seine Töchter übermäßig zu beschützen, und es war kein Geheimnis, daß er mit Roselyns Verlobtem Mike, einem Studenten für Hoch- und Tiefbau, der zu unserer Gemeinde gehörte, absolut nicht einverstanden war. Obwohl Roselyn mit ihren 27 Jahren bereits drei Jahre über das Alter hinaus war, in dem Filipinos ohne die Zustimmung ihrer Eltern heiraten können, verbot Romy seiner Tochter, auch nur allein mit Mike spazierenzugehen. Die meisten Gemeindeglieder verstanden Romys Einstellung und akzeptierten die Tatsache, daß das nun einmal seine Art war, aber auch für Mike gab es echtes Mitgefühl. Er gehörte zwar noch nicht lange zur Gemeinde, war aber bei den jungen Leuten sehr beliebt und gewann durch seinen liebevollen und zuvorkommenden Umgang mit Roselyn bald jedermanns Zuneigung.

Anfang des Jahres 1993 bemerkte ich jedoch bei Roselyn eine Veränderung. Sie sagte zwar nichts, aber wir beide kannten uns sehr gut, und irgend etwas an ihrem Verhalten ließ mich vermuten, daß ihre Gefühle für Mike sich gewandelt hatten. Dann erzählte mir Lourdes im Vertrauen, daß Roselyn plane, die Verlobung aufzulösen. Es schien eine Seite an Mike zu geben, die niemand außerhalb der Familie, nicht einmal Dondie und ich, für möglich gehalten hätten. Er war so erbost über Romys ablehnende Haltung, daß er, anstatt ihm die Achtung zu erweisen, die von einem Filipino gegenüber einem Älteren und insbesondere dem Vater seiner Verlobten erwartet wurde, Romy häufig geringschätzig behandelte und es schon einige hitzige Auseinandersetzungen zwischen beiden gegeben hatte. Obwohl Roselyn zugab, daß ihr Vater vielleicht ein wenig zu schroff mit Mike umgegangen war, konnte sie sich doch nicht mehr vorstellen, einen Mann zu heiraten, der so reagierte, wie Mike es getan hatte.

Eines Abends, wenige Tage später, hielten wir in unserem neuen Haus am Fuß des Hügels, auf dem das Reha lag, einen Abendmahlsgottesdienst. Dondie und ich hatten dieses Haus auf Drängen unserer Kuratoriumsmitglieder gemietet, die der Ansicht waren, daß wir als Familie ein eigenes Heim brauchten. Roselyn und Mike waren auch da. Daß sie nicht zusammensaßen, hatte für uns keine große Bedeutung, da ihnen dies in der Öffentlichkeit ohnehin untersagt war, doch dann bemerkte ich, daß Roselyn keinen Verlobungsring mehr trug. *Darüber wird Romy sich bestimmt freuen*, dachte ich, *aber wie wird Mike damit fertig?*

Zwei Tage später, am Donnerstag nachmittag, wollte ich mit einem Team wieder die Schule in San Augustin besuchen und fuhr wie gewohnt mit dem Auto zum Rehazentrum, um die anderen abzuholen. Jane Del Monte wartete bereits mit Edilyn, einer Kindergärtnerin, und Josephs Schwester Rose auf mich, aber Roselyn, die an diesem Tag den Unterricht halten sollte, war angeblich kurz mit Mike weggegangen und noch nicht zurück. Wahrscheinlich hatten sie noch etwas wegen der geplatzten Verlobung zu besprechen, dachte ich und hoffte, daß es nicht zu lange dauern würde. Aber die Minuten verstrichen, und wir warteten so lange auf Roselyn, daß wir die Fahrt nach San Augustin schließlich abblasen mußten.

Dies sah Roselyn so gar nicht ähnlich, und ich machte mir echt Sorgen um sie – um so mehr, als Romy und Lourdes, die sich auf die Suche nach den beiden begeben hatten, einige Zeit später unverrichteter Dinge zurückkehrten. Die meisten jungen Leute, die von Roselyns mysteriösem Verschwinden erfuhren, waren überhaupt nicht beunruhigt. Für sie war klar, daß die beiden einfach durchgebrannt waren – ein Mittel, von dem auf den Philippinen noch immer viele Paare, deren Eltern nicht mit einer Heirat einverstanden waren, Gebrauch machten. Die allermeisten Eltern ließen ihre Bedenken augenblicklich fallen, sobald das Paar eine Nacht zusammen verbracht hatte. Allerdings war Roselyn alt genug, um auch ohne die Einwilligung ihrer Eltern heiraten zu können, doch die jungen Leute schienen der Ansicht zu sein, daß Romys ablehnende Haltung der eigentliche Grund für ihr Verschwinden war.

Mit dieser Erklärung konnte ich mich indessen absolut nicht zufriedengeben. Ich kannte Roselyn gut und wußte, daß ihre Liebe zu Jesus und ihre Hingabe an den Dienst, ebenso wie ihre Selbstachtung als Frau, es niemals zulassen würden, derart verantwortungslos zu handeln. Meine Befürchtungen wurden noch verstärkt, als Lourdes feststellte, daß keines von Roselyns Kleidungsstücken fehlte; offensichtlich hatte sie nicht vorgehabt wegzugehen.

Einige Tage verstrichen, und wir hatten noch immer nichts von Roselyn gehört. Romy und Lourdes, Dondie und ich fuhren gemeinsam zu Mikes Eltern nach Barretto, in der Nahe von Camp Maquinaya, die uns bestätigten, daß sie ihren Sohn ebenfalls seit Donnerstag nachmittag nicht mehr gesehen hätten. Sie versprachen, uns zu informieren, sobald sie wüßten, wo er sei. Dondie, der mit der philippinischen Denkweise vertrauter war als ich und wußte, wie gern Mike Roselyn heiraten wollte, war geneigt, die Theorie von der gemeinsamen Flucht zu akzeptieren. Er hielt meine Besorgnis für übertrieben und wollte nicht mehr mit mir über die Sache reden; so blieb mir nichts anderes übrig, als mit meiner Not zum Herrn zu gehen.

Am darauffolgenden Mittwoch hatten wir unsere wöchentliche Gebetsnacht in dem Gebetsgarten, den Dondie neben dem leerstehenden Krankenhausgebäude errichtet hatte. Eigentlich handelte es sich nur um ein Schutzdach aus einheimischem Material mit ein paar Bänken und einem Tisch. Jeden Mittwoch trafen Dondie und ich uns dort mit ein paar Reha-Bewohnern von 19 bis 3 Uhr zum Gebet. Während wir beteten, bat ich Gott im stillen, mir zu zeigen, wo Mike und Roselyn waren, woraufhin ich plötzlich in einer Vision ein Strandhaus auf Pfählen sah. Der einzige Platz, wo ich bis jetzt ein derartiges Haus gesehen hatte, war am Baloy-Strand in Barretto, zwischen Subic und Olongapo, wo ich einmal die Fishers besucht hatte, ehe sie das Soldatenheim übernahmen. Es war ein langer Strand mit an die hundert Häusern, aber ich war sicher, ich würde schon wissen, welches das richtige war, wenn ich es sah.

Tatsächlich erkannte ich das Haus sofort, als ich ein paar Stunden später dorthin fuhr. Es stand nahe am Eingang, was mich eigentlich überraschte, denn ich hatte erwartet, daß es abgelegener wäre. Nach wenigen Minuten hatte ich festgestellt, daß das Haus leer war, und als ich trotz meiner Nachfragen in den umliegenden Häusern nichts über die beiden Vermißten erfahren konnte, fuhr ich weiter bis zum Ende des Strandes, um zu sehen, ob es noch ein anderes Haus gab, das mit dem in der Vision übereinstimmte. Meine Suche verlief ergebnislos, und ich kehrte einigermaßen verwirrt nach Hause zurück, war aber immer noch überzeugt, daß der Baloy-Strand auf irgendeine Weise mit Roselyns Verschwinden zusammenhing.

Noch am gleichen Tag erhielten wir die erste definitive Nachricht, und zwar von Jenny, einer Kusine von Lourdes, die in Manila wohnte. Jenny rief bei Lourdes' Schwägerin an (weder wir noch die Del Montes besaßen ein Telefon) und ließ ausrichten, daß Roselyn sie in Manila besucht habe und jetzt mit Mike zusammen sei. Sie hinterließ eine Telefonnummer, unter der Lourdes Roselyn in einigen Tagen anrufen konnte. Die Nachricht schien absichtlich vage und ausweichend gehalten zu sein und trug nicht gerade dazu bei, meine Befürchtungen zu zerstreuen. Mit gemischten Gefühlen und einer Menge unbeantworteter Fragen im Herzen begleitete ich Lourdes zu ihrer Schwägerin, um in Manila anzurufen. Allerdings war nicht Roselyn am Telefon, sondern Jenny; sie berichtete Lourdes, daß Mike und Roselyn in 14 Tagen, nämlich am 3. Februar, in Manila heiraten würden. Sie verriet nicht, wo das Paar sich zur Zeit aufhielt, sondern sagte nur, Lourdes könne ihre Tochter am Tag der Hochzeit in ihrem Haus wiedersehen.

Diese Nachricht überraschte Mikes Eltern überhaupt nicht, die ihr Versprechen, uns zu informieren, wenn sie etwas von ihrem Sohn hörten, nicht gehalten hatten. Als Dondie und ich zu ihrem Haus fuhren, erfuhren wir, daß die Mutter sogar nach Manila gefahren war, um ihn und Roselyn zu besuchen, und sie gab sich alle Mühe, uns davon zu überzeugen, daß Roselyn weggelaufen sei, um Mike heiraten zu können. Offen gestanden, ich glaubte ihr nicht. Ich war sicher, daß Roselyn in einem Netz von Betrug und Heimlichtuerei gefangen war, das sie auf keinen Fall selbst fabriziert hatte.

Zufälligerweise wollte eine Gruppe von uns, einschließlich Romy und Lourdes, genau am 3. Februar nach Manila fahren, um an einem dreitägigen Leiterschaftsseminar teilzunehmen, und Lourdes, die sich langsam mit der Unvermeidlichkeit von Roselyns Heirat abzufinden begann, nahm sich vor, für ein paar Stunden dem Seminar fernzubleiben, um ihre Tochter zu sehen und bei der Hochzeit in Jennys Haus dabeizusein. Romy dagegen wollte mit der Sache absolut nichts zu tun haben. Als Lourdes zurückkam, fragte ich sie, wie die Feier gewesen sei.

»Die Trauung war schon vorbei, als ich ankam«, erwiderte sie. »Die beiden sind von einem Richter in einem Gerichtssaal getraut worden; es war eine Massenhochzeit mit Dutzenden von Paaren. Mikes Mutter war die Trauzeugin. Jedenfalls kommen sie am Samstag nach Hause, weil Mike am Montag eine neue Arbeitsstelle antritt.«

»Aber wie geht es Roselyn? Ist sie glücklich?«

»Wir waren keinen Augenblick allein, konnten also nicht miteinander reden, aber ich muß zugeben, sie sah nicht gerade glücklich aus.«

»Warum hast du sie denn dort gelassen?« fragte ich gereizt, wobei meine Stimme unwillkürlicher lauter wurde.

»Hör zu, es ist nun einmal passiert«, fuhr Lourdes mich an. »Sie sind verheiratet. Um Roselyns willen, akzeptiere es!«

In diesem Ton hatten wir noch nie miteinander gesprochen. Es war ein Zeichen für die große innere Anspannung, unter der wir standen.

Früh am Samstag morgen standen Roselyn und Mike vor unserer Tür. Mike hatte Angst, Romy allein gegenüberzutreten, und bat, daß Dondie mit ihm ginge. Während die beiden Männer miteinander sprachen, ging ich mit Roselyn in ein anderes Zimmer – unter dem Vorwand, ich müsse als ihre Arbeitgeberin wissen, warum sie so lange nicht im Kindergarten gewesen sei. Sobald wir allein waren, kam sie ohne Umschweife zur Sache; ihre Worte überschlugen sich förmlich vor lauter Eifer, mir ihr Herz auszuschütten.

»Schwester Chrissy, es tut mir furchtbar leid, aber es war wirklich nicht meine Schuld.«

Mike hatte auf sie gewartet, als sie an dem besagten Donnerstag, zwei Tage nachdem sie die Verlobung gelöst hatte, mit ihrer Arbeit im Kindergarten fertig war. Er hatte sie gebeten, ihn mit in ihr Haus zu nehmen, damit er sich einige Dinge, die er dort gelassen hatte, abholen könne. Als sie vom Rehazentrum den Berg hinuntergingen, bemerkte Roselyn ein Dreirad (Motorrad-Taxi mit Beiwagen für den Fahrgast), das am Fuß des Berges wartete. Als sie sich umwandte, um Mike darauf aufmerksam zu machen, merkte sie, daß er zurückgeblieben war. Sie sah gerade noch, wie er eine Flasche in das hohe Gras warf, bevor er ihr ein mit Chloroform getränktes Taschentuch auf Nase und Mund preßte. Halb betäubt, wurde sie in den Beiwagen gezwungen und hörte durch den Chloroformnebel hindurch den Fahrer undeutlich sagen: »Hast du nicht gesagt, ihr beide hättet diese Sache gemeinsam geplant?«

»Du mußt mir glauben, Schwester Chrissy: Mit aller noch verbliebenen Kraft habe ich den Dreiradfahrer angefleht, mir zu helfen, aber er wollte nicht.«

Das Dreirad brachte sie nach Baloy Beach und hielt vor einem Haus in der Nähe des Eingangs. Der Besitzer des Hauses, ein Freund von Mike, wartete bereits auf sie. Als weder er noch der Dreiradfahrer ihre verzweifelten Bitten beachteten, fing Roselyn laut an zu schreien. Daraufhin packte Mike sie am Arm und schob sie grob ins Haus. Dort schlug er sie in den Bauch und befahl ihr, still zu sein.

Mike schickte seinen Freund weg, um etwas für Roselyn zu trinken zu holen, da ihr Mund ganz trocken von dem Chloroform war. Als er fort war, fing Roselyn erneut an zu schreien. Blitzschnell stürzte Mike sich auf sie und schlug brutal auf sie ein, bis sie ihm versprach, keinen Ton mehr von sich zu geben.

Mich schauderte, wenn ich mir vorstellte, daß die kleine, zarte Roselyn einem so großen, starken Mann wie Mike hilflos ausgeliefert gewesen war.

Als der Freund endlich mit einem Glas Fruchtsaft zurückkam, war sie so durstig, daß sie es in einem Zug hinunterstürzte. Erst beim letzten Schluck merkte sie, daß der Saft irgendwie nach Medizin schmeckte.

In ihrem hilflosen, fast betäubten Zustand fiel Mike über sie her und vergewaltigte sie.

Unter dem Einfluß des Gifts schlief sie ein. Stunden später, mitten in der Nacht, rüttelte Mike sie wach und erklärte, sie würden nach Manila fahren. Roselyn war so schwach und orientierungslos von dem Schock der Entführung und dem traumatischen Erlebnis der Vergewaltigung, daß sie keinerlei Widerstand leistete, zumal sie Angst hatte, erneut geschlagen zu werden. Mike fuhr mit ihr zu seiner Tante und seinem Onkel. Diese schenkten seiner Geschichte, er und Roselyn seien zusammen durchgebrannt, Glauben und nahmen sie freundlich in ihr Haus auf.

In den folgenden Tagen war Roselyn praktisch gefangen. Sie hatte keinen Peso in der Tasche und somit keine Möglichkeit, wieder zu ihrer Familie zu kommen. Außerdem drohte Mike damit, sie beide umzubringen, falls sie versuchen würde wegzulaufen. Den Gedanken, eine Polizeistation aufzusuchen, verwarf sie sofort wieder; selbst wenn sie die Vergewaltigung anzeigte, würde man ihr kein Geld für die Heimfahrt geben, und sie wäre in Manila gestrandet, wo Mike sie leicht aufspüren konnte. Sie setzte ihre ganze Hoffnung darauf, das Mitgefühl von Mikes Verwandten zu bekommen, aber das würde davon abhängen, daß sie allein mit ihnen reden konnte, und Mike verließ nie das Haus.

Bevor sie heiraten konnten, galt es jedoch, gewisse gesetzliche Formalitäten zu erfüllen und Dokumente zu beschaffen, und so mußte Mike irgendwann in die Stadt gehen. Kaum war er fort, da erzählte Roselyn seiner Tante die ganze Geschichte. Diese zeigte zunächst wirklich großes Verständnis, da sie nicht mit Mike blutsverwandt war. Als ihr aber bewußt wurde, daß er u.U. lebenslänglich ins Gefängnis gehen könnte, falls Roselyns Familie Anzeige wegen Vergewaltigung gegen ihn erstatten würde, besann sie sich anders und versuchte wie die übrigen Familienmitglieder, Roselyn zu überreden, daß sie Mike heiraten solle.

Eines Tages machte Mike den Fehler, Roselyn Geld zu geben, damit sie sich Shampoo kaufen konnte. Es war zwar nicht viel, aber genug, um zu Jenny, einer Kusine ihrer Mutter, zu kommen. Als Mike das nächste Mal etwas zu besorgen hatte, verließ Roselyn heimlich das Haus und ließ sich von einem Jeepney zu Jennys Haus fahren. Hier war endlich jemand, der ihr helfen würde, nach Hause zu kommen! Doch ihre Hoffnung trog. Obwohl sie schon lange in Manila lebte, besaß Jenny immer noch die Einstellung der Landbevölkerung mit ihren tief eingewurzelten Tabus. Für diese Menschen bedeutete es einen nicht wiedergutzumachenden Skandal, wenn eine Frau vor der Hochzeit sexuellen Verkehr gehabt hatte. Egal, wie die Umstände waren, wenn ihre Jungfräulichkeit in Frage stand, hatte sie jede Möglichkeit, einen Ehemann zu finden, verwirkt. Für Jenny war die Vermeidung eines solchen Skandals wichtiger als Roselyns Glück und Wohlergehen, und sie schlug sich auf die Seite von Mikes Verwandten, indem sie Roselyn drängte, Mike zu heiraten.

Nun war es absolut keine Seltenheit, daß diese kulturellen Gegebenheiten von skrupellosen Männern ausgenutzt wurden, wenn ihr Heiratsantrag abgelehnt wurde. Sie wußten, wenn es ihnen gelang, das betreffende junge Mädchen zu verführen, würde es aller Wahrscheinlichkeit nach in eine Heirat einwilligen, um seinen guten Ruf zu wahren und der Schande, als unkeusch abgestempelt zu werden, zu entgehen. An Mike war lediglich das Maß an Brutalität und Zwang ungewöhnlich, mit dem er vorgegangen war. Selbst Roselyn, die ganz genau wußte, daß sie persönlich nichts Unrechtes getan hatte, fühlte sich durch Jennys Argumente beschämt und schuldig.

Ihre allerletzte Hoffnung verschwand am nächsten Morgen, als Mike vor Jennys Tür stand, um Roselyn zurückzuholen. Er hatte sich gedacht, wo sie hingegangen sein könnte, und die Adresse mit Leichtigkeit im Telefonbuch gefunden. Durch seine Tränen und flehentlichen Bitten konnte er Jenny davon überzeugen, daß er Roselyn wirklich liebte. Zermürbt von Jennys permanentem Drängen, aus lauter Angst, Mike könne seine Drohung, sie umzubringen, falls sie sich weigerte, wahr machen und mit ihrer durch unlogische Schuldgefühle stark angeschlagenen Selbstachtung hatte Roselyn sich wieder mitnehmen lassen. Sie hatte einfach keine Kraft mehr zu kämpfen.

»Es gab keine Möglichkeit, ohne seine Hilfe nach Hause zu kommen«, erklärte sie mir. »Ich dachte, meine einzige Hoffnung sei, ihn zu heiraten und dann, wenn wir wieder in Subic wären, fortzulaufen und vielleicht bei meinem Cousin in Hongkong Arbeit zu finden.«

»Aber das würde doch gar nichts nützen, Roselyn. Es gibt keine Scheidung hier auf den Philippinen, und du wärest niemals frei, einen anderen Mann zu heiraten.«

»Ich weiß, aber ich bin bereit, für den Rest meines Lebens allein zu bleiben.«

»Mike hat kein Recht, dein Leben zugrunde zu richten. Er hat dich entführt, geschlagen, vergewaltigt und gegen deinen Willen zur Heirat gezwungen. Und jetzt erwartet er von dir, daß du dein Leben lang für ihn kochst und seine Wäsche machst. Das kannst du doch bestimmt nicht wollen! Es muß noch einen anderen Weg geben.«

Ich kannte mich noch nicht allzugut in den philippinischen Gesetzen aus, war jedoch überzeugt, daß es eine Möglichkeit geben mußte, diese Karikatur einer Ehe zu beenden.

»Roselyn, ich bin sicher, daß du deine Ehe für ungültig erklären lassen kannst.«

»Ach nein, Schwester Chrissy«, erwiderte sie in niedergeschlagenem Ton, »ich werde vorläufig bei ihm bleiben.«

Roselyn tat mir in der Seele leid. Sie war nicht nur hübsch, sondern auch lieb, fürsorglich und selbstlos. Sie hatte es wirklich nicht verdient, so herzlos behandelt zu werden, und ich konnte den Gedanken nicht ertragen, daß sie ihr Leben lang die Folgen ihrer bitteren Erfahrung tragen mußte. Ich verstand nicht, weshalb sie anscheinend nicht wollte, daß ich ihr half.

»Bete darüber und überleg es dir gut, ehe du eine Entscheidung triffst, aber denk daran: Je länger du zögerst, um so schwieriger wird es, eine Annullierung zu bekommen. Sag auf keinen Fall Mike etwas davon – er arbeitet von Montag an außerhalb, so daß du eine Zeitlang Ruhe vor ihm hast. Laß es mich wissen, sobald du dich entschieden hast; ich werde deine Entscheidung auf jeden Fall respektieren. Und falls du deine Ehe wirklich für ungültig erklären lassen willst, werde ich mein möglichstes tun, um dir zu helfen.«

Mit einem schwachen Hoffnungsschimmer in der Stimme fragte sie: »Meinst du wirklich, daß so etwas möglich ist?«

»Da bin ich sicher. Schließlich bist du zur Heirat gezwungen worden.«

»Aber was ist mit den Kosten? Das ist bestimmt furchtbar teuer.« Aha, hier lag der Hase im Pfeffer. Sie wußte, daß der Prozeß viel Geld kosten würde, was wir nicht hatten.

»Das Geld ist nicht das Entscheidende, der Herr wird schon dafür sorgen. Es kommt einzig und allein auf dich an. Und was Mikes Selbstmorddrohung betrifft – die kannst du schlichtweg vergessen. Wenn er sich so an dir vergreifen und das Liebe nennen kann, zeigt es nur, daß die Person, die er am meisten liebt, er selber ist. Er wird sich nie selbst umbringen. Übrigens, was machst du nächste Woche? Willst du wieder zur Arbeit kommen?« *Je näher sie bei uns ist, um so sicherer wird sie sein*, dachte ich.

»Ist dir das denn recht? Ich würde natürlich liebend gern kommen, aber ganz gewiß gäbe das viel Gerede. Manche Eltern könnten dagegen protestieren, und das wäre nicht gut für unseren Ruf.«

Ich versicherte Roselyn, daß ich mich absolut nicht ihretwegen schäme, und falls andere Leute sie falsch beurteilten, würde Gott sie in Schutz nehmen. Danach gingen wir wieder zu Mike und Dondie ins andere Zimmer, bevor Mike Verdacht schöpfen konnte, und machten uns zu viert auf den Weg zu Romy und Lourdes.

Die beiden wußten natürlich nichts von dem, was geschehen war, aber es gelang mir, ihnen heimlich das Wesentliche meines Gesprächs mit Roselyn mitzuteilen. Dabei betonte ich, daß wir uns im Augenblick still verhalten und so tun müßten, als wüßten wir von nichts, bis Roselyn eine Entscheidung getroffen hätte. Die Eltern waren natürlich zutiefst erschrocken, erklärten sich aber mit meinem Vorschlag einverstanden und spielten ihre Rolle während des kurzen Besuchs wirklich großartig. Lourdes schaffte es sogar, Mike zu überreden, daß Roselyn eine letzte Woche bei ihren Eltern verbringen durfte, wenn er am Montag nach auswärts zur Arbeit fuhr. Man merkte ihm an, daß ihm das gar nicht recht war, aber es fiel ihm so schnell keine vernünftige Ausrede ein. Als Roselyn in ihr ehemaliges Mädchenzimmer ging, um dort ein paar Sachen zu holen, gelang es den Eltern, für einige Augenblicke mit ihrer Tochter allein zu sprechen und sie ihrer Liebe und Unterstützung zu versichern. Romy, von dem Roselyn befürchtet hatte, er könne derselben Meinung sein wie Jenny, nahm sie in die Arme und versprach ihr, notfalls Berge zu versetzen, um sie von dem Mann, der sich als ihren Ehemann bezeichnete, zu befreien.

Mit Sorge beobachteten wir drei, wie Roselyn mit Mike das Haus verließ. Es würde ein langes Wochenende werden!

Es gehörte schon eine gehörige Portion Mut dazu, als Roselyn am Montag wieder zur Arbeit kam. Sie wußte ja, daß die Eltern der Kindergartenkinder sie verdächtigten, mit Mike durchgebrannt zu sein. Ungeachtet ihrer Verlegenheit schnitt sie selbst das Thema an und erklärte öffentlich, sie habe nie daran gedacht, heimlich wegzulaufen, sondern sei mit Gewalt dazu gezwungen worden. Daraufhin bekannte eine Mutter, sie habe gesehen, wie Roselyn in dem Dreirad wegfuhr, und aus ihrem Aussehen geschlossen, daß sie krank sei und von Mike ins Krankenhaus gebracht werden solle. Roselyn brauchte überhaupt nicht in Einzelheiten über das Vorgefallene zu gehen. Alle Eltern kannten und schätzten sie und glaubten entgegen ihren Befürchtungen nur zu gern, daß sie keinerlei Schuld traf. Nachdem sie so offen mit den Eltern gesprochen hatte, war ich nicht überrascht, als sie mir, sobald wir allein waren, mitteilte, sie wolle eine Annullierung ihrer Ehe anstreben.

»Bist du ganz sicher?« fragte ich sie.

»Schwester Chrissy, ich habe solche Angst vor ihm und vor dem, was er mir antun könnte, daß ich sogar ein Messer hier in meiner Handtasche habe. Wenn ich die Ehe nicht annullieren kann, muß ich weglaufen.«

Noch am gleichen Tag fuhr ich mit den Del Montes nach Olongapo, um den Prozeß in Gang zu setzen, der Roselyn die Freiheit bringen würde. Zehn Jahre Erfahrung mit den Gefangenen und ihren Gerichtsverhandlungen hatten dazu geführt, daß ich eine ganze Reihe Rechtsanwälte und Richter kannte. Einer von ihnen brachte mich mit einem verständnisvollen Herrn in Verbindung, der bereit war, Roselyns Fall für 15 000 Pesos statt der sonst üblichen Mindestgebühr von 25 000 Pesos zu übernehmen. Man versicherte uns, daß unsere Sache günstig stehe, besonders wenn Mike sich überzeugen ließe, keinen Widerspruch einzulegen.

Zurück in Subic, suchten wir Oberst Custodio, den Polizeichef, auf. Er war sehr freundlich und leitete sofort alles in die Wege, daß Roselyn vor der Polizei aussagen und sich einer ärztlichen Untersuchung unterziehen konnte. Er sprach sogar mit mehreren Leuten in unserem *Barangay* über den Fall und bat sie, auf Roselyn aufzupassen. Am Ende des Tages konnte ich nur darüber staunen, wieviel wir erreicht hatten, und erinnerte mich dankbar an jenes prophetische Gebet, das David Chaudhary vor so vielen Jahren gebetet hatte. Die Erhörung war offensichtlich – Gott hatte uns wirklich Gnade gegenüber den Behörden geschenkt.

Als weitere Vorsichtsmaßnahme brachte ich Roselyn bei einem Missionsehepaar unter, den Vroomans. Ich hatte sie vor Roselyns Entführung nur flüchtig gekannt, doch als ich sie jetzt um Hilfe bat, sagten sie sofort zu und nahmen Roselyn freundlich bei sich auf, solange es nötig sein würde. Sie gaben ihr weit mehr als nur eine Bleibe, indem sie stundenlang mit ihr über all die widersinnigen Gefühle von Schuld und Unwürdigkeit, unter denen Opfer von Vergewaltigungen häufig leiden, sprachen, bis Roselyn Gewißheit hatte, daß sie absolut unschuldig war und keinen Grund hatte, sich zu schämen.

Noch ehe die Woche um war, bekam Mike Wind von der Sache und kehrte auf schnellstem Wege nach Subic zurück, um mit Dondie und mir zu sprechen. Er gab zu, daß alles, was Roselyn gesagt hatte, wahr sei, bestand aber darauf, daß er sie liebe und nur ihre Heirat habe beschleunigen wollen. Er behauptete, bereits Buße über sein Verhalten getan zu haben, machte aber keine Einwendungen, als Dondie ihm klipp und klar sagte, er müsse sich eine andere Gemeinde suchen. Allerdings hatte er die Hoffnung noch nicht aufgegeben, daß Roselyn zu ihm zurückkehren werde, und war davon überzeugt, die Annullierung sei allein Romys Schuld.

»Wach auf, Mike«, sagte ich. »Selbst wenn sie dich einmal geliebt hat, wie kann sie dich jetzt noch lieben, nach allem, was du ihr angetan hast? Sie hat nur noch Angst vor dir. Du solltest dankbar sein, daß sie keine Anklage wegen Vergewaltigung gegen dich erhoben hat. Es ist vorbei, Mike. Finde dich damit ab!«

Der Prozeß fand Ende März statt, und Roselyn und ich waren die einzigen, die als Zeugen aussagten. Mike war unserem Rat gefolgt und hatte keinen Einspruch erhoben. Der vorsitzende Richter war mir nicht bekannt, aber er schien sehr verständnisvoll zu sein, und soweit ich es verstand, ging alles gut. Zudem war es tröstlich zu wissen, daß viele Freunde und Unterstützer in England, die bereits intensiv daran arbeiteten, das Geld für unser Gerichtsverfahren aufzubringen, die ganze Zeit für uns beteten.

Glücklicherweise ließ das Urteil des Richters nicht lange auf sich warten, und nach ein paar Wochen erhielt Roselyn die Dokumente mit der Bestätigung, daß ihre Ehe annulliert und sie frei sei. Die seelischen Verletzungen würden länger brauchen, um zu heilen, doch mit Gottes Hilfe konnte sie beginnen, die Vergangenheit hinter sich zu lassen. Für uns war es jetzt das Wichtigste, alles zu tun, um für ihre völlige Wiederherstellung zu sorgen, und obwohl ich enttäuscht war, die Eröffnung der Schule erneut verschieben zu müssen, fand ich mich innerlich damit ab, bis zum folgenden Jahr warten zu müssen. Ich sagte nichts darüber zu Roselyn, da sie mehr als genug zu bedenken hatte, doch sie kam von selber auf die Sache zu sprechen.

»Schwester Chrissy, wie sieht es mit der ACE-Schulung aus? Wenn wir uns nicht bald anmelden, wird es zu spät sein.«

»Meinst du wirklich, du wärest schon so weit?«

»Je mehr ich zu tun habe, um so besser. Dann bin ich gedanklich beschäftigt und kann nicht immer darüber nachdenken, was mir passiert ist. Die Arbeit hilft mir über vieles hinweg.«

So gab es also nur noch ein Hindernis für die Realisierung unserer seit langem gehegten Hoffnung – das allgegenwärtige Problem der Finanzen. Zusätzlich zum Gehalt für die Lehrer, das den größten Posten in unserem Haushaltsentwurf bildete, mußten wir pro Schüler und Monat 18 Pesos an die ACE-Organisation bezahlen, plus den Kosten für das Lehrmaterial. Außerdem brauchten wir ein »Lernzentrum«, das einen Großteil des restlichen Raumes im Rehazentrum einnehmen und in dem jeder Schüler sein eigenes

»Büro« haben würde, wie von ACE vorgegeben. Es handelt sich dabei um lange Tische, durch Bretterwände in separate Zellen unterteilt, jeweils drei Büros pro Tisch. Das Ganze läßt sich leicht auseinandernehmen, wenn mehr Platz für gemeinsame Aktivitäten benötigt wird.

Eines Tages – da war ich mir sicher – würden wir genug Pateneltern haben, die für die Ausbildung der Kinder sorgen würden, doch im Moment reichten unsere Mittel noch nicht aus. Also brachten wir Gott das Problem, und eines Nachts sprach er im Gebetsgarten zu mir und schenkte mir die Gewißheit, daß er selber dieser Not begegnen werde. So konnte ich Roselyn mit großer Zuversicht bitten, uns für die ACE-Schulung anzumelden. Was die Lehrer betraf, hatten wir keine Schwierigkeiten, geeignete Leute zu finden. Mit Roselyn besaßen wir bereits die eine qualifizierte Lehrkraft für das ACE-Programm. Bei den anderen war es für uns eine besondere Freude, die Frucht unseres früheren Dienstes ernten zu können.

Marivic und Lorna hatten den Wunsch geäußert, für den Herrn zu arbeiten, nachdem sie mit ihrer Schulausbildung in San Augustin, wo sie über mehrere Jahre hinweg bei mir Religionsunterricht gehabt hatten, fertig waren. Edilyn, mittlerweile 19 Jahre alt, hatte zu den ersten Kindern unserer missionarischen Kinderarbeit in Pamatawan vor nunmehr zehn Jahren gehört und arbeitete bereits im Kindergarten mit. Alle drei würden vormittags in unserer Schule unterrichten und mit dem dabei verdienten Geld die Abendschule besuchen, um Pädagogikunterricht zu nehmen, so wie Roselyn es getan hatte. Tina war keine wiedergeborene Christin gewesen, als sie ihre Tochter in unserem Kindergarten anmeldete. Sie hatte sich dann in einer Elternversammlung bekehrt, anschließend die Geistestaufe erlebt und sich unserer Gemeinde angeschlossen. Als Hochschulabsolventin war sie bereits längere Zeit in einer Privatschule, die allerdings nicht christlich war, angestellt gewesen und hatte beträchtliche Erfahrungen in bezug aufs Unterrichten gesammelt.

Dann war da noch Tess, das älteste Kind einer armen Familie, der wir die höhere Schule bezahlt hatten. Dafür hatte sie mir bei der Betreuung von Monique geholfen, während ich in den Gefängnissen und missionarischen Kinderstunden gearbeitet hatte. Auch sie wollte mit ihrem Lehrergehalt ihr Pädagogikstudium finanzieren. Eine besondere Freude war es für mich, als Dondies Nichte Letty zu uns kam, um sich mit um die Rehakinder zu kümmern und im Kindergarten mitzuarbeiten. Ich bewunderte Letty sehr, denn sie hatte ohne jegliche Hilfe von außen in ihrer Heimatprovinz Bicol mit einer kleinen Hausgemeinde begonnen. In dieser Gegend war die Verkündigung des Evangeliums aufgrund der NPA-Aktivitäten ein recht gefährliches Unterfangen. Alle unsere Lehrer wußten sich von Gott berufen, an der Philippine Outreach-Akademie zu unterrichten; sie stellten keinerlei Gehaltsforderungen, sondern waren mit dem zufrieden, was wir ihnen bezahlen konnten.

Nachdem wir im Glauben das Datum für unsere Schulung festgesetzt hatten, tat der Herr seine Hand auf, und von den verschiedensten Seiten kam Hilfe. Als erstes erhielten wir einen großen, gänzlich unerwarteten Geldbetrag per Postanweisung. Dann erklärte sich die ACE-Schule einer Gemeinde in Lancashire, deren Pastor mit Papa befreundet war, bereit, uns ihre benutzten Unterrichtsmaterialien zu überlassen. In den westlichen Ländern schreiben die Schüler ihre Antworten direkt in die Lehrbücher, aber in Ländern der dritten Welt wie den Philippinen dürfen die Schulen die Antworten in gebrauchten Büchern ausradieren, und die Kinder schreiben statt dessen in Notizhefte.

Außerdem entpuppte sich unser neuer Fahrer Tony, der zu uns kam, als Bill Del Monte in seine Heimatstadt in der Provinz Laguna zurückkehrte, als echter Schatz. Neben seinem Geschick als Automechaniker zeigte er eine bemerkenswerte Begabung für die Tischlerei und arbeitete oft bis in die Nacht hinein, um 15 »Büros« für unsere ersten Grundschüler anzufertigen. Es waren genau 15 Kinder, die in diesem Jahr aus dem Kindergarten entlassen wurden, und nur diese durften in unsere Grundschule überwechseln. Die älteren Kinder, die bereits an der White Stone Academy nach dem ACE-Programm unterrichtet wurden, sollten aus Gründen der Kontinuität dort bleiben.

Anfang Juni waren alle Vorbereitungen abgeschlossen, und als der Tag der Registrierung nahte, ging ich noch einmal durch die leeren Klassenzimmer, die bald voller fröhlicher, lernbegieriger Kinder sein würden. Mit der Eröffnung der Grundschule war die Philippine Outreach-Akademie eine vollendete Realität, die durch Gottes Gnade den Kindern von Subic Hoffnung auf eine bessere Zukunft bieten würde – sowohl für diese Zeit als auch für die Ewigkeit. Weder die Wut des Pinatubo noch die persönliche Katastrophe, die Roselyn betraf, hatte die Erfüllung der Vision verhindern können.

Es war Zeit, nach vorn zu schauen, doch die Zukunft, die vor mir lag, stützte sich auf die Erfahrungen der Vergangenheit. In den zehn Jahren, seit Gott mich auf die Philippinen gerufen hatte, war er vor mir hergegangen, hatte jeden Mangel ausgefüllt, meine Fehler wiedergutgemacht und mich über Hindernisse hinweggehoben, die ich selber niemals hätte überwinden können. Vertrauen Sie ihm, übergeben Sie ihm Ihr Nichts, und er kann daraus alles machen. Ihm allein sei die Ehre!

Nachwort

Seit den in diesem Buch geschilderten Ereignissen hat Gott uns viele neue Herausforderungen und Gelegenheiten gegeben. Unsere Gemeinde, die Philippine Christian Fellowship, hat z. Zt. über neunzig erwachsene Mitglieder (obwohl die Zahl der Gottesdienstbesucher während der Regenzeit leicht sinkt) und mußte in ein größeres Gebäude umziehen. Als wir dieses im Dezember 1994 übernahmen, bestand es nur aus einem stark verrosteten Dach, von einer Reihe hölzerner Pfähle gestützt, mit mehreren hundert Sitzplätzen. Es gab weder Wände noch einen Zementfußboden, da es früher als Arena für Hahnenkämpfe benutzt worden war. Mittlerweile haben wir viel daran gearbeitet und renoviert, so wie wir Zeit und Geld hatten, genau wie damals bei unserem Rehazentrum.

Dondie und ich haben den Eindruck, daß der Herr uns leitet, unsere Arbeit über Subic hinaus auszudehnen und vier oder fünf neue Gemeinden in anderen Provinzen der Philippinen zu gründen. Wir beten intensiv um Erweckung und bitten den Herrn, uns bis zum Jahr 2000 fünftausend Neubekehrte zu schenken. Unsere Vision für die Zukunft wird von Joseph geteilt, der als Zweitpastor zu uns gekommen ist, nachdem er nach seiner Bibelschulausbildung eine Pioniergemeinde in einem anderen *Barangay* von Subic aufgebaut hatte.

Zwei der bekehrten Insassen des Gefängnisses von San Fernando beten darum, daß sie nach ihrer Entlassung mit unserer Unterstützung eine Gemeinde in der Stadt San Fernando gründen können. Bis dahin führen sie in ihren Zellen Bibelstunden durch, und einer von ihnen übersetzt für mich, solange Romy und Lourdes eine Jüngerschaftsschule von Jugend mit einer Mission besuchen. Im Gefängnis von Iba konnten wir eine christliche Gemeinschaft gründen. Die Gefangenen haben dort einen eigenen Versammlungsraum, den sie mit ihren Zehnten und Opfern und der Hilfe von Besuchern selbst angestrichen und möbliert haben. Unsere Arbeit in Camp Maquinaya fand ein jähes Ende, als der Pinatubo ausbrach, und bis jetzt konnten wir sie noch nicht wiederaufnehmen. Doch seit kurzem ist die Straße wieder frei, und nun bitten wir den Herrn, uns den richtigen Zeitpunkt zu zeigen, an dem wir die Gefangenen dort erneut besuchen können.

Die Philippine Outreach-Akademie ist ebenfalls gewachsen. Zusätzlich zur Vorschule, dem Kindergarten und der Grundschule gibt es jetzt einen Sekundarzweig, und alle unsere Schulabgänger haben die Aufnahmeprüfung zur Universität bestanden. Zwei von ihnen haben Stipendien für ihr Studium erhalten, und ein weiterer, ein talentierter Musiker, der seine Begabung für den Herrn einsetzen möchte, hat einen Platz an der Musikhochschule in Manila bekommen. Jetzt beten wir um die nötigen Finanzen, damit er sein Studium bezahlen kann. Drei andere Absolventen werden als Teilzeitlehrer an der Philippine Outreach-Akademie unterrichten, um ihr Hochschulstudium zu finanzieren.

Seit wir mit unserer Schule begonnen haben, hat sich der Standard an den staatlichen Schulen gewaltig verbessert, obwohl die Klassen immer noch viel zu groß sind (oft mehr als 60 Schüler in einer Klasse) und die ACE-Schüler weiterhin bessere Leistungen bringen als die auf normalen Schulen. Auch der allgemeine Lebensstandard auf den Philippinen steigt langsam, aber die ganz Armen bleiben meistens zurück, und es ist nach wie vor unser Ziel, sie mit einer guten Schulbildung zu versorgen, damit sie aus ihrer Armut herauskommen.

Unser Sohn Carlo ist mittlerweile 13 Jahre alt und besucht die höhere Schule. Er spielt Gitarre und nimmt Klavierunterricht, und bei den Gottesdiensten spielt er das Schlagzeug. Seine Schwester Monique ist 8 Jahre alt; sie besucht die dritte Klasse und lernt ebenfalls Klavier spielen, während Nathanael, unser Fünfjähriger, gerade in die erste Klasse gekommen ist. Er möchte gerne Schlagzeug spielen wie sein *Kuya* (älterer Bruder). Wir haben inzwischen noch zwei Buben bekommen, den dreijährigen Rannel, der vor kurzem in den Kindergarten gekommen ist, und Aaron, der bald zwei wird.

Da die Schule 90 % des Reha-Gebäudes einnimmt, haben wir keine Räumlichkeiten frei und können somit z. Zt. keine weiteren Strafentlassenen aufnehmen. Doch ich glaube, daß dies nur ein vorübergehender Zustand ist. Das ehemalige Krankenhaus neben dem Reha steht immer noch leer und wartet darauf, daß wir in die Verheißung Gottes eintreten. »Denn das Gesicht gilt erst für die festgesetzte Zeit ... wenn es sich verzögert, warte darauf; denn kommen wird es, es wird nicht ausbleiben« (Habakuk 2,3).

Weitere Titel aus dem Verlag C. M. Fliß:

Chester & Lucile Huyssen:

Ich habe den Herrn gesehen

Best.-Nr. 326.807

Eine Sammlung großartiger Berichte von Männern und Frauen, die den Herrn unmittelbar erlebt haben.

Don Gossett:

Lobpreisstraße

Best.-Nr. 326.905

Lassen Sie sich hineinnehmen in den Lobpreis Gottes, der Ihr ganzes Leben verändern wird.

Evelyn Christenson:

Herr, verändere mich!

Best.-Nr. 326.972

Christenson gibt Hilfestellung, wie Sie Gottes verändernde Kraft in sich wirken lassen können.

Charlie W. Shedd:

Ich spürte ihren Flügelschlag

Best.-Nr. 326.999

Lesen Sie Shedds inspirierende Engelgeschichten aus seinem eigenen Leben.